一流本科专业建设教材 · 环境设计

房屋建筑学

张建国　张　熹　编　著

西南大学出版社
SWUPG
国家一级出版社　全国百佳图书出版单位

图书在版编目（CIP）数据

房屋建筑学 / 张建国, 张熹编著. -- 重庆：西南大学出版社, 2025. 6. -- ISBN 978-7-5697-3092-0

Ⅰ. TU22

中国国家版本馆CIP数据核字第2025UP6945号

一流本科专业建设教材 · 环境设计

房屋建筑学

FANGWU JIANZHUXUE

张建国　张　熹　编　著

总 策 划：龚明星　王玉菊
执行策划：鲁妍妍
责任编辑：龚明星
责任校对：罗　勇
封面设计：闰江文化
排　　版：张　艳
出版发行：西南大学出版社（原西南师范大学出版社）
地　　址：重庆市北碚区天生路2号
网上书店：https://xnsfdxcbs.tmall.com
印　　刷：重庆恒昌印务有限公司
成品尺寸：210 mm × 285 mm
印　　张：9
字　　数：278千字
版　　次：2025年6月 第1版
印　　次：2025年6月 第1次印刷
书　　号：ISBN 978-7-5697-3092-0
定　　价：69.00元

本书如有印装质量问题，请与我社市场营销部联系更换。
市场营销部电话：（023）68868624　68253705

西南大学出版社美术分社欢迎赐稿。
美术分社电话：（023）68254657

前言

本教材主要面向全国开设艺术类环境设计专业的本科、专科院校的学生编写。环境设计专业包含建筑室内设计和建筑景观设计两个方向，二者都与建筑密不可分。学生毕业设计创作时需要大量的建筑和构造知识，所以本教材可以为环境设计专业的学生构建全面系统的房屋建筑学知识框架，开拓国际化的建筑视野，使其具备认识建筑、理解建筑、设计建筑的能力。通过掌握建筑构造原理，学生系统了解房屋建筑工程知识体系，从而全面、有效地为毕业设计提供支撑。

通过学习本教材，学生能系统地理解建筑与环境、功能与形式、功能与构造、建筑与文化之间的关系；学生能掌握系统的建筑设计与构造知识，掌握建筑构造的原理与做法，满足自身对建筑知识、能力、思维、素质、视野的学习需求；学生能独立完成小型建筑设计和环境设施设计，为环境设计专业其他课程提供建筑基础知识模块和工程构造知识模块，能有效提升学生分析和解决复杂问题的能力，满足未来自身个性发展的需求。

本教材配套慕课，师生可以在学银在线搜索本课程，进行线上线下配套教学，并配套PPT 课件和课程大纲，方便教学。教材中的内容设置充分考虑适用范围，并结合学习对象融入课程思政元素，弘扬中华优秀传统建筑文化。建议课程学时为 32 学时。

由于编者水平和资料限制，编写存在诸多不足之处，希望大家批评指正，以便不断改进。

在编写过程中，编者参考并引用了部分相关的教材和资料，同时得到了昆明理工大学艺术与传媒学院乡村振兴设计下乡团队的老师和研究生的大力支持，研究生张思宇、杜雯柯、张念文在资料查找方面付出了辛勤的劳动，在此一并表示感谢。

课时计划

章节内容	课时
第一章 绪论	2
第二章 民用建筑构造概述	2
第三章 建筑平面设计	4
第四章 建筑剖面设计	3
第五章 建筑体型与立面设计	2
第六章 建筑防灾设计	2
第七章 建筑主要构造——基础与地下室	2
第八章 建筑主要构造——墙或柱	3
第九章 建筑主要构造——楼地层	3
第十章 建筑主要构造——楼梯及电梯	3
第十一章 建筑主要构造——屋顶	3
第十二章 建筑主要构造——门窗	2
第十三章 变形缝	1
合计	32

目 录

CHAPTER 1

—

第一章

绪论

第一节 建筑的概念

一、建筑的范畴

原始社会的人类为了躲避风雨、抵御寒暑、防止野兽侵袭，需要有一个可以栖身的场所或空间，这就是建筑的起源。近代国内一些建筑学人士常常引用《道德经》中的一段话：“埏埴以为器，当其无，有器之用，凿户牖以为室，当其无，有室之用……”其意思就是，建筑对于人来说，具有使用价值的不是围成空间的实体材料，而是空间本身，对空间的合理使用就是建筑功能。

建筑作为文化与社会发展的产物，其范畴十分广泛。它不仅能满足个人或家庭的生活需要，还能满足整个社会的各种需要。社会对建筑提出各种不同的功能要求，于是就出现了居住、工作、学习、交通、娱乐、体育、医疗等多种不同的建筑类型。各类建筑由于功能要求的千差万别，反映在形式上也必然是千变万化的。因此，建筑不仅是一个提供遮蔽、保温和安全的物理空间，更是人类文明和社会进步的重要标志。

从文化和艺术的角度来看，建筑还是一种具有表现力的艺术形式，它反映了特定历史时期的社会意识形态、科技进步、审美趣味和民俗风情。如中国古代的宫殿建筑彰显了皇权的尊严和神圣。德国文学家歌德曾赞叹：“建筑是凝固的音乐。”

建筑还涉及多个学科领域，如建筑学、结构工程、给排水工程、暖通空调、电气工程等。正是由于多专业、多领域协作，才确保了建筑的实用性、经济性、安全性和美观性。

在现代社会，建筑还与城市规划、环境设计、可持续发展等紧密相连，强调绿色建筑和生态设计，以减少对环境的负面影响，满足气候变化和资源节约的要求。

由上可知，建筑的范畴十分广泛。它既是一种物质文化现象，又是一门综合性很强的艺术学科，更是一个与社会发展、科技进步紧密相关的重要领域。

二、建筑的词性与内涵

建筑这个词语，具有名词和动词两种词性，其内涵丰富，涵盖了从实体建设到理念构思的广泛内容。

1. 名词词性

在名词词性中，建筑指的是由人类设计并施工以供居住、工作、学习、娱乐等社会活动使用的各种建筑物和构筑物。它包括住宅、办公楼、学校、医院、剧院、博物馆等不同类型的结构。

2. 动词词性

在动词词性中，建筑通常指的是建筑物的设计和建造过程。这涉及规划、构思、设计、施工等一系列创造性活动。

3. 建筑的内涵

建筑的内涵包括以下几个方面：

（1）功能性：建筑首先得满足使用者的需求，无论是居住、工作还是娱乐，建筑都必须具备相应的功能性和实用性。

（2）技术性：建筑的实现依赖于一系列工程技术，如结构工程、给排水工程、暖通空调、电气工程等，这些技术确保建筑的稳定性、安全性和舒适性。

（3）艺术性：建筑属于一种艺术形式，它通过空间布局、造型设计、材料运用等来表达建筑师的审美观念和创造力。

（4）文化性：建筑反映了一定的文化和历史背景，不同地区的建筑风格、建造技术和设计理念都受当地文化传统的影响。

（5）可持续性：现代建筑注重环境保护和资源节约，力求在设计、建造和使用过程中把对环境的影响降至最低。

第二节 建筑的基本要素

建筑的构成要素主要包括建筑功能、建筑技术、建筑形象。

一、建筑功能

人类建造各式各样的房子总有其具体的目的和使用要求，这在建筑中被称为“功能”。例如，居住建筑满足居住功能，文教建筑满足文化教育功能，交通建筑满足交通需求，体育建筑满足体育竞技需求，医疗建筑满足医疗功能等。

在建筑发展和变化中功能占主导和支配地位，是推动建筑发展的原动力。但看待建筑功能应当有发展的观点，马克思主义认为，人类社会是由低级向高级发展的，人类的物质生活和精神生活也是由低级向高级发展的。党的十九大报告指出：“中国特色社会主义进入新时代，我国社会主要矛盾已经转化为人民日益增长的美好生活需要和不平衡不充分的发展之间的矛盾。”为不断满足人民对美好生活的需求，建筑功能也必然要随之发展变化。

二、建筑技术

建筑技术是实现建筑设计的物质技术条件和手段，是指建筑怎样建造、用什么建造和建造完成后如何正常使用的问题，如建筑结构技术、材料技术、施工技术和设备技术等。结构和材料构成建筑的骨架，施工是保证建筑物实施的重要手段，设备是保证建筑物达到正常使用的技术条件。

建筑技术具体包括建筑设计理论、工程计算理论、施工方法与管理理论、建筑材料与制品的生产、建筑设备、施工机具等。近些年，我们国家被世界称为“基建狂魔”，这实际上是对我国在建筑技术方面突飞猛进的赞誉，也是中国特色社会主义制度优越性的具体体现和生动诠释。

（1）建筑结构

结构是建筑的骨架，它为建筑提供符合使用需求的建筑空间，并承受建筑物的全部荷载。结构的坚固程度直接影响建筑物的安全和使用寿命，是建筑物中禁止变动、损坏的部分。建筑结构体系的选择应以适用为宜，在满足安全所需的条件下，可以有效降低建筑成本，提高建筑全生命周期的经济效益，达到可持续发展的目的。

（2）建筑材料

建筑材料是建筑的物质基础，对建筑的发展有着重要影响。中国古代建筑的主要特征是以木料为主材，发展出了“梁柱式建筑”的“构架制”结构，斗拱是该结构的关键，建筑结构稳固、构造精巧，形象轻盈优美。西方以砖、石材料为主，发展出了以拱券结构为主的建筑风格，形象厚重严肃。钢、水泥和玻璃的出现，推动了高层框架结构和大跨空间结构的发展，为现代建筑的发展奠定了基础。

（3）建筑施工

建筑施工是将设计变为现实的过程，建筑设计的一切设想都需要在施工中实现。建筑施工包括两个方面：施工技术和施工组织。前者指人的操作熟练程度、施工工具和机械、施工方法等，后者指建筑材料的储运、施工进度安排和人力的调配等。

（4）生态建筑

在全球城市化过程中，大规模的城市建设造成了土地、材料、能源与生态系统的损失。未来的建筑应贯彻生态建筑理念，从节约能源、节约资源、减少污染等方面，强化建筑的可持续发展研究和实践。

三、建筑形象

建筑形象可以简单理解为建筑的美观问题，是建筑内外观感的具体体现，所以必须遵循形式美的规律——多样统一，在建筑形体、空间、线条、色彩、光影、质感、细部的处理及装修等方面灵活运用美学法则，如主从、对比、韵律、比例、尺度、均衡等。此外，因时代、民族、地域、文化、风土人情的不同，人们对建筑美的认知理解也不相同。但无论如何，建筑形象应反映时代特征、民族特点、地方特色和文化色彩，并与周围的建筑和环境有机融合。

建筑的构成三要素是密不可分的，建筑功能是建筑的目的，居于首要地位；建筑技术是建筑的物质基础，是实现建筑功能的手段；建筑形象是建筑的结果。它们相互制约、相互依存，彼此之间是辩证统一的关系。

第三节 民用建筑分类

民用建筑根据使用功能分为居住建筑和公共建筑两大类。其按照层数或高度分类，还分为单层、低层、多层、高层和超高层建筑。

一、居住建筑

居住建筑包括住宅建筑和宿舍建筑。

住宅在民用建筑中量大面广、占比最高，老旧住宅区改造是当前城市更新的主要目标。设计师应主动进行住宅全生命周期研究，将可持续发展的理念贯穿于住宅设计、改造工作之中。

二、公共建筑

公共建筑是提供公共服务的建筑，供人们进行各类社会、文化、经济、政治等活动。其包括教育建筑、办公建筑、科研建筑、文化建筑、商业建筑、体育建筑、医疗建筑、交通建筑、司法建筑、纪念建筑、园林建筑、综合建筑等。

表 1-1 民用建筑分类（《GB55031-2022 民用建筑通用规范》）

类别类			类别定义		子类	子类释义	示例
居住建筑	J1	住宅类	供居住使用的住宅类场所	住宅建筑	J1-1	以家庭为单元的居住场所	住宅、公寓、别墅等
	J2	非住宅类	供居住使用的非住宅类场所	宿舍类建筑	J2-1	有集中管理、提供居住条件的居住场所	学生宿舍、职工宿舍、专家公寓、长租公寓等
				民政建筑	J2-2	老年人全日照料场所	老年养护院、养老院、敬老院、护养院、老人院、医养建筑、老年公寓等
公共建筑	A	教育类	为基础、技能及素质教育提供的教学用场所	教育建筑	A-1	学龄前儿童教育场所	托儿所、幼儿园等
					A-2	中小学教育场所	中学、小学等
					A-3	中等专业教育场所	中等专业学校、技工学校、职业学校
					A-4	高等院校教育场所	大学、学院、专科学校、研究生院、电视大学、党校、干部 学校、军事院校等
					A-5	特殊人员教育场所	聋、哑、盲人学校、工读学校等
	B	办公科研类	供机关、团体和企事业单位办理行政事务和从事商谈、接洽、处理、服务性交易等业务活动的场所	办公、业务建筑	B-1	政务办公场所	党政机关、社会团体、事业单位等的办公机构
					B-2	一般办公场所	普通办公楼、商务办公楼、总部办公楼等
					B-3	金融办公、业务场所	银行、金融、证券办公、银行营业厅、储蓄所、证券交易中心等
					B-4	司法办公、业务场所	公安局、派出所、法院、检察院
					B-5	外事办公、业务场所	驻外外交机构、大使馆、领事馆、国际机构、海关等
				科学实验建筑	B-6	科研实验场所	实验楼、科研楼等

类别类			类别定义		子类	子类释义	示例
公共建筑	C	商业服务类	供人们进行商业活动、娱乐、休憩、餐饮、消费、日常服务的场所	商业建筑	C-1	售卖场所	购物中心、百货公司、有顶商业街、菜市场、超级市场、家居建材、汽车销售、商业零售、店铺等
					C-2	休闲场所	室内儿童乐园、夜总会、美容、美发、养生、洗浴、卡拉 OK 厅、按摩中心、健身房、溜冰场等
					C-3	维修服务场所	干洗店、洗车站房、修理店（修车、电器等）等
					C-4	邮政、快递、电信场所	邮政、快递营业场所、电信局等
					C-5	培训场所	各类培训机构（幼儿、学生、老年）
					C-6	保健场所	体检中心、牙科诊所
				饮食建筑	C-7	餐饮场所	餐馆、饮食店、食堂、酒吧、茶馆等
				旅馆建筑	C-8	临时住宿休憩场所	酒店、宾馆、招待所、度假村、民宿（少于 15 间或套）等
	D	公众活动类	供休闲、运动、参观、观演、集会、社交、宗教信徒聚会的场所	文化建筑	D-1	文化活动场所	公共图书馆、博物馆、档案馆、科技馆、纪念馆、美术馆、综合文化活动中心、文化馆、青少年宫、儿童活动中心、老年活动中心等
					D-2	会议展览场所	礼堂、会堂、会议中心、展览馆等
					D-3	观演场所	剧院、电视剧场、电影院、音乐厅、戏院、演艺场馆等
					D-4	文保场所	文物建筑、历史建筑、传统风貌建筑、名人故居等
				文旅建筑	D-5	游乐场所	主题公园、游乐场、水族馆、冰雪建筑、游客服务中心等
				园林建筑	D-6	游憩场所	亭、台、楼、榭、动物园、植物园建筑等
				广电制播建筑	D-7	广电场所	演播厅，摄影、录音、录像棚等
				体育建筑	D-8	竞技体育场所	各类体育场馆、游泳场馆、各类球场、训练馆等
					D-9	大众健身场所	健身房、风雨操场、各类体育设施等
				宗教建筑	D-10	宗教场所	佛教寺院、道观、清真寺、教堂等
	E	交通类	供旅客等候和运输、交通工具停放、交通管理的场所	交通建筑	E-1	交通场站	铁路客货运站、公路长途客运站、港口客运码头、交通枢纽、地铁（轻轨）站、航站楼等
					E-2	交通场库	停车库（场）、公共汽（电）车首末站、保养场、出租汽车场站等
					E-3	交通管理	交通指挥中心、交通监控中心、航管楼、交通应急救援、交通调度站等
	F	医疗类	对疾病进行诊断、治疗与护理，承担公共卫生的预防与保健，从事医学教学与科学研究的场所	医疗建筑	F-1	医疗场所	综合医院、专科医院、社区卫生服务中心等
					F-2	康养场所	疗养院、康复中心等
					F-3	卫生防疫场所	卫生防疫站、专科防治所、检验中心、动物检疫站等
					F-4	特殊医疗场所	传染病医院、精神病医院等
					F-5	其他医疗卫生场所	急救中心、血库等
	G	社会民生服务类	社会民生服务场所	服务建筑	G-1	城市服务场所	城市政务中心、城市游客中心、城市市民中心、社区服务站、街道办事处、房管所、村委会等
					G-2	救援场所	消防站、应急中心、城市避难所等
				民政建筑	G-3	殡葬场所	殡仪馆、火葬场、骨灰存放处、公墓、烈士陵园建筑等
					G-4	救助场所	儿童福利院、孤儿院、残疾人福利院、残疾人福利中心、救助站、戒毒所等
					G-5	老年人活动场所	老年日间照料中心、托老所、日托站、老年服务中心、社区养老驿站（中心）、老年人活动设施等
				监管建筑	G-6	监管场所	监狱、看守所、劳改场所和安全保卫设施等
	H	综合类	不同业态共处一个场所				2 种及以上功能的场所、类别综合体

注：分类表中的示例为目前市场已出现的建筑业态场所类型，可以随着新的建筑业态出现随时增减。

第四节 建筑的主要构成部分

一、基础

基础是建筑物埋置在土层中的承重结构，在建筑工程中把建筑物与土壤直接接触的部分称为基础。它位于建筑物最下部，是建筑物的重要组成部分，其作用是承受建筑物的全部荷载，并将这些荷载和自身重量传递给地基。因此，基础必须具备足够的强度和刚度，并能抵御地下各种有害因素的侵蚀。

二、墙或柱

墙体是建筑物的重要组成部分，其作用是承重、围护和分隔空间。按墙体受力作用和材料不同，可分为承重墙体和非承重墙体。承重墙体承受着自重和建筑物由屋顶或楼板传来的荷载，并将这些荷载传给基础。非承重墙体只能承受自重，主要起围护和分隔空间的作用。按墙体在建筑物中所处位置不同，可分为内墙和外墙。内墙用来分割建筑物的内部空间。外墙是建筑物的外围护结构，用来界定内外空间，同时承担遮风、挡雨、保温、隔热的任务，保证室内环境舒适。墙体必须具备足够的强度、刚度和稳定性。

柱是框架结构垂直方向的主要承重构件，它和水平方向的框架梁、楼板一起构成了框架结构的主体，承受由框架梁传递而来的建筑荷载并传递到基础，所以也必须具有足够的强度和刚度。

三、楼地层

楼地层指建筑的楼板层或地坪层，属于建筑物水平方向的重要结构构件。楼地层由结构层和面层组成，建筑的使用面积主要体现在楼地层上。在有楼层的建筑物中，楼板层是沿水平方向分隔上下层空间的结构构件，应具有足够的强度和刚度，还应具有相应的防火、隔声、防水、防潮等方面的能力。因建筑物主要建筑材料不同，楼板层的做法也不同。木结构建筑多采用木楼板；砖混结构建筑常采用预制或现浇钢筋混凝土楼板；钢筋混凝土框架结构体系建筑多为现浇钢筋混凝土楼板；钢框架结构的建筑则适合采用钢衬板组合楼板。

地坪层是底层房间与土层相接触的部分，它承受底层房间的荷载，要求具有一定的强度和刚度，并具有防潮、防水、保暖、耐磨的性能。地坪层和建筑物室外场地关系密切，要处理好地坪层与室外平台、台阶及建筑物沿边场地的关系，使建筑物与场地交接明确，和谐过渡。

四、楼梯、电梯

楼梯是多层或高层建筑物中重要的垂直交通构件。在层数较多或有特殊需求的建筑物中，由于交通或舒适的需要而安装了电梯或自动扶梯，但同时也必须设置楼梯，用作应急交通和防火疏散通道。楼梯应设置于建筑物内、外的明显位置，并满足相应的规范尺寸和构造要求。

电梯是高层建筑以及某些特殊建筑中，为了上下运行方便、快捷、舒适而设置的垂直交通设备。电梯类型有普通客梯、载货电梯、消防电梯、医用电梯、观光电梯等，因类型和生产厂家不同，电梯的设备尺寸、运行速度都会有差异，在设计时应按照业主提供的产品尺寸进行设计。

五、屋顶

屋顶是建筑物顶部的围护和承重构件，既能抵御风、霜、雨、雪、冰雹等的侵袭以及太阳辐射热的影响，又能承受自重、雪荷载及施工、检修等屋顶荷载，并将这些荷载传给墙或柱。屋顶形式主要有平顶、坡顶和其他形式。平屋顶的做法与楼板层相似，增加屋顶保温、隔热、防水、保护等构造内容，有上人屋面和不上人屋面之分，上人屋面指人员能够到屋面上活动，如屋顶花园等。

六、门窗

门窗是建筑物的围护和分隔构件，门主要用于建筑空间的交通联系，窗的主要功能是采光、通风。外墙上的门窗不仅是围护结构的一部分，也是建筑物外立面艺术形式的重要组成部分，门窗的造型、尺度、比例等细节设计对建筑的美感有重要价值，需要充分考量。

建筑构件除了上述六大部分外，还有其他附属部分，如阳台、雨棚、坡道、台阶等。阳台、雨棚与楼板接近，主要解决功能和安全问题；坡道、台阶与地面接近，主要解决场地与建筑入口的高差问题；电梯、自动扶梯则属于垂直交通部分，主要解决建筑内部各楼层之间的交通问题。在阳台、回廊、楼梯段临空处、上人屋顶周围等处，要视具体情况对栏杆设计、扶手高度提出具体的要求。

第五节 建筑专业的图纸构成

一、建筑方案图

建筑方案图是指在建筑设计过程中绘制的初步设计图纸，用来表达建筑师对项目的设计认知和构思。建筑师将头脑中的构想通过具体的图纸呈现出来，它是建筑设计初期的重要图件。它通常包括建筑的总体布局、平面设计、立面设计、剖面设计、建筑效果图等图纸内容和建筑设计说明。建筑方案图是建筑师与建筑业主、投资方、规划部门等沟通和确认的重要依据，其主要目的是确定建筑的总体布局、功能合理、形象风格、技术经济指标、工程概算，以及与周边城市环境的关系，以便相关方了解、评估和接受方案评审。（图 1-1）

图 1-1 上海金榜世家建筑方案效果图

方案设计阶段的主要工作包括编制设计说明书，设计图纸，准备主要设备材料表、工程概算等。

二、具体的图纸和文件

（1）设计总说明：包括设计指导思想与主要依据、设计意图与方案特点、建筑结构方案与构造特点、建筑材料与装修标准、主要技术经济指标，以及结构、设备等系统的说明。

（2）建筑总平面图：比例为 1:500 或 1:1000，应表示用地范围、建筑物位置、大小、层数、设计标高、场地道路、广场及绿化布置、技术经济指标。

（3）建筑物各层平面图、剖面图及主要立面图：比例为 1:100 或 1:200，应表示建筑物各主要轴线尺寸或控制尺寸，如总尺寸、开间、进深、层高等，同时应表示标高、门窗位置、室内固定设备、厅室等房间家具的具体布置、立面处理、结构方案及材料选用等。

（4）工程概算书：包括建筑物投资估算、主要材料用量、单位消耗量。民用建筑及其他重要工程，还需要绘制透视图、鸟瞰图或制作模型。

三、其他专业的配合内容

（1）结构专业需要提供房屋结构的布置方案图和初步计算说明以及结构构件的断面基本尺寸。

（2）各设备专业应提供相应的设备图纸、设备估算数量及说明书。

（3）在最后出图前，各参与设计的专业间应该进行互审和会签，以保证设计项目团队的工作协调一致。根据这些图纸和说明书，工程概算人员应当在规定的期限内完成工程概算。如因工程较为复杂，以上要求还需经过技术设计阶段继续协调解决。

（4）在按照国家规定的设计深度完成了方案设计文件后，设计单位应当通过建设单位向有关的监督部门和行业主管部门提交全部方案设计文件，等候审批。在此期间，建设单位应当落实某些重要设备如电梯等的订货工作。结构专业的设计人员则需根据初步设计的文件制作地质钻探的定位图纸并提交以实施。未经实地地质勘探的项目不允许进行施工图设计。（图 1-2）

图 1-2 上海梅陇商业中心建筑方案效果图

四、技术设计图

有些重要建筑或技术较为复杂的建筑，需要进行技术设计（或初步设计），技术设计的主要任务是在方案设计的基础上进一步解决各种技术问题。技术设计的图纸和文件与方案设计大致相同，不过内容更详细些。

其具体内容包括整个建筑物和各个局部的具体做法、各部分确切的尺寸关系、内外装修的设计、结构方案的计算和具体内容、各种构造和用料的确定、各种设备系统的设计和计算、各技术工种之间各种矛盾的合理解决、设计预算的编制等。

五、建筑施工图

建筑施工图简称“建施”，是建筑设计由设想到实现的核心图件。在施工图设计阶段，建筑设计师在初步设计的基础上，根据建筑、结构、设备等各工种的相互配合需要，对初步设计文件进行细化设计，达到可以按图施工的深度，将满足工程施工要求的设计绘制到图纸上。建筑施工图的绘制要严格遵循《房屋建筑制图统一标准》（GB/T 50001-2017）的规定。

施工图设计是建筑设计的最后阶段，是提交施工单位进行施工的设计文件。施工图设计的主要任务是满足施工要求，解决施工中的技术措施、用料及具体做法等问题。施工图设计的内容包括建筑、结构、水电、采暖通风等工种的设计图纸、工程说明书、结构及设备计算书和概算书。具体的图纸和文件有：

（1）建筑总平面图，比例为 1∶500。

（2）建筑物各层平面图、剖面图、立面图：比例为 1∶50、1∶100、1∶200。除表达初步设计或技术设计内容以外，还应详细标出门窗洞口、墙段尺寸及必要的细部尺寸、详图索引。

（3）建筑构造详图，应详细表示各部分构件关系、材料尺寸及做法、必要的文字说明。根据节点需要，比例可分别选用 1∶20、1∶10、1∶5、1∶2、1∶1 等。

（4）各工种相应配套的施工图纸，如基础平面图、结构布置图、钢筋混凝土构件详图、水电平面图及系统图、建筑防雷接地平面图等。

（5）设计说明书，包括施工图设计依据、设计规模、防火等级、抗震等级、使用年限、面积、标高、定位、节能、用料等。

（6）结构和设备计算书。

（7）工程预算书。施工图文件完成后，设计单位应当将其经由建设单位报送有关施工图审查机构，进行强制性标准、规范执行情况等内容的审查。审查内容主要包括建筑物的稳定性、安全性，地基基础和主体结构是否安全可靠；是否符合消防、卫生、环保、人防、抗震、节能等有关强制性标准、规范；施工图是否达到规定的深度要求；是否损害公共利益等方面。施工图经由审图单位认可或按照其意见修改并通过复审，且提交规定的建设工程质量监督部门备案后，施工图设计阶段便全部完成。（图 1-3、图 1-4）

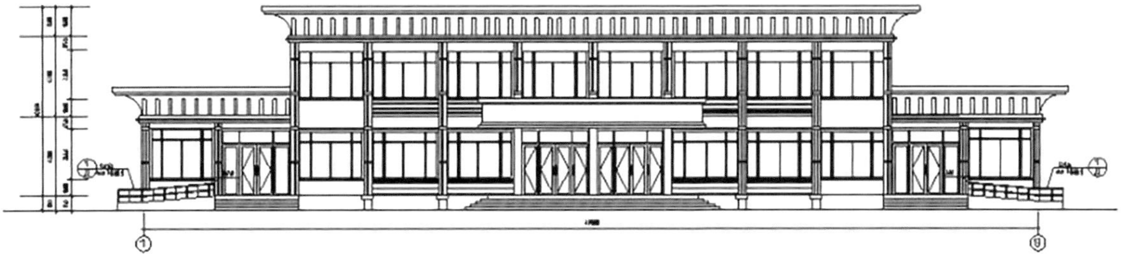

①－⑪立面图 1：100

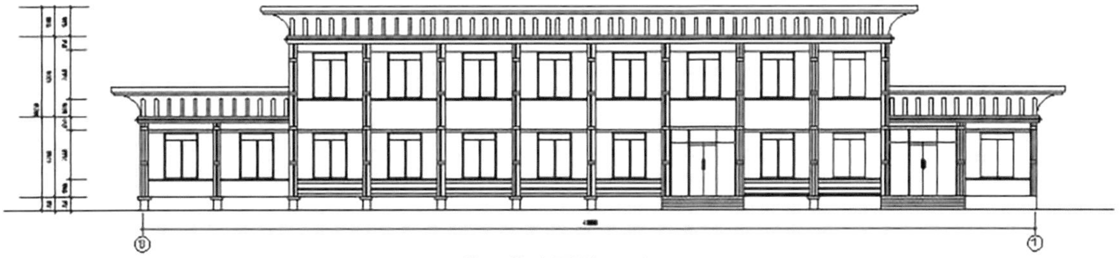

⑪－①立面图 1：100

图 1-3 现代独栋建筑施工图

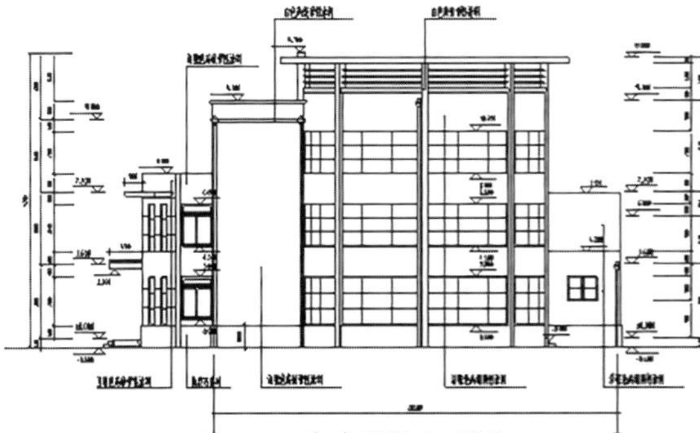

东立面图 1：100

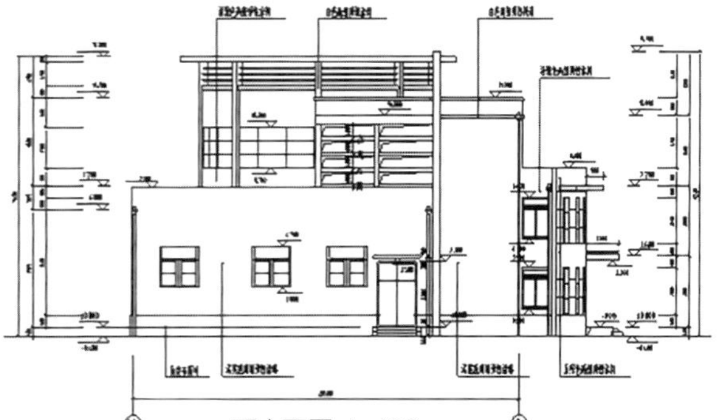

西立面图 1：100

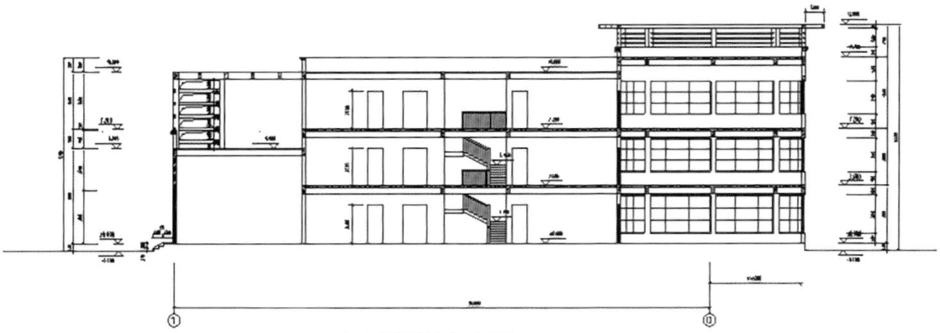

1-1 侧面图 1：100

图 1-4 多层建筑施工图

第六节 中国建筑的发展演变

一、中国古代建筑

中国古代建筑历经原始社会、奴隶社会和封建社会三个阶段，不断演变，其中封建社会是中国古典建筑成熟并定型的主要阶段。

1. 原始社会时期的建筑

中国原始社会时期的建筑主要由木质或竹质构成，一般为独立式建筑，如灯笼式建筑、穴居式建筑等，主要用于居住和储存粮食等物资。原始人早期的建筑大致有两种发展模式：一种是从单树巢居到多树巢居，再到干栏建筑的巢居发展序列；另一种是从原始横穴到深袋穴，再到半穴居，最后到地面建筑的穴居发展序列，这些建筑技术和工艺成为后来中国建筑体系发展的渊源。（图 1-5）

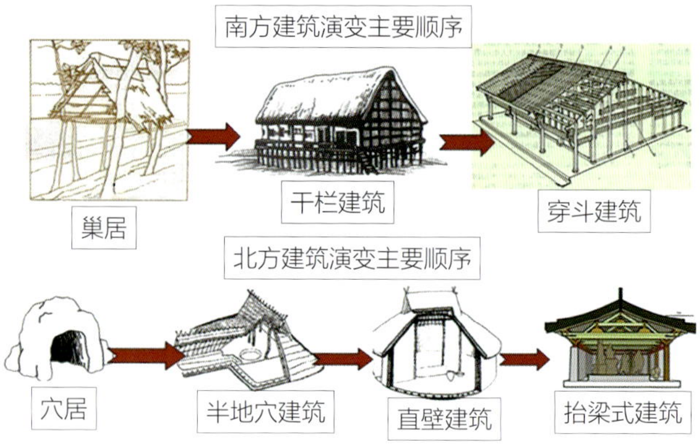

图 1-5 南北方建筑演变流程图

2. 奴隶社会时期的建筑

夏商周时期，建筑材料主要有木材、夯土、砖和石材，出现了宫殿、祭堂和城墙等建筑遗址，如殷墟等。

（1）商代是我国奴隶社会大发展的时期，建筑技术明显提高。安阳殷墟是最早发掘的商代城市，经过数十年断断续续的发掘工作，殷墟大致的面貌，已约略可知。宫殿建筑已大量应用夯土技术，殿顶应是最为尊贵的重檐庑殿顶，由殿堂、庭院、廊庑和大门组成的宫殿建筑格局达到了一定的水平，对后世很有影响。（图 1-6）

图 1-6 殷墟遗址复原图

（2）西周最具代表性的建筑遗址是陕西岐山凤雏村的“中国第一四合院”，这是一处二进院的宗庙建筑。这种四合院式建筑形式，规整对称，中轴线上的主体建筑起统率全局的作用，使全体具有明显的有机整体性，体现出庄重严谨的风格，院落又给人以安定平和的感受。这种将不大的木结构建筑单体组合成大小不同的群体的布局，是中国古代建筑最重要的群体构图方式，得到了长久的传承。（图 1-7）

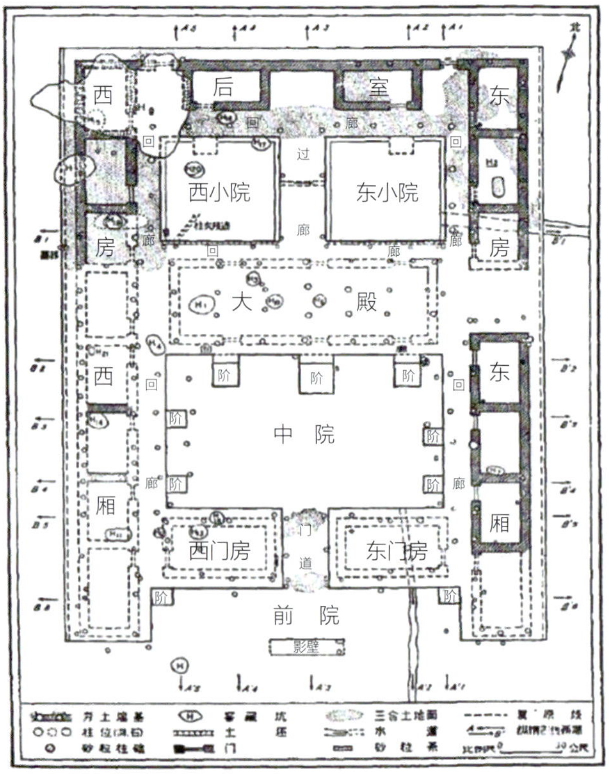

图 1-7 陕西岐山凤雏村建筑平面图

（3）春秋时期宫殿建筑的特色是“高台榭、美宫室”。一方面，高台建筑有利于防范刺客、防御洪水，还可供帝王享受登临之乐，另一方面也是由于建筑技术的原因，当时要修建高大的建筑，要依靠土台才能实现。

3. 封建社会时期的建筑

（1）战国时期的建筑在技术、功能和艺术方面均取得了突破，这些突破为后世建筑体系奠定了基础。铁制斧、锯、凿等工具的普及，极大地提升了施工的质量和效率，使木材加工变得更加容易，为榫卯、纹刻提供了良好条件。宫殿建筑规模宏大、布局严谨，大多为高台建筑（夯土台基+木构房屋）。宫殿的屋顶采用悬山、歇山样式，并通过彩绘、雕刻等装饰以彰显王权。

（2）秦汉建筑是在商周时期已初步形成的某些重要艺术特点的基础上发展而来的。秦汉的大一统促进了中原与吴楚建筑文化的交流，使建筑规模更为宏大，组合也更为多样。秦汉建筑类型以都城、宫殿、祭祀建筑（礼制建筑）和陵墓为主，到汉末，又出现了佛教建筑。都城规划从西周的规矩对称，经春秋战国向自由格局骤变，秦汉时又逐渐回归于规整。

秦汉建筑艺术总的风格可以用“豪放朴拙”四个字来概括。屋顶很大，已出现了屋坡的折线“反字”，即以后“举折”或“举架”的初步做法，但曲度不大；屋角坯没有翘起，展现出刚健质朴的气质。建筑装饰题材多为飞仙神异、忠臣烈士，古拙而豪壮。（图 1-8）

（3）三国、两晋、南北朝的建筑。在三国、两晋时期，建筑技术没有大的进步，南北方的宫殿等大型建筑基本沿袭传统做法。史载东晋建康太庙长十六间，墙壁用壁柱、壁带加固，可知仍是土木混合结构建筑。

东晋十六国到南北朝的一百多年间，中国建筑发生了较大的变化，特别在进入南北朝以后变化更为迅速。建筑结构逐渐由以土墙和土墩台为主要承重部分的土木混合结构向全木构发展；砖石结构有了长足的进步，能建高达数十米的塔。

（4）隋唐建筑实物之现存者，就类型而言，有木构殿堂、佛塔、桥、石窟寺（图 1-9）等。隋朝凭借统一后的有利形势，开展了规模空前的国家建设，营建了大兴（长安）和东都（洛阳）两座有完整规划、规模宏伟的都城。营建东都时，吸收了南朝建康的优点，把南朝先进的规划和建筑技术引入北方，促进了北方城市建设的发展。

隋朝在大兴未建城楼，在洛阳未筑正式外郭墙。唐朝建国之初，在宫室建设上较为谨慎，宫室沿用隋代之旧，新建离宫用草顶。（图 1-10）

（5）五代十国，历史短暂，战乱频仍，木构建筑遗存极少，但砖石建筑结构有所发展。

宋朝建筑逐渐脱离了唐朝刚健质朴的特点，趋于华彩丰丽，做法也逐渐程式化，所以显得秀柔有余而雄浑不足。辽朝建筑则更多受唐风影响，开朗雄健。金朝建筑学习宋朝风格，趋于华靡精巧。

（6）元代的建筑所用材料比前朝少，斗拱亦

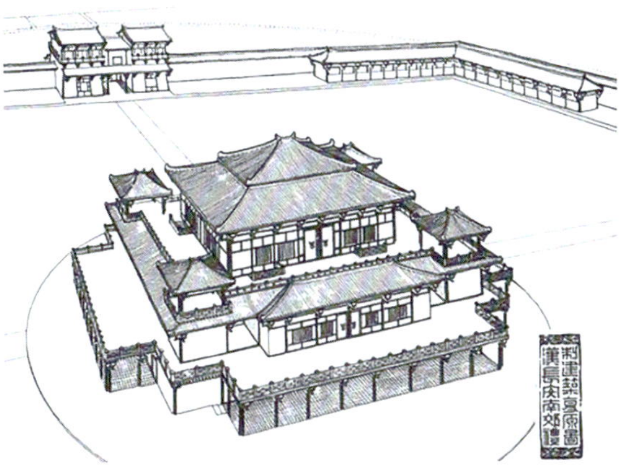

图 1-8 西汉长安南郊明堂复原图

图 1-9 洛阳龙门石窟

是，还出现弯材，但建筑物的装饰性很强，瓦屋顶的各种背脊部出现了脊筒子，鸱吻尾部逐渐向外卷曲。在城市建筑中很突出钟楼等公共建筑物，总体减柱的施工方法似已成为大小建筑的共同特点。（图 1-11、图 1-12）

（7）明清时期是中国古代建筑体系发展的最后一个阶段。这一时期的城市规划和宫殿建筑均为后世所沿用，如北京和南京均得益于明代的规划和经营。这一时期，建筑方面进一步发展了木构架艺术、技术，官式建筑形象严谨稳重，其装修、彩画、装饰日趋定型；装修陈设上也留下许多砖石、琉璃、硬木等不同材质的作品，砖已普遍用于民居砌墙。

明清建筑在园林领域成就巨大。明清的江南私家园林和清代的北方皇家园林都是极具艺术性的古代建筑群。中国历代都建有大量宫殿，但只有明清时期的宫殿——北京故宫、沈阳故宫保存至今，成为中华文化的无价之宝。现存的古城市和南北方古民居也基本建于这一时期。明清北京城、明南京城是明清城市的杰出代表。（图 1-13）

二、中国近现代建筑

1. 鸦片战争后

（1）西方建筑风格的传入。鸦片战争后，中国国门被迫打开，西方列强在中国设立租界，也带来了西方的建筑风格，如哥特式、罗马式、巴洛克式等。这些建筑风格在中国近现代得到了一定程度的传播和应用，如上海的外滩地区。

图 1-10 唐洛阳宫乾元殿复原鸟瞰图

图 1-11 山西省洪洞县广胜寺

图 1-12 河北省曲阳县北岳庙

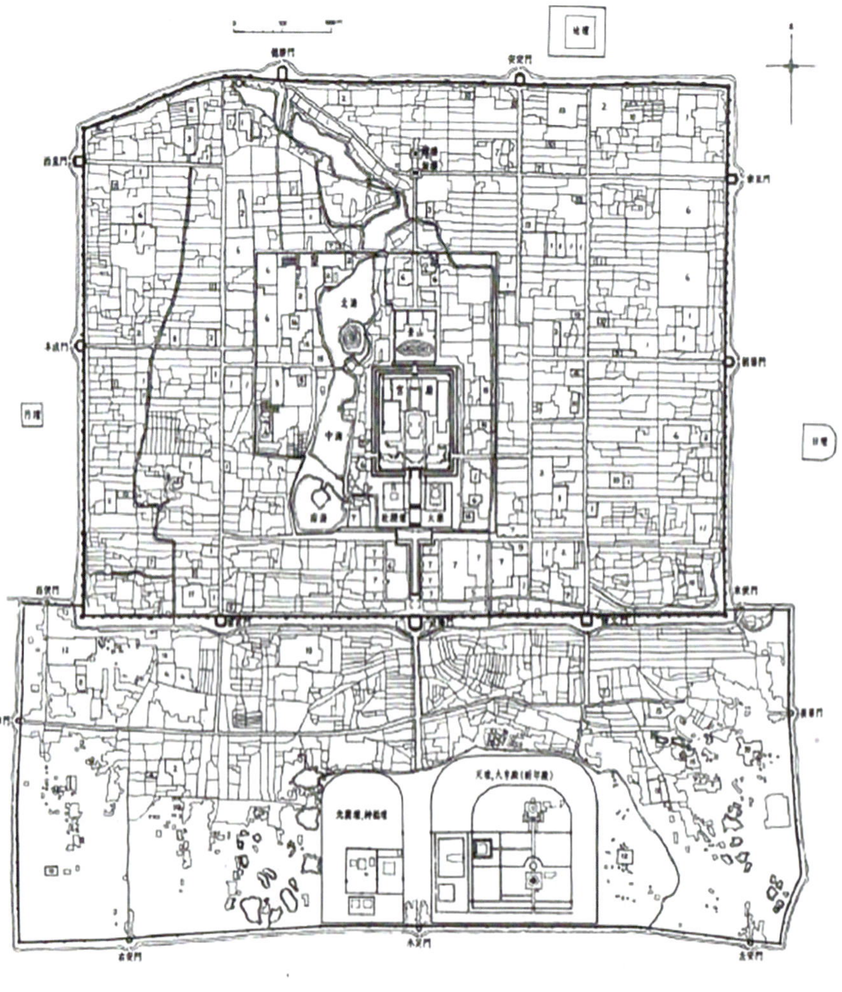

图 1-13 清代乾隆时期北京城平面图

（2）传统建筑的改良。清末民国初，随着国门被打开，中国也开始向西方学习，一些有识之士开始尝试对传统建筑进行改良，以适应现代生活的需要。如南京两江师范学堂、上海圣约翰大学等的教学楼，它们在保留传统建筑风格的同时融入了西方建筑元素。（图 1-14、图 1-15）

2. 民国时期

（1）民国建筑风格的形成。民国时期，中国开始形成自己的近现代建筑风格。这一时期的建筑以“功能主义”为核心，强调实用性和简洁性。如上海同济大学、南京中央大学等，它们采用现代建筑的设计理念和技术，形成了富有中国特色的近现代建筑风格。

（2）西方建筑技术的引入。民国时期，西方的建筑技术，如钢筋混凝土、钢结构等逐渐被引入中国。这些技术的引入，极大地推动了中国近现代建筑的发展。如 1934 年建成的上海国际饭店，是中国最早的钢结构建筑之一。（图 1-16）

3. 新中国成立后

（1）社会主义建筑风格的推广。新中国成立后，社会主义建筑风格成为主流。这一时期的建筑，遵循“实用、经济、美观”的原则，强调集体主义和功能性。如北京的人民大会堂、上海的人民公园等，都体现了社会主义建筑风格的特点。（图 1-17）

图 1-14 南京两江师范学堂的教学楼

图 1-15 上海圣约翰大学的教学楼

图 1-16 上海国际饭店

图 1-17 人民大会堂

（2）现代建筑技术的应用。自改革开放以来，中国的建筑发展进入了新阶段。现代建筑技术、材料和理念被广泛应用，如玻璃幕墙、智能化建筑等。这一时期的代表性建筑有上海金茂大厦、深圳平安金融中心等。（图 1-18、图 1-19）

4. 当代建筑发展

（1）多元化建筑风格的兴起。近年来，随着经济的快速发展，中国当代建筑风格日益多元化。建筑师们在越来越多的建筑实践中，将中华优秀传统文化元素融入建筑设计中，创造出具有中国特色的现代建筑，如国家大剧院、上海世博会中国馆等。（图 1-20、图 1-21）

（2）绿色建筑和可持续发展。随着环保意识的提高，绿色建筑和可持续发展成为当代建筑的重要方向。中国当代建筑开始注重环保、节能和可持续发展，如深圳的绿色建筑展览馆、上海的生态科技园等。

中国近现代建筑的发展演变，经历了从传统建筑改良、西方建筑风格传入，到社会主义建筑

图 1-18 上海金茂大厦

图 1-19 深圳平安金融中心

图 1-20 国家大剧院

图 1-21 上海世博会中国馆

风格的推广，再到当代建筑的多元化发展。在这一过程中，中国近现代建筑不断吸收外来文化，融合创新，逐渐形成了具有中国特色的近现代建筑风格。

第七节 外国建筑的发展演变

一、西方古代建筑

西方古代建筑的发展演变可以追溯到古埃及、古希腊、古罗马等文明时期。

1. 古埃及建筑

古埃及建筑以金字塔和神庙为代表，如吉萨金字塔群和卡纳克神庙。这些建筑体现了古埃及人对死后世界的信仰、对神权的崇拜，还展现出高超的建筑和工程技术。（图 1-22、图 1-23）

2. 古希腊建筑

古希腊建筑以柱式和比例著称，柱式分为多立克、爱奥尼克和科林斯三种。古希腊留存的建筑主要是公共建筑和神庙，对后来的西方建筑产生了深远影响，如帕特农神庙。（图 1-24）

3. 古罗马建筑

古罗马建筑是在希腊建筑的基础上发展而来的，更加注重建筑的实用性和宏大气魄，代表作有罗马斗兽场（图 1-25）、万神庙（图 1-26）

图 1-22 吉萨金字塔群

图 1-23 卡纳克神庙

图 1-24 帕特农神庙

图 1-25 罗马斗兽场

图 1-26 罗马万神庙

和古罗马广场。古罗马建筑大量使用了混凝土材料，创造了拱顶、圆顶等结构形式。

4. 中世纪建筑

中世纪是基督教建筑发展的时期，罗马式和哥特式建筑成为主要风格。罗马式建筑的特点是厚重的墙体、圆拱门和大型圆顶，如意大利的比萨斜塔（图 1-27）。哥特式建筑则以尖拱、飞扶壁和彩色玻璃窗闻名，如巴黎圣母院和科隆大教堂。（图 1-28）

二、西方近现代建筑

1. 文艺复兴时期建筑

文艺复兴时期，意大利成为建筑艺术的中心。这一时期的建筑强调古典主义和人文主义，注重比例和对称。代表人物有布鲁内莱斯基、米开朗琪罗和帕拉第奥。文艺复兴时期的建筑作品佛罗伦萨大教堂和梵蒂冈圣彼得大教堂，都采用了大穹顶形式。（图 1-29、图 1-30）

图 1-27 比萨斜塔

图 1-28 巴黎圣母院

图 1-29 佛罗伦萨大教堂

图 1-30 梵蒂冈圣彼得大教堂

图 1-31 圣日耳曼德佩教堂

2. 巴洛克建筑

17 世纪起源于意大利，后流行于整个欧洲，其特点是追求光影效果、有着复杂的立面装饰和曲线造型，如巴黎的圣日耳曼德佩教堂。（图 1-31）

3. 古典主义建筑

18 世纪至 19 世纪，古典主义建筑在法国和英国流行。这一风格的建筑追求古典的比例和对称，如法国的凡尔赛宫和英国的伦敦议会大厦是其典型。（图 1-32、图 1-33）

图 1-32 凡尔赛宫

图 1-33 伦敦议会大厦

4. 工业革命后的建筑

随着工业革命的推进，钢铁和混凝土等新型建筑材料的出现，建筑技术和风格发生了巨大变化，如英国的水晶宫。

5. 现代建筑

19 世纪末至 20 世纪初，随着第二次工业革命的推进，钢铁和混凝土等建筑材料的生产走向成熟，现代建筑开始兴起。其代表人物有勒·柯布西耶、瓦尔特·格罗皮乌斯和路德维希·密斯·凡德罗等。现代建筑强调功能主义、简洁的形式和新技术的应用。（图 1-34、图 1-35）

图 1-34 萨伏伊别墅

图 1-35 包豪斯校舍

6. 后现代建筑

20 世纪中叶，后现代建筑兴起。其反对现代主义的单一性和排他性，提倡多样性和历史引用，代表人物有罗伯特·文丘里、迈克尔·格雷夫斯等。（图 1-36、图 1-37）

7. 当代建筑

21 世纪初，建筑风格和技术持续发展，绿色建筑、可持续发展和智能化技术运用成为重要趋势。（图 1-38、图 1-39）

图 1-36 古根海姆博物馆

图 1-37 悉尼歌剧院

图 1-38 苹果公司总部

图 1-39 维特拉消防站

CHAPTER 2

第二章

民用建筑构造概述

第一节 建筑构造的组成与功能

一栋民用建筑由基础、墙或柱、楼地层（楼板与楼地面）、楼梯、门窗和屋顶等基本构件组成。其附属构件有阳台、坡道、雨篷、烟囱、台阶、垃圾井、花池等，它们所处部位不同，各自发挥着不同的作用。（图 2-1）

一、基本构件

1. 基础

基础是房屋的重要组成部分，它承受建筑物上部结构传递下来的全部荷载，并将这些荷载连同基础的自重一起传到地基上。

2. 墙

墙是建筑物的竖向构件，作用是承重、围护、分隔及美化室内空间。承重是指墙承受建筑荷载，并将其传递给基础；围护是指外墙抵御自然界风霜雨雪的侵袭；分隔是指内墙分隔建筑内部功能空间。

3. 柱

柱是建筑物的竖向构件，承受建筑荷载并传递给基础。

4. 楼地层

楼地层是建筑物的水平分隔构件，沿竖向将建筑物分隔成若干楼层，承受着人、家具设备及构件自身的荷载，并将这些荷载传递给墙、梁柱或地基。

5. 楼梯

楼梯是建筑的垂直交通联系设施，供人们上下楼层和安全疏散。

6. 门窗

门是建筑物及其内部房间出入口的启闭构件，主要供人们通行并联系房间。窗在建筑中主要起

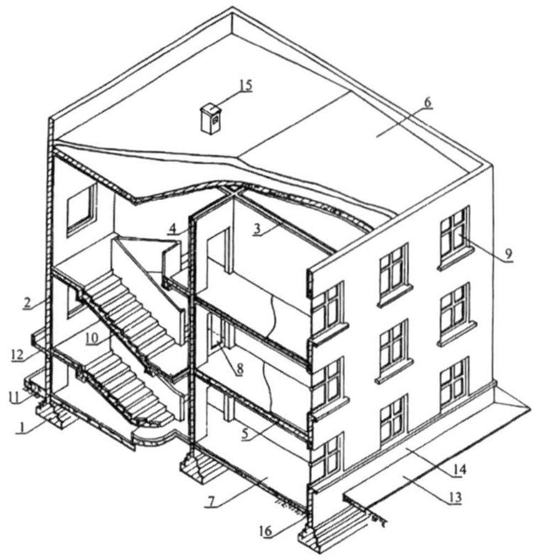

1. 基础，2. 外墙，3. 内横墙，4. 内纵墙，5. 楼板，6. 屋顶，7. 地坪，8. 门，9. 窗，10. 楼梯，11. 台阶，12. 雨篷，13. 散水，14. 勒脚，15. 通风道，16. 防潮层

图 2-1 民用建筑的构造组成

采光、通风以及围护等作用。

7. 屋顶

屋顶是房屋最顶部起覆盖作用的围护结构，用以抵御风、雨、雪、日晒等对室内的侵袭，承受自重和作用于屋顶上的各种荷载，并将这些荷载传递给墙或梁柱。

二、附属构件

1. 阳台

附设于建筑物外墙，设有栏杆或栏板，可供人活动的空间。

2. 坡道

连接有高差的楼、地面，供人行或车行的斜坡式交通道。

3. 台阶

室内或室外地坪或楼层不同标高处供人行走的梯级。

4. 雨篷

设在建筑物出入口或顶部、阳台上方，用来挡雨、挡风、防止高空物体坠落伤人的建筑构件。

5. 通风道

排除室内蒸气、潮气或污浊空气并输送新鲜空气的管道。

6. 栏杆

为保证人身安全，防止人从高处坠落而设置的垂直防护构件。

第二节 建筑构造的影响因素

影响建筑构造的因素有很多，大体有如下几个方面。

一、荷载因素的影响

作用在建筑物上的荷载包括恒荷载（如自重等）和活荷载（如使用荷载等）、垂直荷载和水平荷载（如风荷载、地震作用等）。在确定建筑物构造方案时，必须考虑荷载因素的影响。

二、环境因素的影响

环境因素包括自然因素和人为因素。自然因素的影响是指风吹、日晒、雨淋、积雪、冰冻、地下水、地震等因素给建筑物造成的影响。为了防止自然因素对建筑物的破坏，在构造设计时，必须采用相应的防潮、防水、保温、隔热、防温度变形、防震等构造措施。

人为因素的影响是指火灾、噪声、化学腐蚀、机械摩擦与振动等因素对建筑物的影响。在构造设计时，必须采用相应的防护措施。

三、技术因素的影响

技术因素的影响是指建筑材料、建筑结构、建筑施工方法等技术条件对建筑物设计与建造的影响。随着这些技术的发展与变化，建筑构造的做法也在改变。例如，随着建材工业的不断发展，已经有越来越多的新型材料出现，而且带来了新的构造做法和相应的施工方法。玻璃属于脆性材料，经过加工工艺的改良，并采用新型高分子材料作为胶合剂做成夹层玻璃，其安全性能和力学、机械性能等都得到了大幅度提高，不但使得可使用的单块块材面积有了较大增长，而且使得连接工艺也大大简化。比如用玻璃来做楼梯栏板的做法，过去必须先安装金属立杆，再通过这些杆件来固定玻璃，现在则可以先安装玻璃栏板，再用玻璃栏板来固定金属扶手。同样，结构体系的发展对建筑构造的影响更大。所以，建筑构造不能脱离一定的建筑技术条件而存在，二者之间是互相促进、共同发展的。

四、建筑标准的影响

建筑标准主要指建筑的级别和使用年限。一级建筑使用年限≥ 100 年，100 年 > 二级建筑使用年限≥ 50 年，50 年 > 三级建筑使用年限≥ 25 年，四级建筑使用年限 <5 年。标准高的建筑耐久等级高、装修质量好、设备齐全、档次较高，但是造价也相对较高，反之则低。所以，建筑构造方案的选择与建筑标准密切相关。一般而言，大量性民用建筑大多属于二级建筑（例如普通住宅使用年限为 70 年），构造做法也多为常规做法。而大型公共建筑、重要建筑、高层和超高层民用建筑属于一级建筑，标准要求较高，构造做法复杂。

第三节 建筑构造设计的原则

一、满足建筑物的使用功能

建筑物建成后会使用几十年甚至上百年，在使用过程中还可能会改变最初设计的功能。因此，环境的变化和功能的更新都要求我们在进行建筑构造设计时，充分考虑各种长短期影响因素，通过全面分析、综合研判来确定经济合理的构造方案。

二、充分发挥材料的性能

材料性能包括力学性能、热工性能、防水性能、燃烧性能等物理和化学性能，能保证材料的可加工性，构造节点的安全性和耐久性，并兼顾经济性和建筑工业化需要。充分发挥材料的性能意味着建造过程中节省材料，提升建筑的经济性。所以，应关注和熟悉建筑材料的发展趋势，加强对各种新型建筑材料和加工工艺的了解，合理运用标准设计和定型构件，使设计的构造方案更合理。

三、注意施工现场条件及操作可能性

在进行建筑构造设计时，应特别重视施工现场的条件及操作的可能性，避免出现因设计师考虑不周而导致现场施工无法操作的情况，以保证施工顺利进行。

四、注意空间效果

在保证安全合理的前提下，构造设计应尽量保证建筑空间的整洁完整，不影响家具布置和后期使用。如果是外立面上的构造节点，还要考虑对建筑美学形象的影响，通过对形状、尺度、韵律、质感、色彩等方面的设计，为建筑形象添彩。

五、注重建筑的综合效益

在经济效益方面，需要考虑建筑全生命周期的节约性，采用绿色环保节能等方面的材料和技术，以节约整体投资。在社会效益方面，则需考虑建筑构造的安全性、建筑使用的公共性、建筑生命周期内的可持续发展性等。

六、合规性

建筑的安全性涉及广大人民群众的生命财产安全，建筑设计、施工必须符合国家和地方性法规，尤其是要严格遵守建筑规范中的强制性条文，合规性是建筑安全的前提。

第四节 建筑构造图示与表达

建筑构造设计须用建筑构造详图来表达。建筑构造详图又称大样图或节点大样图，根据具体情况可选用 1∶20、1∶10、1∶5 甚至 1∶1 的比例。建筑构造详图属于建筑剖面图、平面图或立面图的一部分，因此要从其剖切部位引出。建筑构造须有明确的索引方法，要标明建筑材料、作用、厚度、做法等。（图 2-2 至图 2-4）。

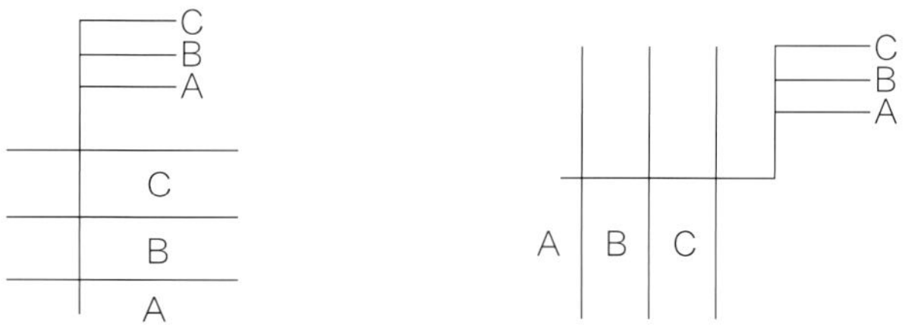

（a）水平构造层次的标注　（b）竖向构造层次的标注

图 2-2 构造详图中构造层次与标注文字的对应关系

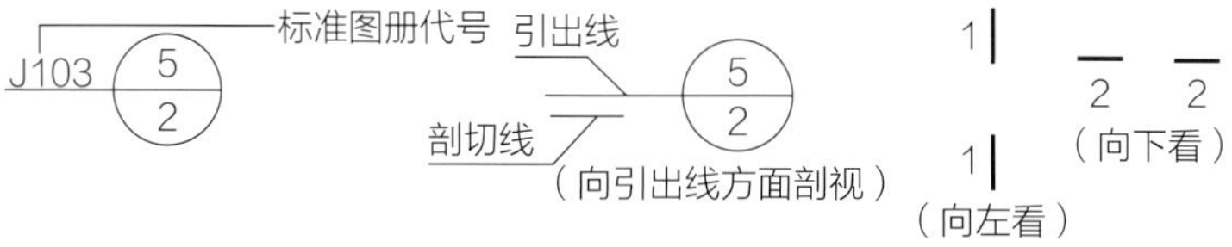

（a）索引标准图　（b）索引剖面详图　（c）剖面详图

图 2-3 构造详图中引出部位的索引符号

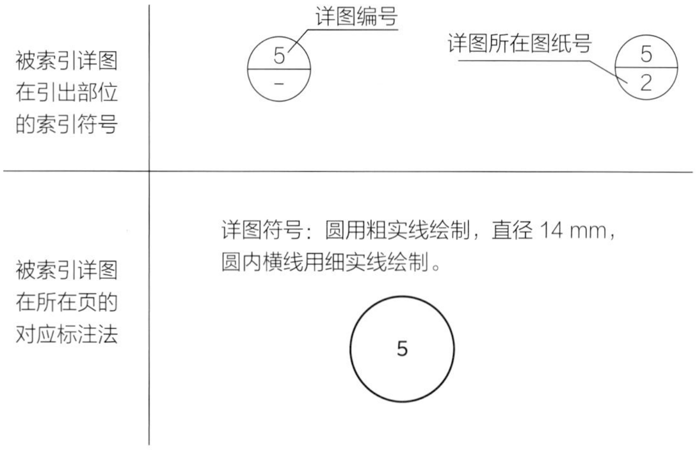

图 2-4 构造详图中索引号的含义及对应的标注方法

CHAPTER 3

第三章

建筑平面设计

第一节 建筑平面设计的内容

一、建筑总平面设计

建筑总平面设计是一项重要的设计工作，是对建筑基地整体布局的设计。建筑总平面设计需要准确表达新建建筑物与原有建筑物和构筑物的位置关系，准确表达指北针、风玫瑰图、规划控制线、基地边界及其周围环境等内容，设计建筑总平面中涉及的坐标定位、竖向标高、场地坡度、建筑出入口、基地出入口、基地内部道路网、停车位、消防场地、绿化布置等内容。

建筑总平面设计还需要准确表达城市规划要求的技术经济指标内容，主要包括用地性质、用地范围、用地强度、建筑形态、用地总面积、建筑占地面积、建筑总面积、地下室面积、容积率、建筑密度、绿地率、绿化覆盖率、建筑高度、建筑后退红线距离、停车数量等控制指标，这些内容通常以“用地平衡表”“技术经济指标表”“建筑明细表”等表格表述。（图 3-1）

建筑总平面设计会生成一系列的建筑总平面图纸，包括总平面布置图、总平面定位图、总平面竖向设计图、总平面给排水布置图、总平面电力电信布置图、绿化总平面图等，这些图纸为新建建筑及其他设施提供施工定位，为施工总平面设计提供依据。指北针和风玫瑰图可确定新建建筑的朝向，确定新建建筑与地区常年的盛行风向及夏季风主导风向之间的关系。标注标高和地形，可确定建筑物首层室内地面、室外地面的绝对标高和相对标高的相互关系，表达建设区内的等高线，这些信息对于确定建筑物室外的排水方向及场地施工的土方量计算非常重要。通过与城市市政管网的数据衔接，确定给水管、雨水排水管、污水排水管、供电线路等管线的平面布置，这为确认建筑与管线走向的关系、管线出入建筑物的位置提供基础支撑。绿化设计能提供美好的室外空间环境。

总之，建筑总平面图是建筑工程中非常重要的图件，为规划、设计、施工和后期物业管理提供了重要的基础信息。

建筑总平面设计中关于用地强度控制指标的内容主要有容积率、建筑密度、绿地率三项。

容积率，又称用地容积率，是指一定地块内，总建筑面积与建筑用地面积的比值。

建筑密度，是指一定地块内所有建筑物的基

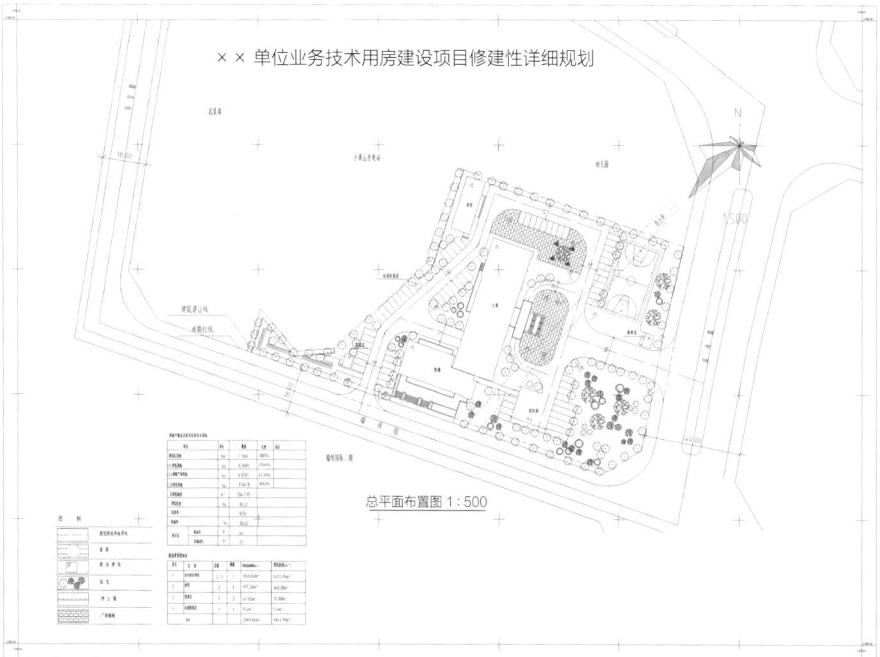

图 3-1 某建设项目规划总平面图

底总面积占用地面积的比例（%）。

绿地率，是指一定地块内各类绿化用地的总面积占该地总面积的比例（%），但不包括屋顶晒台上的人工绿地。

二、建筑平面图设计

民用建筑的类型丰富，各类建筑的功能要求亦不同。建筑平面图通常最能直观地表达建筑的功能要求，能反映建筑内部各功能部分在水平方向的空间组织关系，因此，建筑设计往往从平面设计开始。

建筑平面图设计的主要对象是为满足主要功能要求而设置的使用部分和把这些功能房间联系起来的交通联系部分。以住宅建筑为例，使用部分指起居室、卧室、厨房、卫生间、阳台、储藏室等内容，交通联系部分指把上述内容联系在一起的通道。

建筑使用部分平面设计的核心是通过确定合理的平面面积和空间形状来满足使用功能。建筑交通联系部分平面设计的核心是确定交通组织方式、疏散宽度和距离。

第二节 建筑主要使用房间平面设计

一、主要使用房间的分类

房间作为一种空间形式，是构成建筑的最基本单位。为了适应不同的功能要求，不同性质的房间各具自己独特的形式，我们称之为建筑室内空间的功能属性。由于民用建筑类型多样，建筑的主要使用房间功能也多样，按主要功能来分，通常有以下类型：

1. 生活用房间

如住宅的起居室、卧室，宿舍和宾馆的客房等。

2. 工作、学习用房间

如各类建筑中的办公室、会议室，学校中的教室、实验室、图书馆等。

3. 公共活动房间

如商场中的营业厅，剧场或影院的观众厅、休息厅等。

4. 特殊房间

如银行的金库，博物馆的展厅，体育馆，医院的手术室，法庭等。

5. 其他辅助房间

如储藏室、卫生间、更衣间、值班室、配电房等。

二、主要使用房间的平面设计要求

1. 房间的面积、形状和尺寸要满足室内使用方式，家具、设备的合理布置的要求。

2. 门窗的大小和位置，应使出入房间方便、疏散快捷安全、采光通风良好。

3. 房间的构成应使结构构造布置合理，施工方便，利于房间之间的组合，所用材料要符合相应的建筑标准。

4. 室内空间以及顶棚、地面、各个墙面和构件细部设计，要考虑人们的使用和审美要求。

三、使用房间的面积、形状和尺寸的确定

1. 房间的面积可由以下三部分组成

（1）家具和设备所占用的面积。

（2）人们使用家具、设备及进行相关活动所需的面积。

（3）房间内部的交通面积。

2. 影响房间面积大小的因素——容纳人数

在实际工作中，房间面积的确定主要依据国家有关部门及各地区制定的面积定额指标。应当

指出，每人所需的面积除面积定额指标（如表 3-1）外，还需通过调查研究并结合建筑物的等级要求或设计标准综合考虑，最终确定人均面积指标。（图 3-2、图 3-3）

表 3-1　面积定额指标表

建筑类型	房间名称	面积定额（m^2/ 人）	备注
中小学	普通教室	1~1.2	小学取下限
办公楼	一般办公室	3.5	不包括走道
	会议室	0.5	无会议桌
		2.3	有会议桌
铁路旅客站	普通候车室	1.1~1.5	
图书馆	普通阅览室	1.8~2.5	4~6 座双面阅览桌
观众厅	普通观众厅	0.6~1.2	

注：本表只用作教学示意，不代表规范要求。

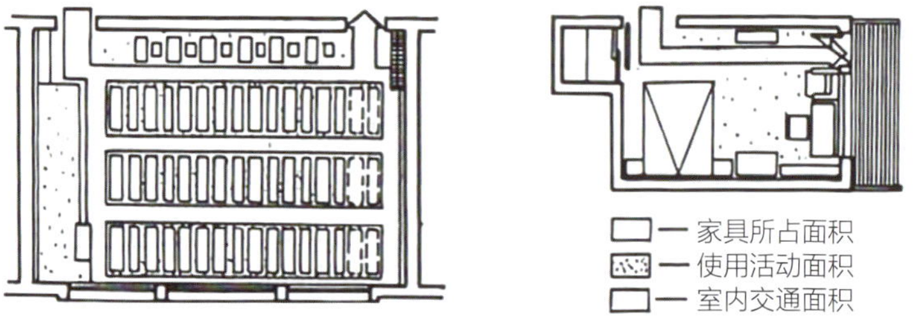

（a）教室　（b）卧室

图 3-2 教室及卧室中室内使用面积分析示意图

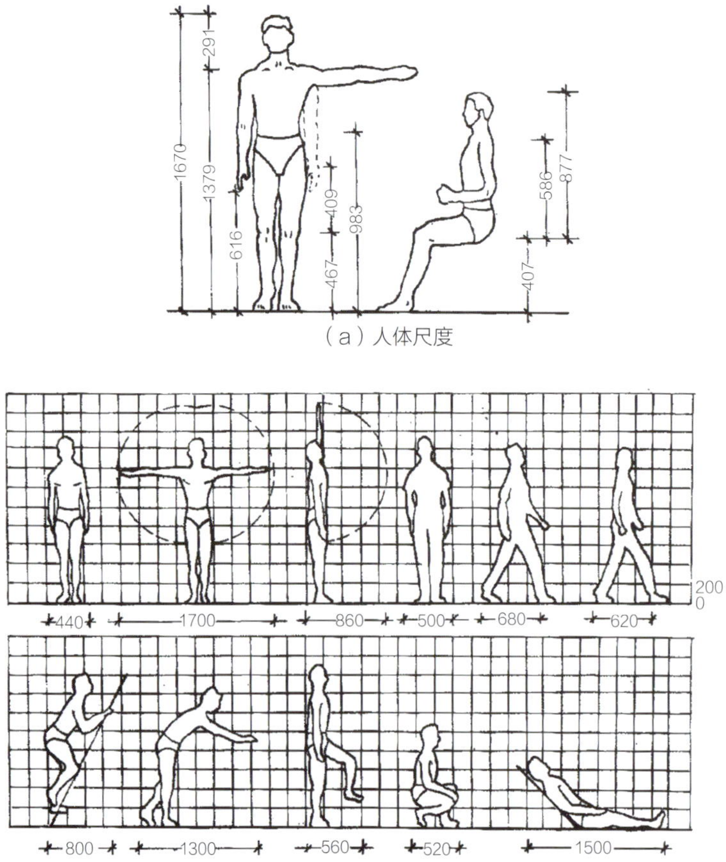

（a）人体尺度

（b）人体活动所需空间尺度

图 3-3 人体尺度与活动空间示意图（单位：mm）

3. 房间的形状

民用建筑常见的房间形状有长方形、正方形、圆形、三角形及其他多边形。具体采用何种形状，应根据使用功能要求、音质要求、视线要求、结构和施工条件的经济性、空间的艺术性需要来确定。从实际应用来看，矩形平面在建筑中的使用频率远远高于其他形状，并且矩形平面也更容易与结构体系和房间中的家具布置取得协调，平面组合也比较方便，所以矩形平面是采用最多的房间平面形状。如住宅的卧室、起居室、宿舍、教室等房间，大多采用矩形平面。（图 3-4 至图 3-6）

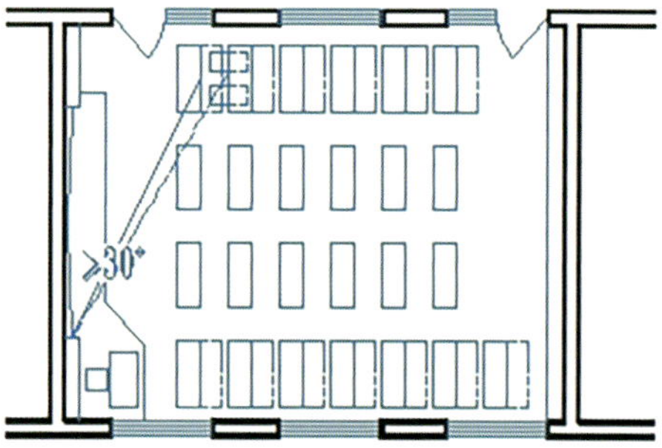

图 3-4 矩形教室中满足视线要求的平面布置

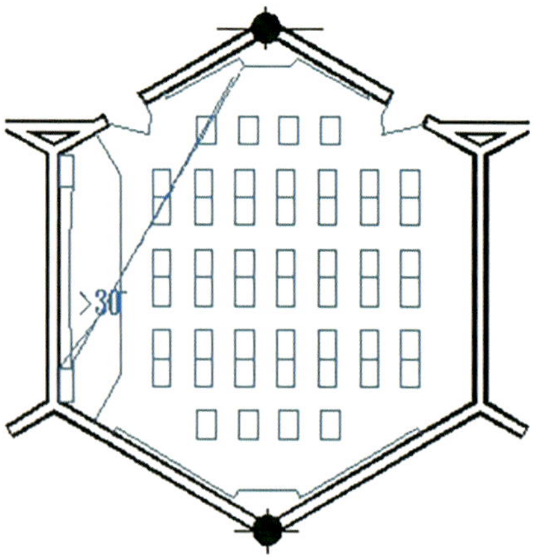

图 3-5 六边形教室中满足视线要求的平面布置

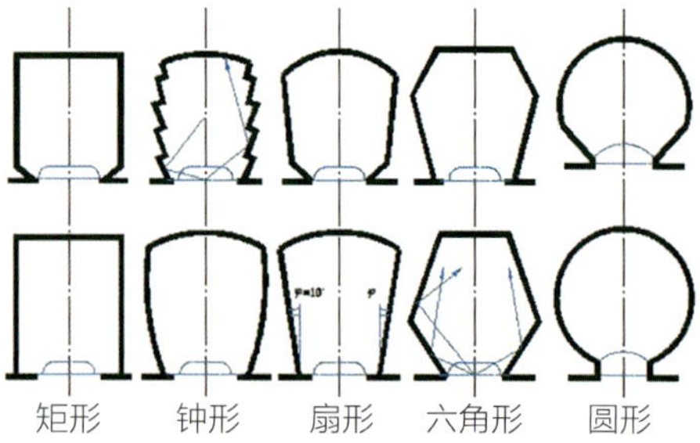

图 3-6 剧院观众厅的平面形状示意图

4. 房间的尺寸

房间尺寸是指房间的面宽和进深的尺寸。面宽常常是由一个或多个开间组成，进深指一栋建筑中垂直于面宽方向的尺寸。在确定了房间面积和形状之后，确定合适的房间尺寸便是最后一个问题，一般从以下几方面综合考虑。

（1）为满足家具设备布置及人们活动的需求，我们需熟悉常见的人体活动和家具尺寸。（图 3-7 至图 3-10）

图 3-7 常用家具尺寸示意图（单位：mm）

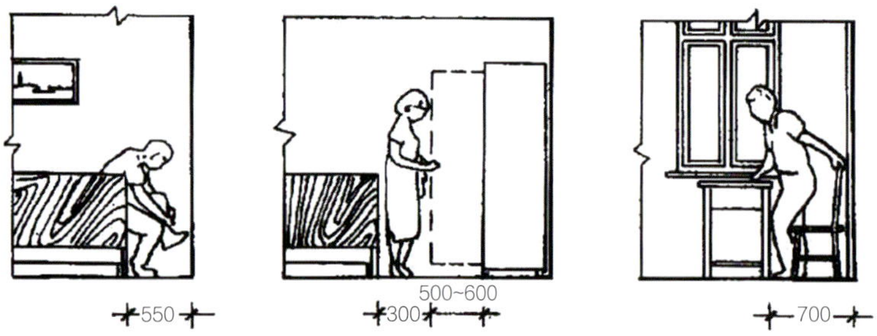

图 3-8 人在卧室中活动尺度示意图（单位：mm）

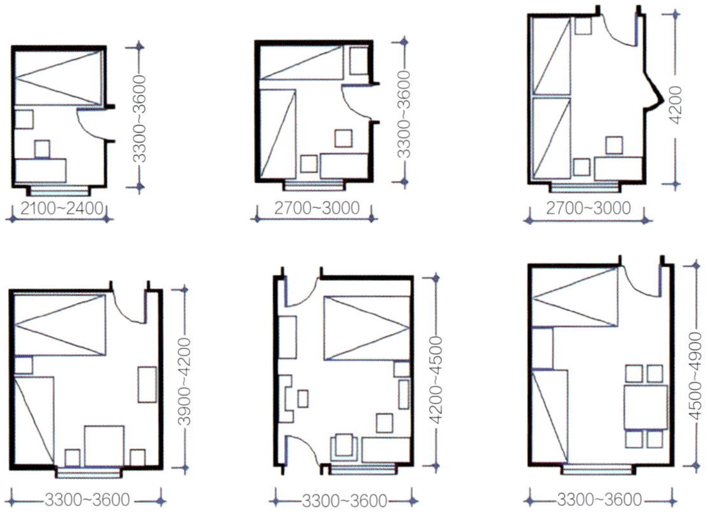

图 3-9 卧室的平面布置及尺寸示意图（单位：mm）

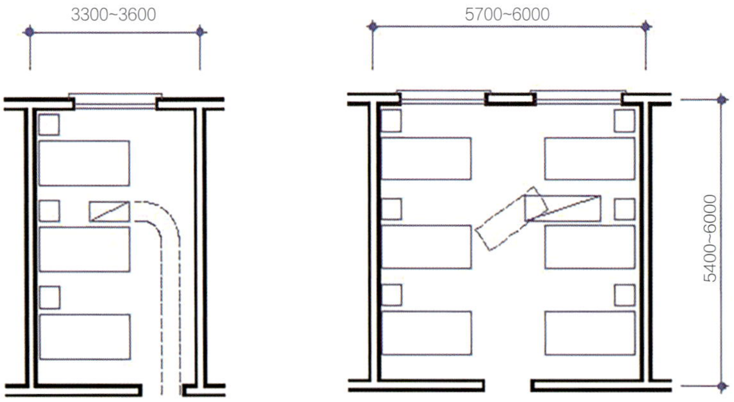

图 3-10 病房的平面布置及尺寸示意图（单位：mm）

（2）满足视听要求，对于影剧院、大会堂等有视听要求的房间，在设计其平面和空间尺寸时需要更多地推敲。（图 3-11、图 3-12）

（3）满足良好的天然采光要求是建筑节能的重要措施。一般单侧采光的房间，其进深最大是窗上沿距楼面高度的 2 倍；双侧采光的房间，其进深最大是窗上沿距楼面高度的 4 倍。（图 3-13）

（4）满足经济合理的结构布置要求，房间尺寸应使用经济的梁、板跨度尺寸，这有利于节约投资。

（5）符合建筑模数协调统一标准的要求，便于建筑工业化生产，减少非标准构件的应用，有利于节约投资和缩短建设周期。建筑的基本模数为 100 mm，扩展模数为 300 mm，建筑尺寸应尽量是建筑模数的整数倍。例如，在建筑实践中常用房间尺寸有 2.7 m×3 m、3 m×3.6 m、3.3 m×4.2 m、3.6 m×4.5 m、3.6 m×4.8 m、3.9 m×5.4 m、3.9 m×5.7 m、4.2 m×6.0 m、4.5 m×6.0 m 等。

四、门窗的设计

在建筑中，门的主要作用是联系和分隔室内外空间及作为通风的孔道；窗的主要作用是采光、通风和分隔空间。门窗设计的核心在于确定门窗的尺寸、数量、位置及形式。

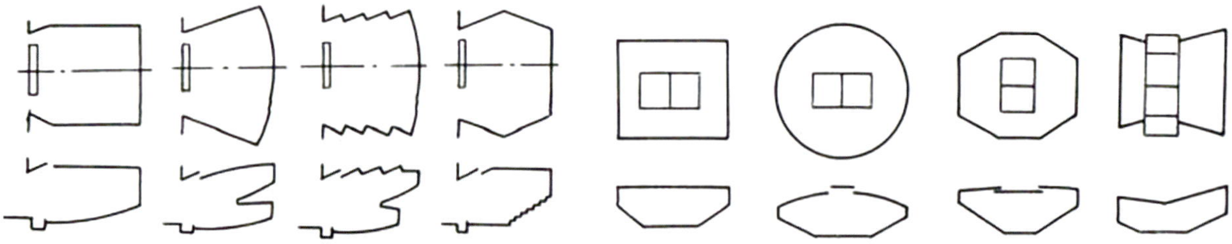

（a）观众厅　　（b）比赛大厅

图 3-11 剧院观众厅和体育馆比赛大厅的平面形状及剖面示意图

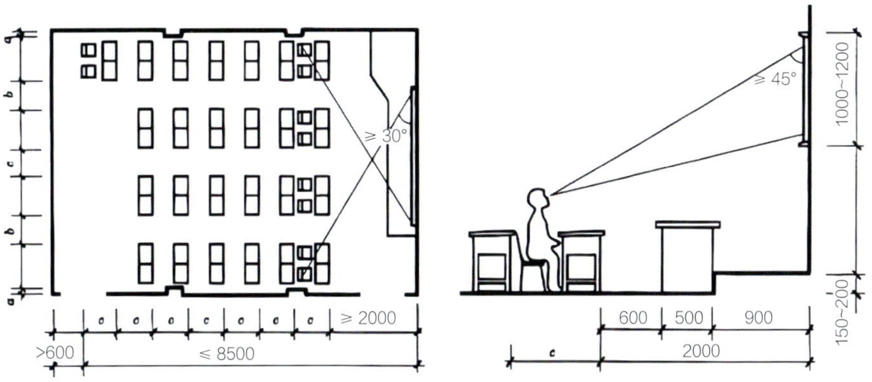

图 3-12 教室的视线要求与平面尺寸的关系（单位：mm）

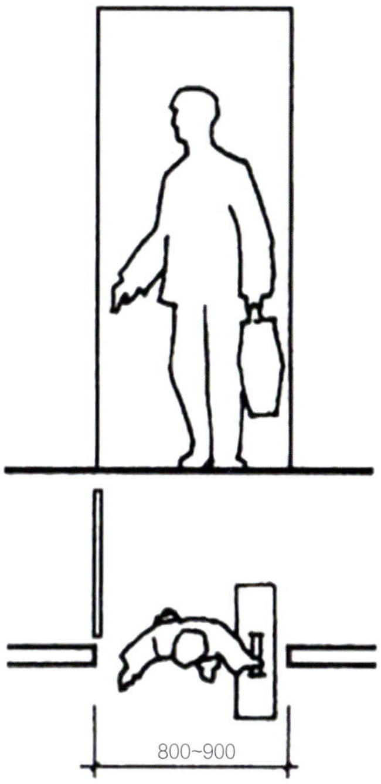

图 3-14 门的宽度示意图（单位：mm）

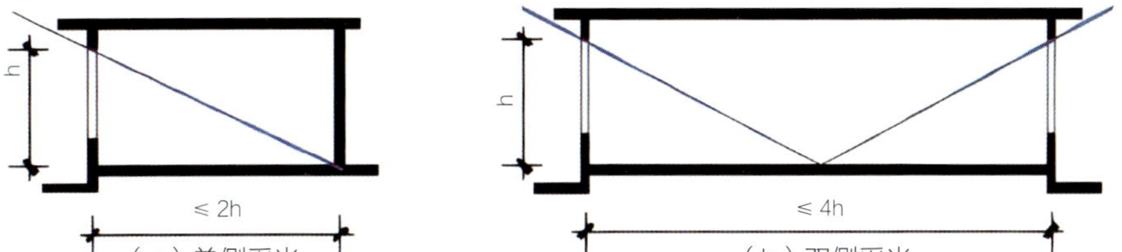

（a）单侧采光 （b）双侧采光

图 3-13 采光方式与进深的关系

1. 门的设计

门的最小宽度由通行人流股数、需通过门的家具及设备的大小等因素决定，如图 3-14 所示。门的高度一般不低于 2 m，每个房间至少设置一扇门，门的位置既应满足进出需求，又不影响内部功能的正常使用，门的形式需要根据具体情况来选定。

一般单股人流通行的最小宽度取 550 mm，一个人侧身通行需要 300 mm 宽。因此，门的最小宽度通常为 700 mm，常用于住宅中的厕所、浴室。住宅中卧室、厨房、阳台的门应考虑一人携带物品通行，卧室门常取 900 mm，厨房门可取 800 mm。普通教室、办公室等场所的门应考虑一人正面通行，另一人侧身通行，常采用 1000 mm。双扇门的宽度可为 1200 mm~1800 mm，四扇门的宽度可为 2400 mm~3600 mm。对于室内面积较大且活动人数较多的房间，必须相应增加门的宽度或门的数量。国家《建筑设计防火规范》对房间疏散门的数量和尺寸有明确的要求，设计时需严格遵循。门的开启方式方面，一般房间的门宜内开；影剧场、体育场馆观众厅的疏散门必须外开；会议室、建筑物出入口的门宜做成双向开启的弹簧门。

2. 窗的大小和位置

窗口面积大小主要依据房间的使用要求、房间面积及当地日照情况等因素来确定。根据不同房间的使用要求，建筑采光标准分为五级，每级规定相应的采光面积比，即房间窗口的透光总面积与地面面积的比值。（表 3-2）

表 3-2 民用建筑中房间使用性质的采光分级和采光面积

采光等级	视觉工作特征		房间名称	天然照度系数	采光面积比
	工作或活动要求精确程度	要求识别的最小尺寸（mm）			
Ⅰ	极精密	<0.2	绘图室、画廊、手术室	5~7	1/3~1/5
Ⅱ	精密	0.2~1	阅览室、医务室、专业实验室	3~5	1/4~1/6
Ⅲ	中精密	1~10	办公室、会议室、营业厅	2~3	1/6~1/8
Ⅳ	粗糙	>10	观众厅、休息厅、厕所等	1~2	1/8~1/10
Ⅴ	极粗糙	不做规定	储藏室、门厅、走廊、楼梯间	0.25~1	1/10 以下

建筑室内通风应尽量做到自然通风。为满足通风要求，一般可将窗与窗或者窗与门对正布置，如图 3-15 所示。

为了使建筑内部采光均匀、通风良好，通常将窗户居中布置在房间的外墙上，并尽可能组织穿堂风，同时需要协调好其与室内家具布置的关系，以营造良好的室内光照和通风条件。

第三节 建筑辅助功能房间设计

一、厕所

1. 厕所设计的一般要求

各类建筑物内均设有厕所，厕所通常位于建筑物的人流交通线上，与走道及楼梯间相连接。为确保隐私性，厕所应设前室，以前室作为公共交通空间和厕所之间的缓冲区域，并在前室设置洗手盆。

供大量人群使用的厕所，应有良好的天然采光与通风条件，如高速公路服务区内的厕所。供少数人使用的厕所允许间接采光，但必须配抽风设施，如某些小型公寓的卫生间。

厕所的设置应有利于节省管道，减少立管并靠近室外给排水管道。在同层平面中，男、女厕所应并排布置，避免管道分散。在多层建筑中，应尽可能把厕所布置在上下层对应的位置。

厕所的平面尺寸由使用人数决定，根据使用人数和设计参考指标确定厕所设备数量，确定厕所用房尺寸和卫生洁具布置形式。厕所卫生洁具主要包括大便器、小便池、洗手盆、污水池等。大便器有蹲式和坐式两种，小便器有小便斗和小便槽两种，可根据使用要求、建筑标准和生活习惯等因素来选用。（表 3-3、图 3-16 至图 3-19）

表 3-3 民用建筑中厕所设计参考指标（单位：人 / 个）

建筑类型	男小便器	男大便器	女大便器	洗手盆龙头	男女比例
旅馆	20	20	10	15	1：1
宿舍	20	20	10	15	1：1
中小学	40	40	20	100	1：2
火车站	80	80	40	150	1：2
办公楼	50	50	20	50~80	1：5
影剧院	35	75	25	140	1：3~1：5
门诊部	50	100	25	150	1：2~1：3
幼托		5~10	5~10	2~5	1：1

（a）一般房间门窗相互位置

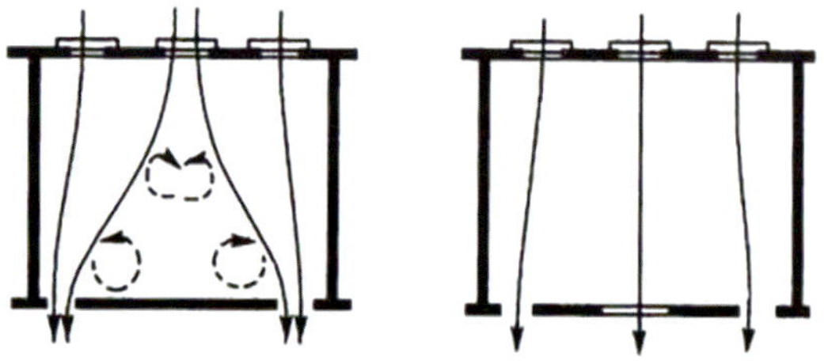

（b）教室门窗相互位置

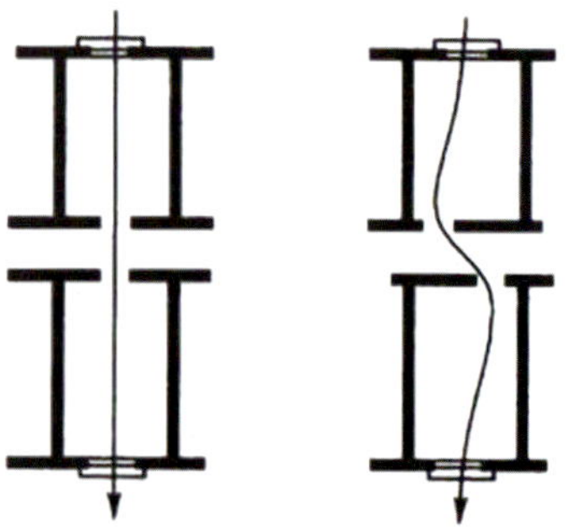

（c）风廊式平面房间门窗相互位置

图 3-15 门窗位与室内通风组织示意

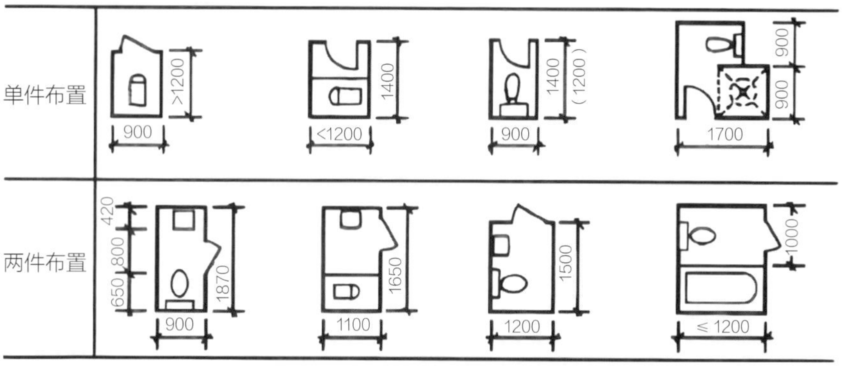

图 3-16 厕所布置尺寸示意一（单位：mm）

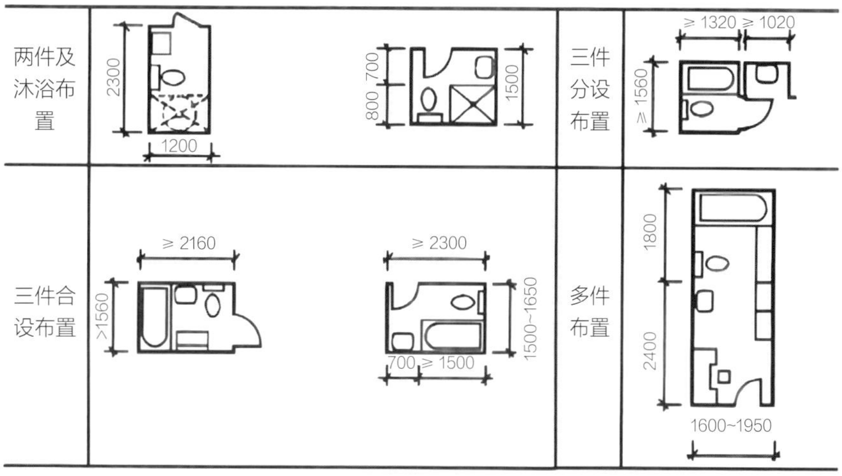

图 3-17 厕所布置尺寸示意二（单位：mm）

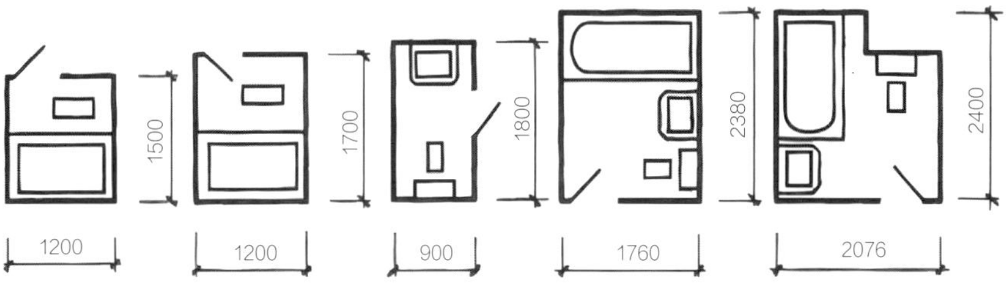

图 3-18 厕所布置尺寸示意三（单位：mm）

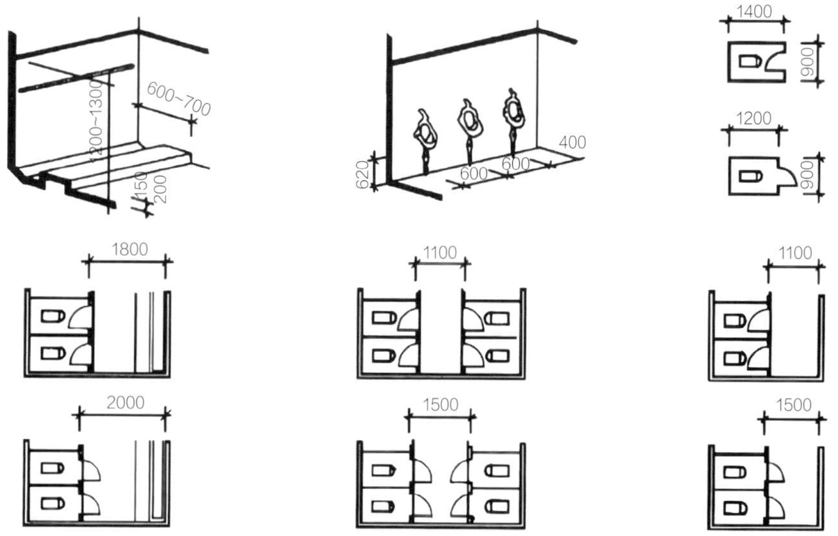

图 3-19 厕所布置尺寸示意四（单位：mm）

2. 厕所的平面形式

厕所分为有前室和无前室两种。有前室的厕所有利于隐蔽，能改善通往厕所的走道和过厅的卫生条件，常用于公共建筑中。前室的深度应不小于1.5 m~2.0 m。当厕所面积小，无法布置前室时，应注意门的开启方向，务必使厕所蹲位和小便器处于隐蔽位置。（图 3-20）

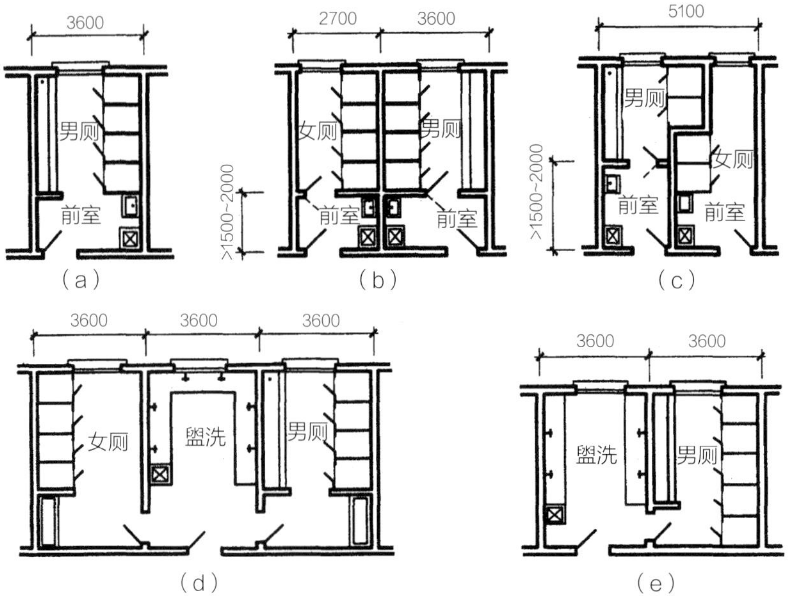

图 3-20 厕所平面布置示意五（单位：mm）

二、浴室和盥洗室

1. 浴室和盥洗室的主要设备及指标

浴室和盥洗室的主要设备有洗脸盆（或洗脸槽）、污水池、淋浴器，有的还设置浴缸等。此外，公共浴室还有更衣室，其中主要设备包括挂衣钩、衣柜、更衣凳等。设计时可根据使用人数确定卫生器具的数量，同时结合设备尺寸及人体活动所需的空间尺寸进行房间布置。

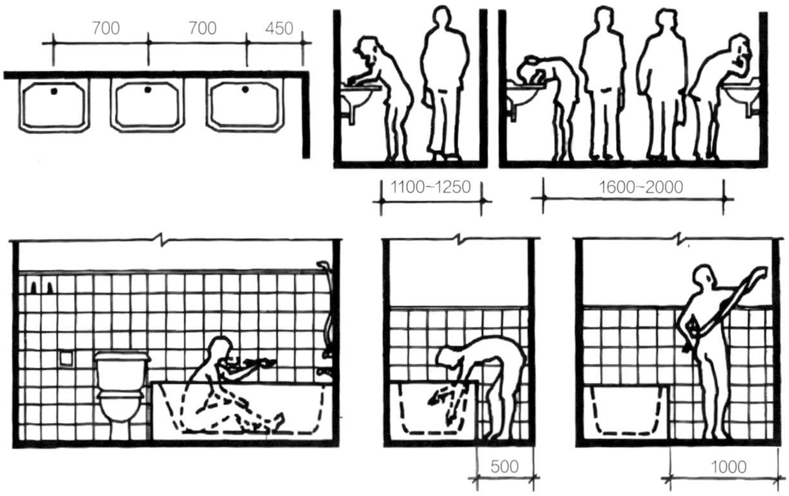

图 3-21 面盆、浴盆设备及组合尺寸（单位：mm）

2. 设备布置

浴室和盥洗室的常见设备布置方式，如图 3-21、图 3-22 所示。

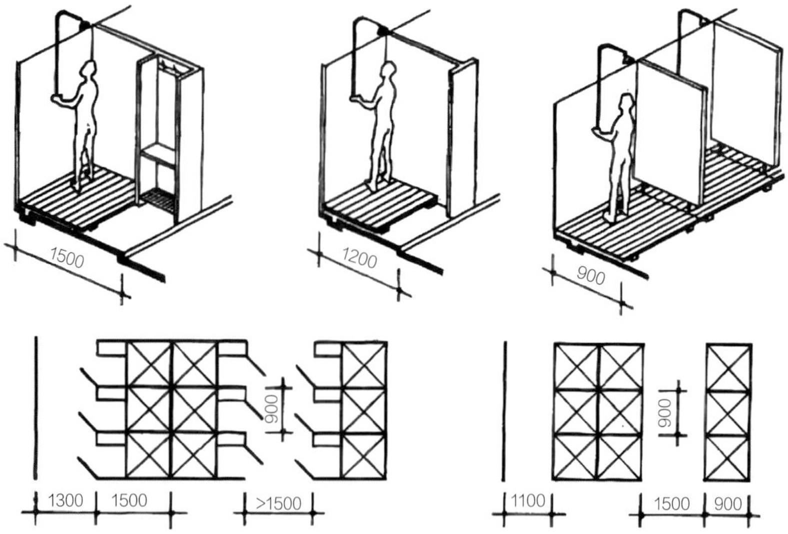

图 3-22 淋浴设备及组合尺寸（单位：mm）

三、厨房

厨房设计应满足以下几方面的要求：

（1）厨房应有良好的采光和通风条件。

（2）尽量利用厨房的有效空间布置足够的贮藏设施，如壁柜、吊柜等。为方便存取物品，

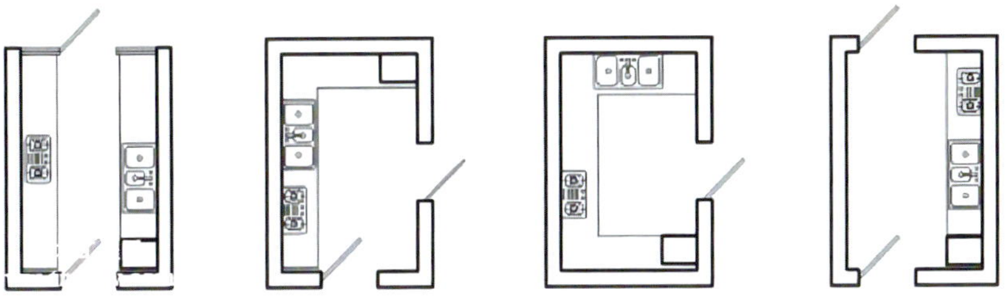

图 3-23 厨房平面布置

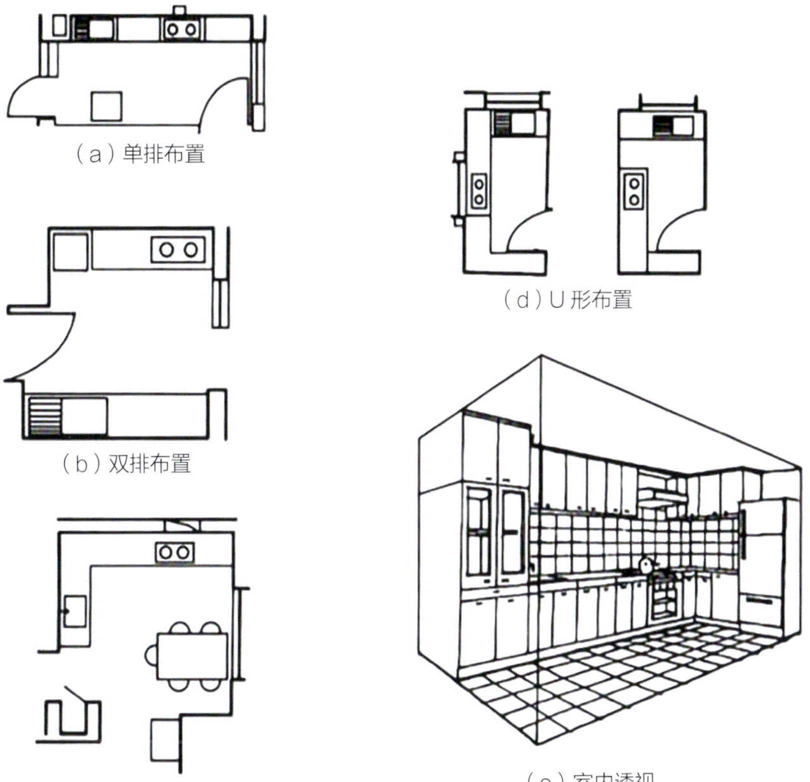

（a）单排布置

（b）双排布置

（c）L 形布置

（d）U 形布置

（e）室内透视

图 3-24 厨房布置举例

图 3-25 建筑交通联系空间

吊柜底距地高度不应超过 1.7 m。此外，还可充分利用案台、灶台下部的空间贮藏物品。

（3）厨房的墙面和地面应考虑防水，且便于清洁。地面应比一般房间地面低 20 mm~30 mm。

（4）厨房室内布置应符合操作流程，并保证有必要的操作空间。

（5）厨房的布置形式有单排、双排、L 形、U 形、半岛形、岛形几种，如图 3-23、图 3-24 所示。

第四节 建筑交通联系功能设计

交通联系部分包括水平交通空间（走廊）、垂直交通空间（楼梯、电梯、自动扶梯、坡道）、交通枢纽空间（门厅、过厅）等。

交通联系空间设计应该线路简明、联系方便，应具有良好的通风和采光（照明），具有合理的空间尺度保证交通畅通，在紧急情况下能够保证迅速、安全疏散人流。（图 3-25）

一、走廊

走廊又称为过道、走道，主要用来联系同一平面内的各个房间，有内廊和外廊两种形式。走廊设计的主要内容是确定走廊的宽度、高度、长度以及采光和通风要求等。

1. 按使用性质不同，走廊可以分为以下三种情况

（1）完全为交通需要而设置的走廊。

（2）主要作为交通联系同时也兼有其他功能的走廊，如医院的部分走廊兼具候诊的功能。

（3）多种功能综合使用的走廊，如展览馆的走道应满足边走边看的要求。

2. 走廊的宽度和长度

走廊的宽度和长度主要根据人流和家具通行、安全疏散、防火规范、走廊性质、空间感受来综合考虑。为了满足人的行走和紧急情况下的疏散要求，我国《建筑设计防火规范》规定学校、商店、办公楼等建筑低层的疏散走廊、楼梯、外门的各自总宽度不应低于表 3-4 所示指标。

表 3-4　楼梯、门和走廊的宽度指标

宽度指标（m/百人）／耐火等级／层数	一、二级	三级	四级
一、二层	0.65	0.75	1.00
三层	0.75	1 .00	
≥四层	1.00	1.25	

一般民用建筑常用走廊宽度如下：

教学楼：内廊 2.10 m~3.00 m、外廊 1.8 m~2.1 m；

门诊部：内廊 2.40 m~3.00 m、外廊 3.00 m（兼候诊）；

办公楼：内廊 2.10 m~2.40 m、外廊 1.50~1.80 m；

旅馆：内廊 1.50 m~2.10 m、外廊 1.50 m~1.80 m；

作为局部联系或住宅内部走廊宽度不应小于 0.90 m。走廊层高与楼层高度一致，净高最低不能小于 2.2 m。

走廊的长度应根据建筑平面房间布局形式、建筑的耐火等级及相关规范规定的疏散距离来确定。按照《建筑设计防火规范》的要求，最远房间出入口到楼层安全出入口的距离必须控制在一定的范围内，见表 3-5、图 3-26。

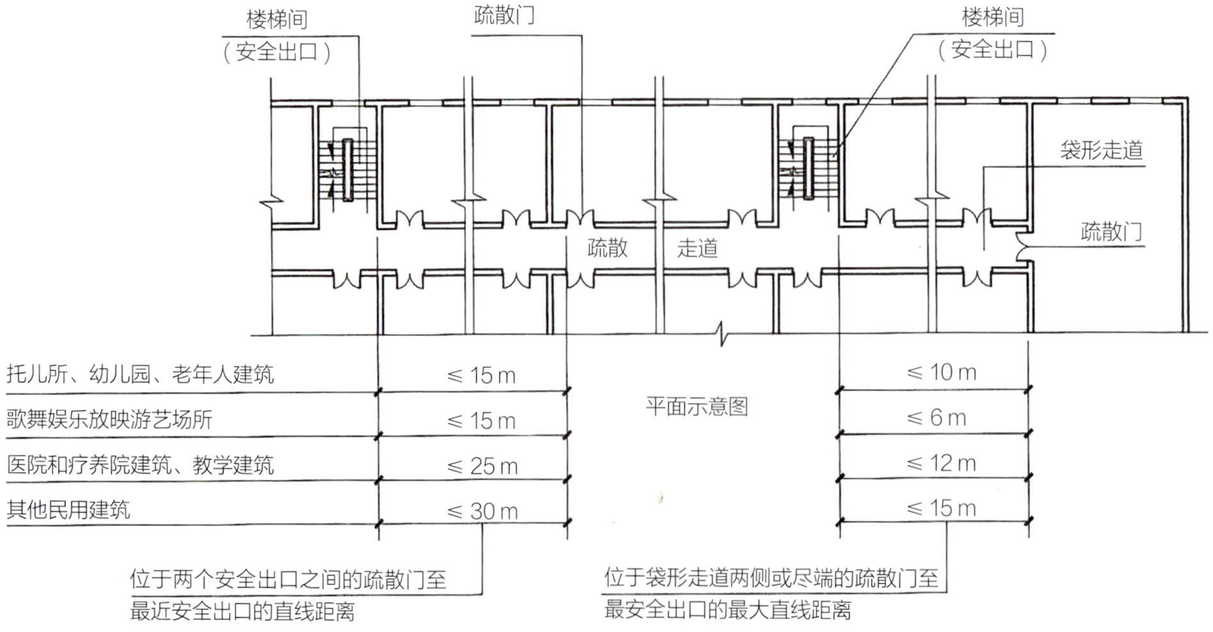

图 3-26　疏散走道长度规定示意

表 3-5 走廊的长度（单位：m）

名称	位于两个外部出口或楼梯之间的疏散门			位于袋形走道两侧或尽端的疏散门		
	耐火等级			耐火等级		
	一、二级	三级	四级	一、二级	三级	四级
托儿所、幼儿园	25	20	15	20	15	10
医院、疗养院	35	30	25	20	15	10
学校	35	30	25	22	20	10
其他民用建筑	40	35	25	22	20	15

注：敞开式外廊可增加5 m

3. 走道的采光和通风

走道的采光和通风主要依靠天然采光和自然通风。内走道一般采用直接和间接采光的方式，如通过走道尽端开窗，利用楼梯间、门厅或走道两侧房间设高窗来解决采光问题。

二、门厅

门厅作为交通枢纽，是建筑的主要出入口，其主要作用是接纳、分配人流，是建筑室内外空间的过渡区域，与建筑内部的走道、楼梯、电梯等交通部分衔接。同时，因建筑物使用性质不同，门厅还兼具其他功能，如商业写字楼的门厅常设服务台、休息区、洽谈区等；图书馆的门厅兼具检索、休息、复印等功能；旅馆门厅兼具休息、会客、接待、登记、小卖部等功能。除此以外，门厅作为建筑物的主要出入口，其不同的空间处理能体现出不同的意境和形象。所以，在民用建筑中，门厅是建筑设计重点处理的部分。

1. 门厅的面积

门厅的大小应根据各类建筑的使用性质、规模及质量标准等因素来确定，设计时可参考有关面积定额指标。（表 3-6）

表 3-6 部分民用建筑门厅面积参考指标

建筑名称	面积定额	备注
中小学校	0.06 m^2~0.08 m^2/ 每生	
食堂	0.08 m^2~0.18 m^2/ 每座	包括洗手池、小卖部
城市综合医院	11 m^2/ 每日百人次	包括衣帽间和询问处
旅馆	0.2 m^2~0.5 m^2/ 床	
电影院	0.13 m^2/ 每个观众	

2. 门厅的布局

门厅的布局可以分为对称式和非对称式两类形式。对称式布置强调对称，构图均衡，表现出明确的秩序感、稳定感。非对称式布置强调灵活性，可以因地制宜灵活处理门厅的设计。（图 3-28）

3. 门厅的设计要求

门厅设计应注意以下几方面的内容：

（1）门厅应具有明显的标志性，应布置在建筑平面中明显而突出的位置，便于人们出入。

（2）门厅内部设计要有明确的导向性。交通

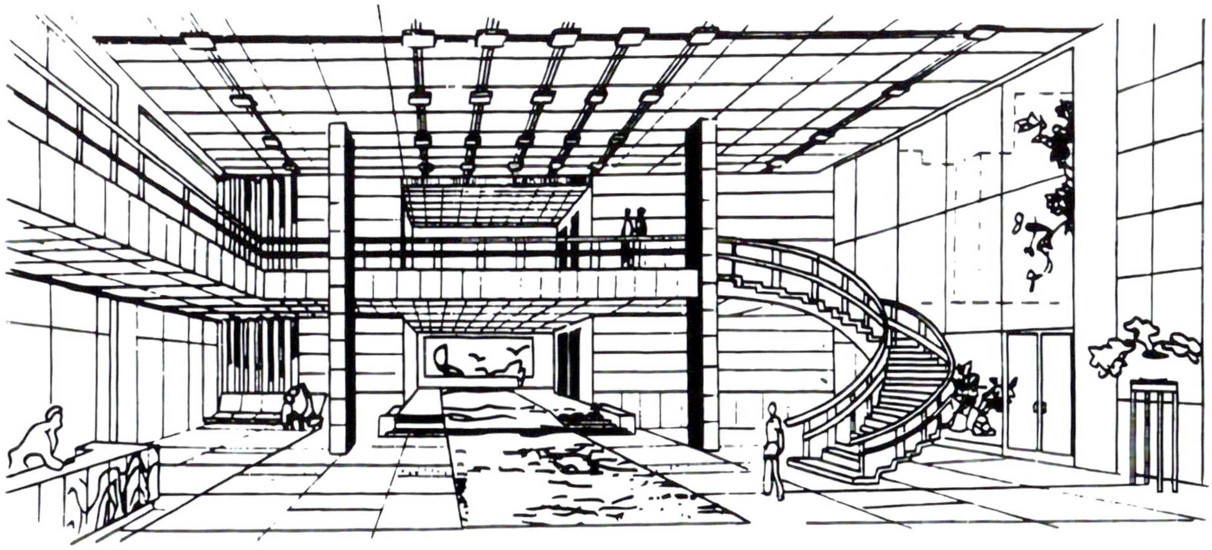

图 3-27 某写字楼门厅空间

流线组织需简明醒目，减少不同交通流线的相互交叉干扰。

（3）重视门厅内的空间组合和建筑造型要求。大型建筑的门厅面积大、层高要求高，需要解决好空间尺度和品质塑造问题，如商业写字楼的门厅、高级酒店的门厅。小型门厅则强调宜人的尺度，给人以亲切、舒适、放松的感觉。

（4）门厅对建筑造型的影响。门厅是建筑由外部进入内部的主要空间，在建筑平面和立面处理上对建筑都具有重要的影响，其设计方式不同会影响建筑立面艺术效果，如门厅出入口处的雨棚设计、台阶和坡道设计、门厅立面材质选择等。

（5）门厅对外出口的宽度须符合防火规范的要求，不得小于通向该门厅的走道、楼梯宽度的总和。

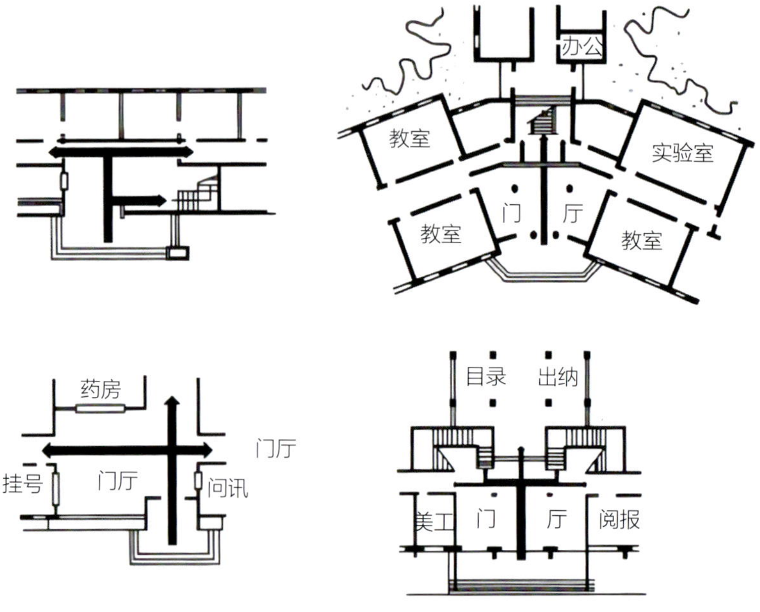

（a）非对称式　　（b）对称式

图 3-28 门厅的布局形式

三、楼梯

楼梯是建筑中连接不同楼层的主要通道。在遇到火灾或其他紧急情况时，楼梯是最主要的疏散通道，可以帮助人们迅速离开危险区域。楼梯设计的主要内容是选择适当的楼梯形式、确定楼梯的数量、梯段和休息平台的宽度、确定楼梯的平面位置。

1. 楼梯的形式

楼梯的形式主要有单跑梯、双跑梯（包括平行双跑、直双跑、L型、双分式、双合式、剪刀式）、三跑梯、弧形梯、螺旋楼梯等形式。平行双跑楼梯是最常见的楼梯形式，高层住宅建筑的疏散楼梯通常采用剪刀式楼梯。（图 3-29）

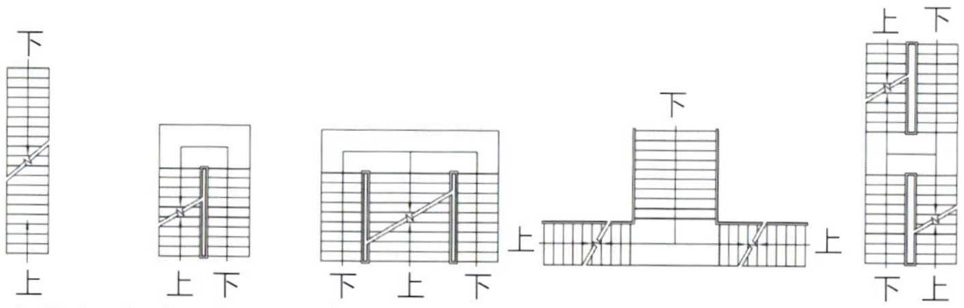

（a）单跑楼梯　（b）平行双跑楼梯　（c）平行双分楼梯　（d）双分转角楼梯　（e）剪刀式楼梯

图 3-29 常见楼梯形式举例

2. 楼梯的宽度和数量

楼梯的宽度和数量主要根据使用性质、使用人数和防火规范来确定。一般供单人通行的楼梯宽度应不小于 850 mm，供双人通行的楼梯宽度为 1100 mm~1200 mm。一般民用建筑楼梯的最小净宽应满足两股人流疏散要求，但住宅内部的楼梯宽度可减小到 850 mm~900 mm。

楼梯的数量应根据使用人数及防火规范要求来确定，必须满足走道内房间门至楼梯间的最大距离的限制要求。在通常情况下，每一幢公共建筑均应设两个楼梯。对于使用人数少或除幼儿园、托儿所、医院以外的二、三层建筑，当其符合表 3-7 的要求时，也可以只设一个疏散楼梯。

表 3-7 设置一个疏散楼梯的条件

耐火等级	层数	每层最大建筑面积（m^2）	人数
一、二级	二、三层	400	第二层和第三层人数之和不超过 100 人
三级	二、三层	200	第二层和第三层人数之和不超过 50 人
四级	二层	200	第二层人数不超过 30 人

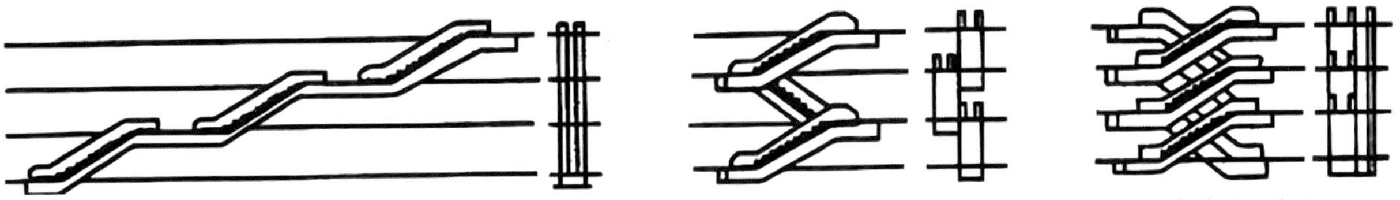

（a）单向布置　　（b）转向布置　　（c）交叉布置

图 3-30 自动扶梯的布置形式

四、电梯

高层建筑的垂直交通以电梯为主。其他有特殊功能要求的多层建筑，如大型宾馆、百货公司、医院等，除设置楼梯外，还需设置电梯以解决垂直升降的问题。

电梯按其使用性质可分为乘客电梯、载货电梯、消防电梯、客货两用电梯、杂物梯等几类。在确定电梯间的位置和布置方式时，应充分考虑以下几点要求：

（1）电梯间应设置在人流集中的地方，如门厅、出入口等处，位置要明显，电梯前面应有足够的等候面积，以免造成拥挤和堵塞。

（2）按防火规范的要求，设计电梯时应配置辅助楼梯，供电梯发生故障时使用。布置时可将两者靠近，便于灵活使用，也有利于安全疏散。

（3）电梯井道无天然采光要求，布置较为灵活，通常主要考虑人流交通方便、通畅。电梯等候厅因人流集中，最好有天然采光及自然通风。

五、自动扶梯及坡道

自动扶梯是一种能在一定方向上大量、连续输送流动客流的装置，可引导乘客走一些既定路线，并具有良好的装饰效果。在人流频繁且连续的大型公共建筑，如大型商场、火车站、地铁站、航空港等建筑中，将自动扶梯作为主要垂直交通工具。其布置方式有单向布置、转向布置、交叉布置。其梯段宽度较窄，通常为 600 mm~1000 mm。（图 3-30）

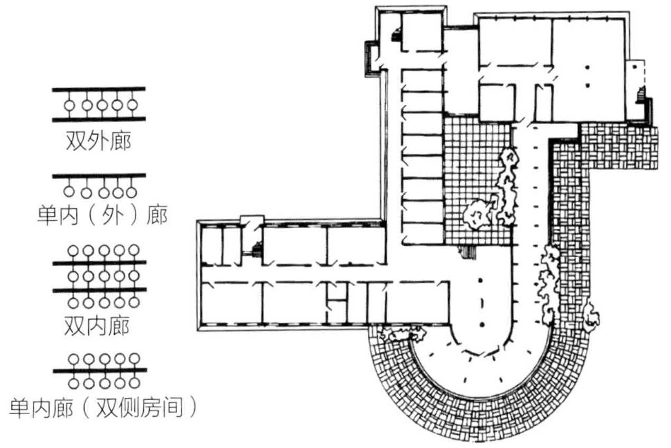

图 3-31 走廊式组合

第五节 建筑平面组合设计

一、平面组合形式

建筑平面组合设计是将建筑平面中的使用部分和交通联系部分有机地联系起来，使建筑物使用方便、结构合理、体型简洁、造价经济与环境协调。可根据建筑物功能联系特点和空间构成特点来选择合适的平面组合方式，常用的平面组合形式有以下几种。

1. 走廊式组合

走廊式组合布局的特点是，房间沿走廊布置，房间门直接开向走廊，房间通过走廊来联系，保证各使用房间之间互不干扰；其使用空间与交通联系空间分工明确，房间独立性强，便于获得天然采光和自然通风，结构简单，施工方便等。

走廊式组合分为内廊式与外廊式。内廊式组合在走廊两侧布置房间，走道使用效率高，平面布局紧凑，但走道内采光较差；外廊式组合是在走廊一侧布置房间，通风和采光条件好，但走道使用率较低，不经济。（图 3-31）

2. 串联式组合

串联式组合是将主要使用空间一个接一个地相互串联，把交通空间消解在使用空间之内。各主要空间之间联系紧密，具有良好的连续性，按一定顺序互相连通，人流方向统一，适用于展览馆、博物馆、纪念馆等建筑。（图 3-32）

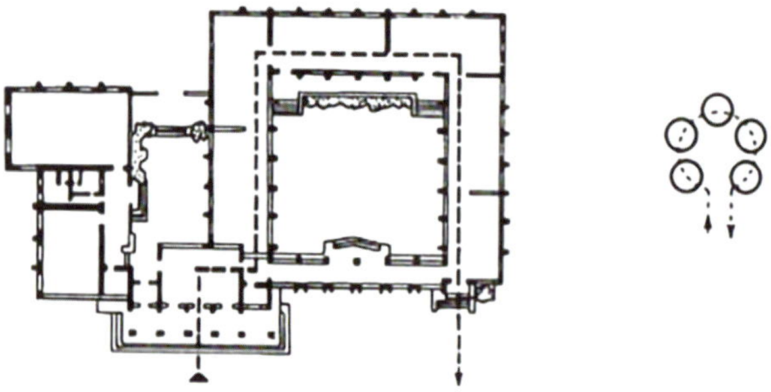

图 3-32 串联式组合

3. 单元式组合

单元式组合是通过楼梯、电梯或楼电梯组合的交通空间来连接各个使用房间，形成集中、紧凑的建筑组合形式，单元之间可以互相拼接。单元式组合主要适用于住宅建筑。（图 3-33）

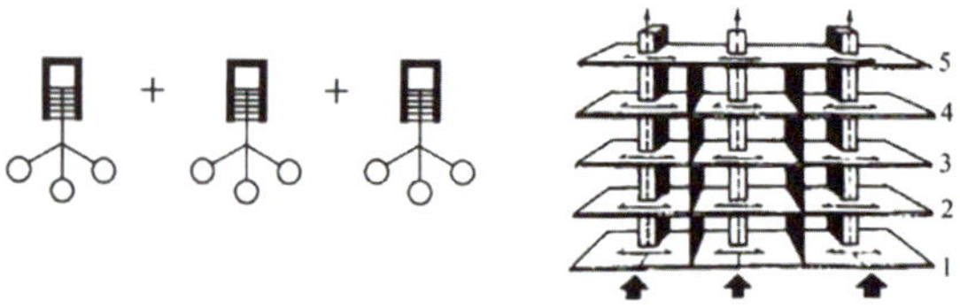

（a）单元式组合及交通组织示意图

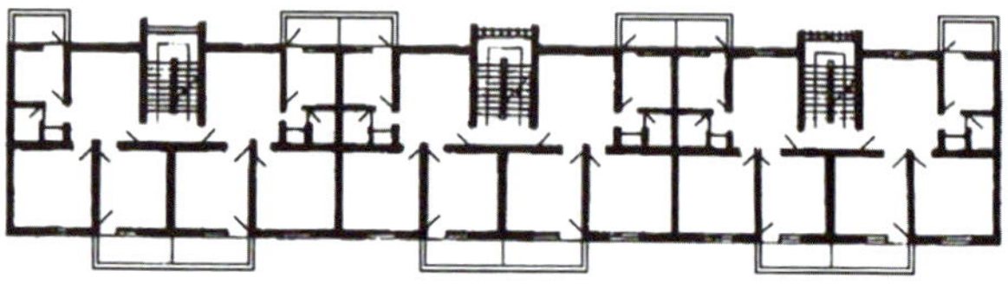

（b）组合单元

图 3-33 单元式组合

4. 广厅式组合

广厅式组合通过专供人流集散和交通联系的大厅空间将各主要使用空间连接成一体，以广厅为中心周围布置功能房间。广厅是大量人流的集散中心，通过它既可以把人流分散到周围各主要空间，又可以把各主要使用空间的人流汇集到这个中心，广厅成为整个建筑物的交通联系枢纽。这种组合主要适用于图书馆、展览馆、火车站等建筑。（图 3-34）

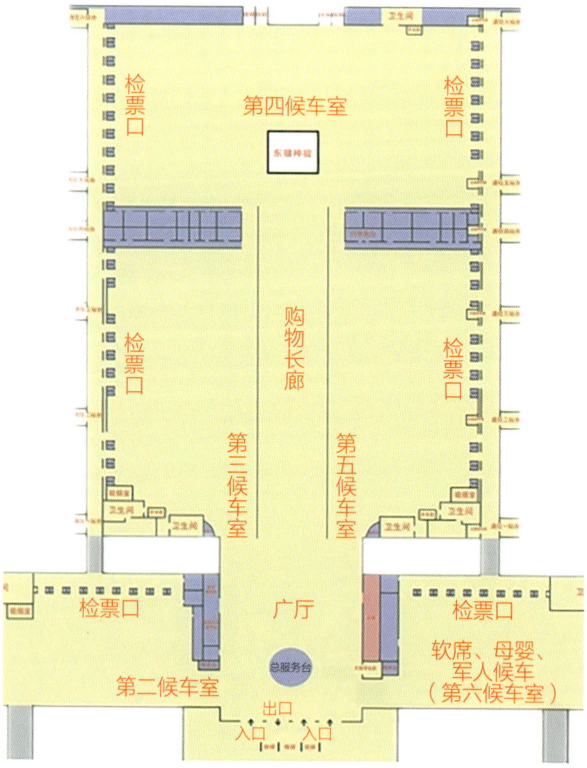

图 3-34 某火车站广厅式组合示意图

5. 庭院式组合

庭院式组合建筑的房间沿建筑四周环绕布置，中间形成开放式庭院，作为绿化或交通等场地，可以塑造良好的庭院景观，有利于形成微小气候环境。此类组合常用于普通民居、疗养院等。

6. 以大空间为主体的组合

体育馆、影剧院这类建筑，都有一个核心的大空间来承担主要功能。这个核心空间体量通常情况下比较庞大，是整个建筑的中心和主体，其他房间都围绕这个中心来布置。例如体育馆的比赛厅、影剧院的观众厅就是各自的核心大空间。

7. 混合式组合

建筑平面组合形式并非死板地拘泥于某种形式。随着建筑功能的复杂化和人们对建筑舒适度要求的提高，一栋建筑可能需要采用两种或两种以上的组合形式，才能更好地满足人们对美好生活的需求，这种采用多种组合的形式被称作混合式组合。

二、平面组合设计的影响因素

建筑平面组合设计的影响因素是多方面的，包括场地条件、建筑功能、技术条件、艺术和文化因素、经济条件以及法规与规范等。在设计中，这些因素影响建筑设计的全过程，需要综合考虑并进行合理地权衡取舍，以确保建筑既能满足功能需求，又具有良好的空间布局和视觉效果。

1. 场地条件

城市中的建筑所处的场地条件对其平面组合会产生重要影响。场地的大小、形状、地形、地貌等都会限制建筑的平面布局。同时，周边环境如交通状况、景观资源、城市肌理等也需纳入考虑范围，以确保建筑与环境和谐统一。在设计中，需要充分利用地段和环境条件，营造出既符合功能需求又富有特色的建筑空间。

2. 建筑功能

建筑的使用功能是决定其平面组合的首要因素。不同类型的建筑，如住宅、办公楼、学校、医院等，使用功能各不相同，这就赋予了建筑实用的属性，其所需的平面布局和组合方式也会有所差异。在设计中，需要充分考虑建筑的主要使用功能，合理安排各功能区域的位置和面积，以满足功能需求。

满足建筑的使用功能是建筑平面组合设计的主要内容，有功能分区合理和流线组织顺畅两个核心要点。根据建筑物的功能特征，平面组合有以下原则：①主次原则，即让建筑的主要功能房间占据良好位置，使用方便，日照、采光、通风良好。其他次要房间、辅助房间则结合主要房间灵活布置，满足基本使用要求即可。例如，住宅中的起居室、卧室是主要房间，一般朝南布置，以取得良好的日照；厨房、卫生间、储藏室是次要房间，布置在北面，卫生间、储藏室甚至可以没有直接通风和采光。②内外原则，即建筑空间中区分对内使用部分和对外使用部分。对内使用部分供内部人员、货物使用，可以布置在相对隐蔽的位置。对外使用部分供前来办理业务的人员使用，公共性较强，可以布置在临街、临路等交通便利的位置。例如银行的营业厅、商店的营业厅临街布置，而办公、仓储则布置在次要、隐蔽的位置。③联系原则，即建筑功能的整体性。建筑的主要功能和辅助功能既要分隔又要互相联系，才能实现建筑的整体功能。

3. 技术条件

建筑结构、设备、施工等技术条件也会对建筑平面组合产生制约。例如，建筑承重结构类型的选择会影响建筑室内空间大小和房间开间尺寸；建筑给排水设备及管线的布置会影响用水房间的布置和防火分区；建筑电气、通风等设备和管线会影响建筑的防灾安全等，这些因素都会影响建筑的平面布局和组合。在建筑平面组合设计中，需要充分考虑技术条件的限制，选择合理的结构形式和设备布局方式，以确保建筑的安全性和经济性。

4. 艺术和文化因素

建筑，是人类文明和社会进步的重要标志，也是人类文化和艺术的重要载体，由此就赋予了建筑美或艺术的属性。建筑作为文化和艺术的载体，其平面组合也必然要受到一定社会经济基础、生活方式、上层建筑、意识形态、民族特色、文化传统和艺术风格的影响。艺术和文化因素既体现在建筑内部空间塑造上，也体现在建筑造型和外在形象上，平面组合设计是内部空间塑造和建筑外在形象的基础。在设计中需要充分考虑艺术和文化因素，创作出既符合时代精神又富有地域特色的建筑作品。

5. 经济条件

经济条件是影响建筑平面组合设计的重要因素之一。一般情况下，平面布局规整的建筑更节约投资。在满足功能和审美的条件下，设计师尽量选用规整有序的平面组合，合理安排建筑空间，选择适宜的材料和技术手段，可以实现良好的经济效益。

6. 法规与规范

建筑设计必须遵守相关的法规和规范，如规划法规、建筑法规、消防规范、环保要求等。这些法规和规范对建筑平面组合设计有着明确要求和限制，以确保建筑的安全性、环保性和可持续性。例如，城市规划对建筑场地有严格的限制，限制条件包含场地界线、场地地形、道路红线、建筑红线、建筑高度、建筑密度、容积率、绿化率、停车位等；消防法规对建筑走道长度、建筑高度、空间大小等有严格要求。因此，平面组合设计必须遵守相关法规和规范的要求，以确保设计方案的合法性和可行性。

第六节 建筑与场地设计

场地设计是为满足一个建设项目的要求，以基地现状条件和相关的法规和规范为依据，合理处理建筑总体布局与建筑外部空间的协调，综合解决建筑物、活动广场、道路、竖向、停车场、绿化、小品、综合管线等各方面内容的布置和设计问题。场地设计的目的是通过设计使场地中的建筑物与其他要素能形成一个有机整体，并使基地利用能够达到最佳状态。

场地设计需要综合考虑功能性需求、场地条件、法规与政策、交通与停车、绿化与景观、可持续性、文化与历史、经济性与可实施性等多种因素。

（1）功能性需求主要是确定场地的主要用途和功能分区，如居住、办公、商业、娱乐等。根据功能需求确定建筑物的布局、大小和形状，考虑人流、车流、物流的动线设计，确保顺畅无阻。

（2）场地条件主要指地形、地貌、地质条件等，对建筑物的布局和结构设计有重要影响。温度、湿度、风向、日照等气候条件，影响建筑物的朝向、通风、采光等设计；重视地下水位、排水系统、防洪设施等水文条件，以确保场地排水顺畅，不受水患影响；场地内已有的道路、管线、树木等现状条件，需合理规划，以避免冲突。

（3）法规与政策主要指遵守国家和地方的城市规划、建筑法规、环保政策等，严格遵循土地使用性质、容积率、建筑密度、绿化率等规划指标，严格遵守消防安全、无障碍设计等相关法规要求。

（4）交通与停车主要指在场地内合理规划道路交通系统，确保车辆和行人安全通行，并根据建筑性质设置充足的停车位，满足使用者的停车需求，还要考虑公共交通设施的连接和便利性。

（5）绿化与景观是提升场地环境质量的重要内容，应兼顾美观性与实用性，为使用者提供舒适的休憩空间，营造良好的交往氛围，以促进社会和谐，满足人们对美好生活的需求。

（6）可持续性主要指节能、节水、生态。采用高效节能的建筑材料和设备，减少能源消耗；合理规划雨水收集和利用系统，减少水资源浪费；选用环保、可再生的建筑材料，减少建筑垃圾和污染。

（7）尊重场所精神，尊重场地的历史文脉和地域文化特色，在设计中融入优秀传统文化元素，传承并弘扬地方文化。

（8）考虑建筑全生命周期的经济性，综合考虑建设成本、运营成本和维护成本，评估设计方案的施工难度和风险，确保方案的可实施性。（图3-35、图3-36）

图 3-35 上海世茂深坑酒店

图 3-36 苏州博物馆

CHAPTER 4

第四章

建筑剖面设计

建筑剖面图是用一个假想的垂直剖切面将建筑剖开，移去观察者与剖切平面之间的部分，作出剩余部分建筑的正投影图，简称剖面图。

建筑剖面设计是建筑设计中的重要环节，剖面图是建筑图样的重要组成部分。建筑剖面设计是在确定的建筑平面基础上进行的，设计者需要有良好的空间想象能力。建筑剖面设计的内容很多，主要设计建筑在垂直方向上的空间组合关系，解决建筑物的内部结构、分层情况、各层高度、屋顶形式、建筑内部垂直空间的组合、建筑内部高差处理、楼梯形式、台阶坡道、楼面和地面的构造以及各配件在垂直方向上的相互关系等内容，解决建筑剖面中的结构和构造关系等问题。建筑剖面图在施工中，可作为建筑分层、砌筑内墙、铺设楼板、屋面板和内装修等工作的依据，是与平面图、立面图相互配合的不可缺少的重要图样之一。

在绘制剖面图时，首先要明确剖切线在平面图上的位置和编号，再确定剖视的方向，然后开始绘制剖面图。在绘图时，为了区分剖切到的内容和看到的内容，把剖切到的建筑实体投影线用粗实线表示，例如剖切到的屋顶、楼板、墙体、楼梯、梁、室内地面、室外地坪线等。看到的内容用细实线表示，如看到的柱子、梁、门、窗等。根据建筑平面、空间、造型的复杂程度来确定建筑剖切线位置和数量，通常情况下，必须在建筑的主要楼梯处进行剖切，绘制剖面图。复杂建筑物的剖面图一般不少于两个，目的是清晰表达建筑在垂直方向的空间组合与结构构件等内容。（图4-1、图4-2）

第一节 建筑剖面形状及各部分高度设计

建筑剖面形状及各部分高度要根据房间的主要使用功能来确定，兼顾经济性和室内空间艺术效果。

一、房间的剖面形状

房间的剖面形状主要分为矩形和非矩形两类，矩形最多见，而非矩形剖面常用于有特殊要求的房间。

（1）矩形剖面形状简单、规整，便于竖向空间的组合，结构简单，施工方便。一般能满足大多数民用建筑的使用功能，如居室、教室、办公室等均采用矩形。

（2）非矩形剖面常用于有特殊要求（如音质要求、视线要求）的房间，例如影剧院的观众厅、学校的阶梯教室。为使后排观众的视线不被遮挡，室内地面要按照一定的坡度升起；观众厅为保证音响效果，顶部需要根据声场设计要求做成一定的折线形，以获得良好的音响效果。（图4-3至图4-5）

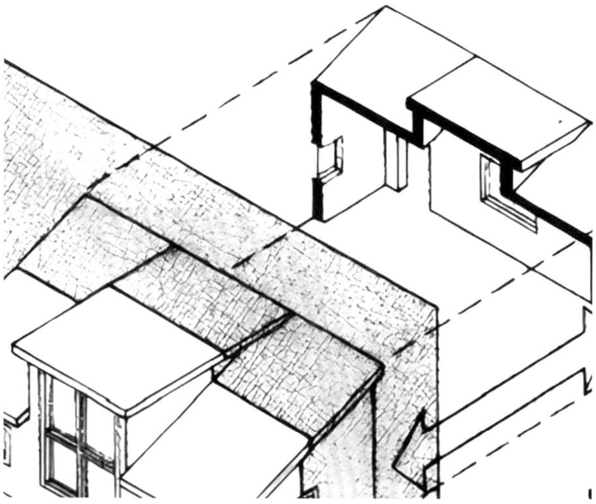

图4-1 剖切面的概念

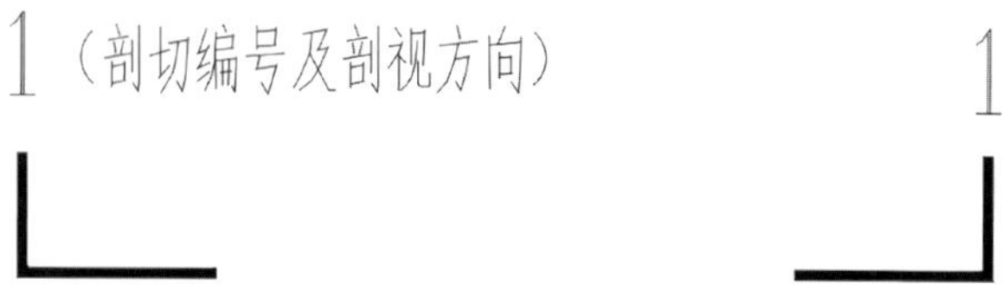

图4-2 剖切符号

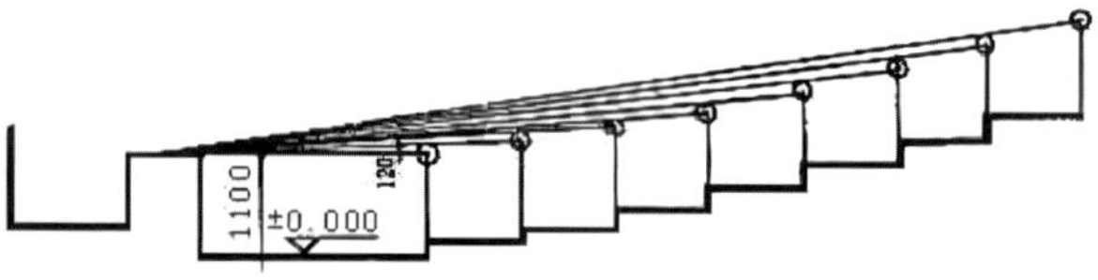

图4-3 中学教室对位排列起坡示意图

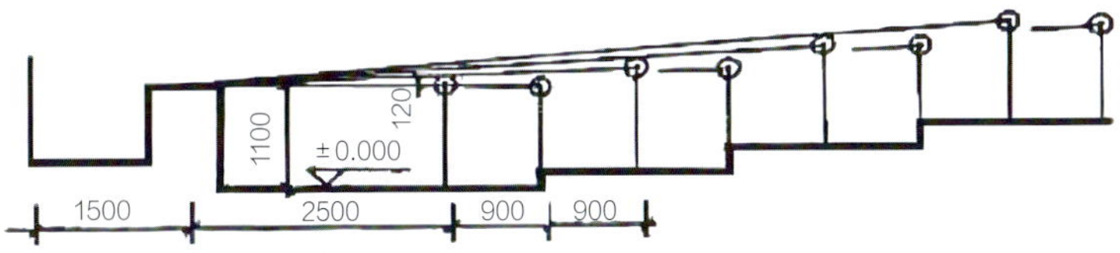

图 4-4 中学教室错位排列起坡示意图

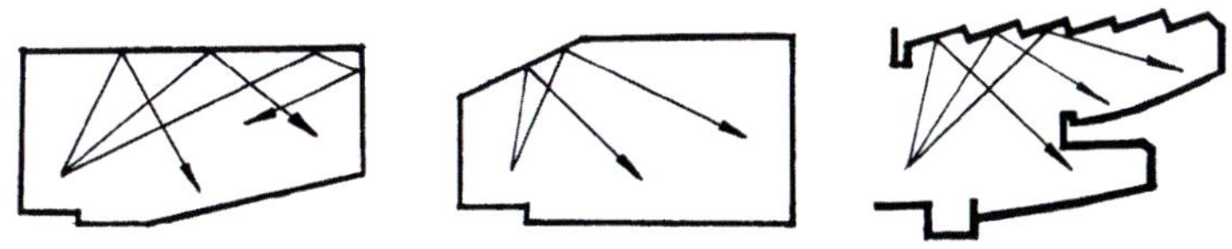

（a）平顶棚　（b）降低舞台口顶棚　（c）波浪形顶棚

图 4-5 影剧院顶部示意图

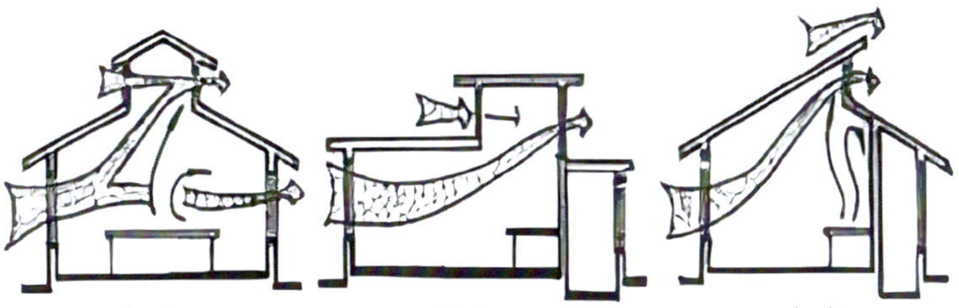

（a）　（b）　（c）

图 4-6 剖面中进出风口的位置和通风线路示意图

（3）结构、材料和使用的要求

如大跨度建筑房间的顶部剖面因结构的需要常采用曲面形式。有些工业厂房在操作过程中散发出大量热量、蒸汽和油烟等，可在顶部设置排气窗以加速排出有害气体。（图 4-6）

二、房间的高度

房间的高度在建筑设计图中用相对标高表示，通常以该房间所在建筑物一层室内楼板标高作为 ±0.000 基准标高，在垂直方向上的其他标高均以此为基准，高于此标高为正标高，标注时正号“+”省略；低于此标高为负标高，标注时负号“-”不能省略。（表 4-1）

表 4-1　各类建筑的常用层高值（单位：m）

房间名称	教室、实验室	风雨操场	办公、辅助用房	传达室	居室、卧室
中学	3.30~3.60	3.80~4.00	3.00~3.30	3.00~3.30	
小学	3.20~3.40	3.80~4.00	3.00~3.30	3.00~3.30	
住宅					2.70
办公楼			3.00~3.30		
宿舍楼					2.80~3.30
幼儿园	3.00~3.20				3.00~3.20

1. 房间的层高与净高

（1）层高：该层楼面、地面到上一层楼面之间的垂直距离。影响层高的主要因素有：

①建筑结构，建筑物的结构类型（如框架结构、砖混结构等）和承重能力决定了层高的最大限制。②功能需求，不同功能的房间（如住宅、商场、体育馆等）对层高有不同的要求。例如，住宅的层高通常较低，以提供更好的空间感和舒适度；而体育馆的层高可能很高，才能保证体育比赛的正常进行。③经济因素，层高的增加会增加建筑成本（包括材料成本、施工成本等）。④建筑法规，若建筑法规对层高有明确规定的，必须遵守。⑤采光和通风需求，层高的增加有利于改善房间的采光和通风条件，提升居住环境的舒适度。⑥室内空间比例要求，层高与房间面积的比例关系会影响室内空间的视觉效果和使用感受。

（2）净高：该层楼面、地面到上一层楼板或板下凸出物的底面的垂直距离（图 4-7）。影响房间净高的主要因素包括：

①房屋层高，一般情况下层高越高，净高也越高。②建筑结构，如采用框架结构，梁的高度和跨度会直接影响净高。③室内活动，人在室内居住、办公、娱乐、运动等活动会对净高有不同要求。④室内装修，例如安装吊顶会减小净高。其他装饰元素，如灯具、吊柜等也会占据一定的高度空间。⑤管道和设备，房间内部的管道（如水管、电线管）和设备（如空调、新风系统等）的布置也会影响净高。⑥建筑法规，建筑法规对房间净高有规定的，如医院手术室，必须遵守。（图 4-8）

2. 门和窗台的高度

门和窗台的高度主要根据房间使用要求来确定。在民用建筑中，门高一般不小于 2 m，门顶设亮子时，门高常取 2.4 m。窗台高度常取 900 mm~1000 mm，这既保证室内光线充足的基础，又保证安全，避免开关窗户时不慎翻出窗外造成危险。一些特殊的建筑如幼儿园、老年公寓、采用玻璃幕墙的高层建筑，门和窗台的高度根据相关建筑规范进行确定。

3. 室内外地面高差

在民用建筑中，室内外地面之间通常会设置 500 mm 左右的高差，目的是防止室外雨水倒灌进室内，同时在建筑形象上也强调了出入口的位置。高差通常采用台阶和无障碍坡道处理，在空间上也会形成室内外之间的过渡空间。

三、建筑层数和总高度设计

影响建筑层数和总高度的因素有以下几种：

1. 政策法规要求

近年来，国家对建筑高度有了更多的管控，主要表现在一般不得新建 500 m 以上的超高层建筑，严格限制新建 250 m 以上建筑。对于新建 100 m 以上的建筑，应进行充分论证，严格审批，并确保其布局集中。建筑的高度应与城市的规模和空间尺度相适宜，同时要与当地的消防救援能力相匹配。中小城市应严格控制新建超高层建筑，县城的住宅建筑应以多层为主。在城市总体规划有要求时，需要按照规划要求来限制建筑的高度。紫线保护区范围内、风景区范围内的

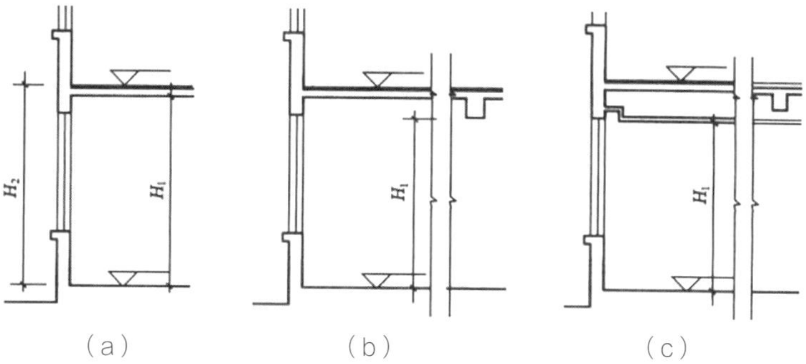

图 4-7 房间的净高和层高（H_1 为净高；H_2 为层高）

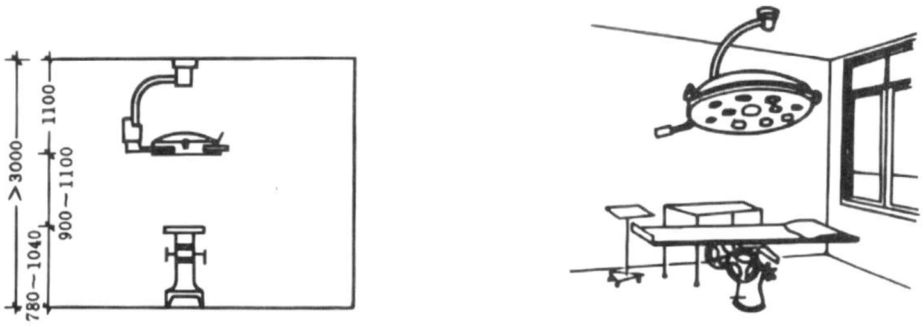

图 4-8 医院手术室中照明设备和房间净高的关系（单位：mm）

建筑，以及市、区中心的临街建筑物等，都需要考虑高度限制。

2. 建筑物的性质要求

建筑物的使用性质与其层数也有密切的关系。如幼儿园、敬老院为了使用安全及便于使用者与室外活动场地联系，应建造为低层建筑，建筑层数不宜超过 3 层，小学、中学教学楼应控制在 4~5 层以内。

3. 建筑结构、材料和施工要求

建筑结构形式和材料也是决定房屋层数的基本要素。例如，砌体结构墙体多采用砖或砌块，其自重大，整体性差，下部墙体厚度随层数的增加而增加，故建筑层数一般控制在 6 层以内；框架结构、剪力墙结构、框架—剪力墙结构等，由于结构和材料承载的能力强，可应用于高层甚至超高层建筑。施工技术和设备也对建筑高度有较大影响。

4. 城市消防能力要求

城市消防能力体现在城市消防管网建设和消防车的性能上，对于不具备高层建筑消防能力的城市，要谨慎建设高层建筑。

5. 经济要求

建筑层数和总高度越多，消耗的材料、结构体系、建筑设备、能耗就越多，低层和多层建筑可以有效降低建筑造价。

第二节 建筑剖面组合与空间利用设计

一、剖面组合方式

剖面组合可以采用单一的方式，也可以采用混合的方式。常用的组合方式有高层加裙房、错层和跃层等。

1. 高层加裙房

在高层建筑的底层部位建造的、高度小于 24 m 的房屋被称为裙房。裙房只能在高层建筑的三面建造，另一面留作消防通道。裙房大多用作服务性建筑。

2. 错层

错层是指在建筑物的纵、横剖面中，建筑的几部分之间的楼地面高低错开，以节约空间。其过渡方式有台阶、楼梯等。（图 4-9）

3. 跃层

跃层常用于住宅中，每户分为上下两层房间，户内有专用楼梯连接。这样做的优点是户内空间层次丰富，一般客厅是中空设计，公共区域布置在下层，私密区域布置在上层。

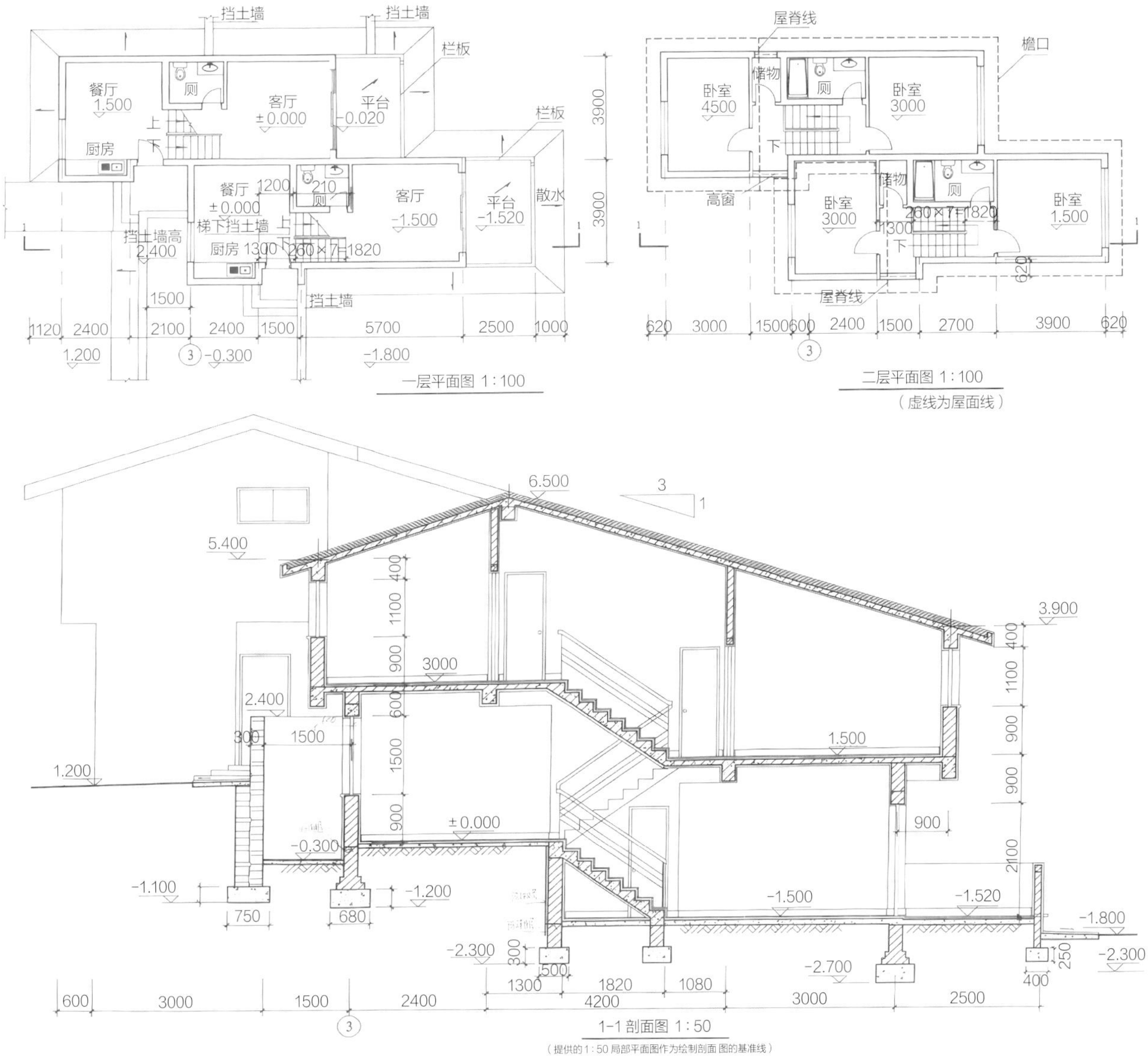

图 4-9 错层做法

二、建筑空间的利用

充分利用建筑物内部的空间，在建筑占地面积和平面布置基本不变的情况下，能起到扩大使用面积、节约投资的效果。同时，如果处理得当还可以改善室内空间比例，丰富室内空间。

1. 夹层空间的利用

某些类型的建筑，由于功能要求，其主体空间与辅助空间在面积和层高上要求大小不一致，如体育馆比赛大厅、影剧院观众厅、大型商场等，通常在大厅周围布置夹层空间，既充分利用了建筑空间，又增强了空间的氛围。（图 4-10）

（a）杭州机场候机大厅

（b）苏联德罗拜莱夫“现代波兰”商店

图 4-10　夹层空间的利用

2. 房间内的空间利用

人们在室内活动和家具设备布置等必需的空间范围以外，还可以充分利用房间内其余部分设置储藏空间，如住宅建筑中的吊柜、壁橱、搁板等。（图 4-11）

（a）居室设悬挑搁板

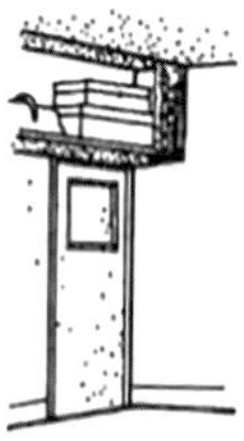

（b）居室设吊柜

（c）厨房设吊柜

图 4-11 房间内的空间利用

3. 走道及楼梯间的空间利用

部分建筑物的走道吊顶内部，可以放置通风、照明设备或铺设强弱电、消防管线。楼梯间的底部和顶部，通常都有可以利用的储藏空间。（图 4-12）

（a）楼梯间上下空间作储藏室

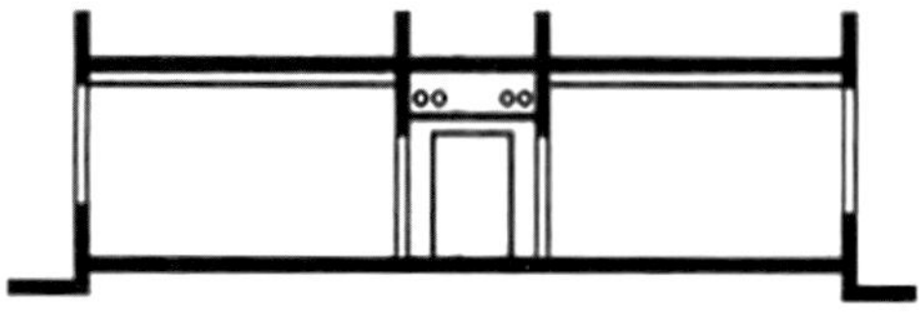

（b）走道上空作技术层

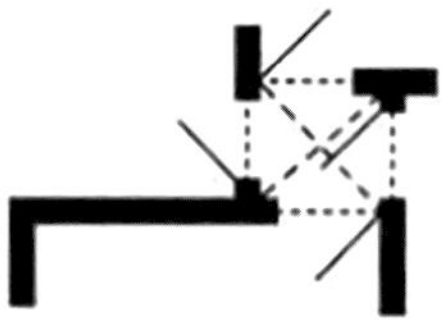

（c）住宅走道上空作吊柜

图 4-12 走道及楼梯间的空间利用

CHAPTER 5

第五章

建筑体型与立面设计

第一节 建筑体型设计

建筑体型的形成是其内部空间的反映。除特殊情况外，一般建筑的体型基本上就是内部空间的外部表象，有什么样的内部空间，就必然会形成什么样的外部体型。同时，建筑物的体型又是形成外部空间的手段，各种室外空间，如院落、街道、广场、庭院等，都是借助建筑物的体型形成的。因此，建筑物的体型不只是内部空间的反映，它还受制于内部空间；但作为形成外部空间的手段，它又不可避免地要受外部空间制约。建筑体型同时要受到内、外两方面空间制约的特点，使得只有把这两方面的制约关系统一协调起来，才合乎逻辑。从设计师的视角来看，需要根据内部空间的组合情况来确定建筑的外部体型和样式，但又不能绝对化，在组织空间的时候也要考虑到外部体型。因此，优秀建筑设计师就是要把内部功能空间和外部体型很好地协调统一起来。

建筑体型和立面设计要注意以下几个方面：

1. 反映建筑使用功能要求和特征

建筑是为了满足人们生产和生活需要而创造出的物质空间环境。各类建筑由于使用功能的千差万别，室内空间也存在较大差异，必然会呈现不同的外部体型及立面特征。例如住宅建筑有重复排列的阳台、尺度不同的窗户，形成了生活气息浓郁的居住建筑特征（图5-1）；体育场馆建筑外观上体现出内部的大空间以及看台结构（图5-2）；行政办公大楼建筑具有庄重、严肃的外观特征；城市中的大型商场建筑通常体量较大，有着商业气息浓郁的外部装饰特征。

2. 反映物质技术条件的特点

建筑不同于一般的艺术品，必须运用大量的材料并通过一定的结构施工技术手段才能建成。所以，建筑体型及立面设计在很大程度上必然受到物质技术条件的制约，并反映出结构、材料和施工的特点。例如，中国国家游泳中心（水立方 / 冰立方）采用膜结构，建筑外观呈现优美的多边形水泡状（图5-3）；中国中央电视台总部大楼虽然在形体上褒贬不一，但其造型却很好地反映出了中国在建筑结构、材料、技术方面的优势。

图 5-1 住宅建筑的外形特征

图 5-2 国家体育场建筑的外形特征

图 5-3 国家游泳中心建筑外观

3. 符合城市规划及基地环境的要求

建筑本身是构成城市空间和环境的重要因素。作为城市建筑群体的一个局部，它必然要受到城市规划、基地环境的制约。历史悠久的城市在发展进程中，必然会留下岁月的痕迹和文化遗存，形成历史文化街区，建筑体型和风格必须遵守城市规划对历史文化街区的保护规定。另外，建筑基地的地形、地质、气候、方位、朝向、形状、大小、道路、绿化等，都是影响建筑体型的因素。

图 5-4 流水别墅

图 5-5 多层住宅外观

图 5-6 国家大剧院外观

现代建筑大师弗兰克·劳埃德·赖特设计的流水别墅是建筑与基地环境结合的经典之作。流水别墅基地位于环境优美的峡谷之中，溪流、山石、森林是基地环境的主要要素，建筑横跨潺潺溪流之上，楼层高低错落，空间自由延伸、相互穿插，内外空间相互交融，与山、水、林浑然一体，春、夏、秋、冬四季景色各异。（图 5-4）

4. 适应社会经济条件和美学要求

建筑外形的美学素质并不是以投资的多少为决定因素，建筑外形设计应本着节俭的精神，尽量节约资金。实际上，只要充分发挥设计者的主观能动性，在一定的经济条件下，巧妙运用物质技术手段和构图法则，努力创新，完全可以设计出适用、安全、经济、美观的建筑物。对于大量性的民用建筑，一般在满足功能的基础上，可适当考虑其美学标准；城市重点区域或重点建造的具有标志性的大型公共建筑，则需要重点考虑美学标准。（图 5-5、图 5-6）

第二节 建筑立面设计

建筑美是有其内在规律的，人们要创造出美的建筑，就必须遵循建筑美的法则，如统一、均衡、稳定、对比、韵律、比例、尺度等。不同时代、不同地区、不同民族，建筑形式虽千差万别，人们的审美观也各不相同，但建筑美的基本法则是一致的，是被人们普遍认可的客观规律。

一、尺度和比例

尺度指的是建筑物的大小、高度、宽度和深度等物理尺寸，是建筑美学的重要元素之一。在建筑设计中，尺度是设计师用以表达建筑物的功能、美观和空间感受的重要手段。合适的尺度可以使建筑物与周围环境协调一致，使建筑物呈现出优美、和谐的外观效果，营造出舒适、宜人的建筑空间环境，提升人们的使用体验。例如，尺度过大的建筑可能会让人感觉到自己的渺小，而尺度过小的建筑则可能会让人感到压抑等。（图 5-7）

比例是建筑物各部分之间的相对大小关系。比例是建筑立面美学的基础，合理把握立面各部分的比例关系，可以使建筑物呈现出优美、协调的视觉效果。例如，适当处理建筑物的窗墙比例，可以使立面呈现出和谐、平衡的效果。（图 5-8）

二、立面的虚实与凹凸

虚实是指建筑物立面上“实与虚”之间的关系。“实”通常指建筑物的墙、柱等实体结构，而“虚”则指建筑物中的门、窗、洞口等。可以通过开窗大小、位置、形式等方式对虚实关系进行调控，以实现立面上质感的虚实变化，营造出丰富的光影效果，使立面更立体、更富有层次。（图 5-9）

凹凸是指建筑物立面上凹进和突出的部分。凹部是指门窗洞口等向内凹进的部分，凸部则是指向外凸出的形状。通过凹凸关系，可以增强建筑物的立体感和韵律感，使立面更加生动。（图 5-10）

三、立面的线条处理

线条是设计的基本元素，是构成立面形态的基础，构成了建筑的轮廓边界和立面细节。立面线条通过自身的形态（如直线、曲线、斜线等）和组合方式塑造建筑外观，反映建筑特征。

图 5-7 建筑物的尺度感

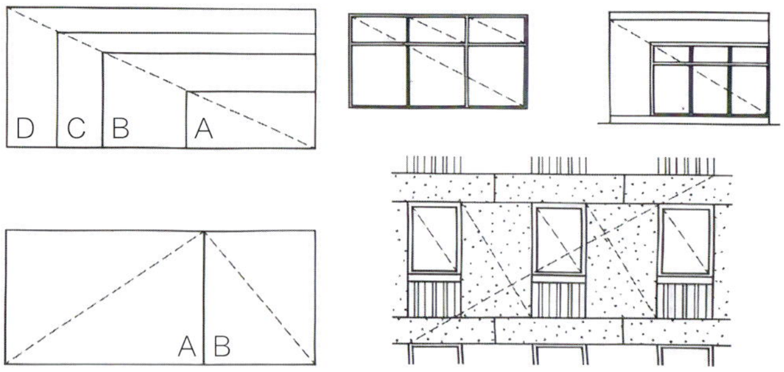

图 5-8 以相似比例求得和谐统一

图 5-9 建筑立面的虚实对比

图 5-10 建筑立面的凹凸处理

立面线条的处理包括选取合适的线条类型和组织合适的线条韵律，根据建筑的特征选取合适的线条类型，如直线清晰明快、现代简约，曲线柔软、流畅灵动。再通过对线条的疏密、长短、粗细及方向变化进行组织，形成富有节奏和韵律的立面肌理。将线条融入整体的立面构图之中，使其与虚实、凹凸、材质、色彩、光影等因素相互协调，共同形成优美的建筑立面。（图 5-11）

四、色彩与材料质感

色彩，是光线照射到物体表面后，经过反射、透射和吸收等物理作用，进入人眼所产生的一种视觉现象。在建筑设计中，色彩运用恰当与否，直接影响建筑物的审美效果和使用的舒适度。

色彩在建筑中的运用，需要根据色彩学的原理合理搭配。色调中的暖色调、冷色调和中间色调，分别具有不同的心理效应。暖色调给人以温暖、热情、活泼的感觉；冷色调给人以安静、清新、明快的感觉；中间色调则给人以稳重、平和、自然的感觉。

材料质感，是指建筑材料表面所呈现出的粗糙、光滑、细腻等视觉和触觉特性。在建筑设计中，通过合理选择和搭配不同质感的材料，可以增强建筑物的艺术效果。例如，粗糙的质感给人以质朴、原始的感觉；光滑的质感给人以精致、优雅的感觉；细腻的质感给人以精细、柔和的感觉。

五、重点与细部处理

在建筑设计中，立面重点是建筑的入口、檐口、屋顶；细部主要指立面上的窗户、窗台、凸出外墙的柱子及其他立面上的构件。对重点和细部的处理主要依据比例、尺度、韵律、均衡等美的法则，通过对建筑的构造、材质、色彩、纹理等方面进行处理，提升建筑品质，营造良好的建筑形象。

第三节 建筑美的规律

一、有机统一

有机统一是指建筑元素统一与变化的有机结合，从而形成整体和谐的建筑美。在人们的认知中，简单的、容易被人们辨认的几何形体都具有一种必然的统一，因此在建筑设计中可以以简单的几何形体寻求统一。如果建筑功能复杂，建筑通常有主要部分和从属部分，在外形设计中需要主从分明，以陪衬求统一。恰当地处理好主要与从属、重点与一般的关系，使建筑形成主从分明、以次衬主的局面，就可以加强建筑的表现力，取得完整统一的效果。（图 5-12）

图 5-11 建筑立面的线条处理

图 5-12 以简单的几何体求统一

二、主从与重点

主从与重点是指在建筑中明确主与从、重点与一般、核心与外围的差别，突出主要元素。在建筑设计中，运用对称、大小、高低、前后等对比手法，建立明确的主从关系和秩序感。（图 5-13）

三、对比与变化

对比与变化是指通过对比不同元素的大小、形状、色彩等，创造丰富的视觉效果。在建筑设计中，运用对比与变化的手法，可以打破单一和平淡，增加建筑元素之间的显著差异，增强建筑的趣味性。（图 5-14）

四、韵律与节奏

韵律与节奏是指建筑具有的以条理性、重复性、连续性为特征的美的形式，按其特点可分为连续的韵律、渐变的韵律、起伏的韵律、交错的韵律。在建筑设计中，韵律与节奏的手法运用非常普遍。建筑由于使用功能的要求和结构技术的影响，存在着很多重复的元素，如建筑形体、空间、构件乃至门窗、阳台、凹廊、雨篷、色彩等，这就为建筑造型的韵律美提供了很多的可能性。（图 5-15）

五、均衡与稳定

均衡与稳定是一个与重力有联系的审美观念，主要指建筑构图中对前、后、左、右、上、下之间的轻重关系进行处理。

建筑物由于体量的大小、高低，材料的质感，色彩的深浅、虚实变化不同，常表现出不同的轻重感。一般说来，体量大、实体的、材料粗糙及色彩暗的，感觉上要重些；体量小、通透的、材料光洁和色彩明快的，感觉上要轻一些。研究均衡与稳定，就是要使建筑形象显得安定、平稳。

均衡又分为对称形式均衡和非对称形式均衡两类，对称形式均衡在古典建筑和行政办公建筑中运用较多，例如国内外的宫殿建筑、政府机关的办公楼、纪念性建筑等。（图 5-16）非对称形式均衡在现代建筑中被广泛运用。

（a）意大利圣马可教堂与钟塔　（b）瑞典斯德哥尔摩市政厅

图 5-13 以低衬高突出主体

（a）巴西议会大厦　（b）美国肯尼迪图书馆

图 5-14 对比的运用

（a）加拿大哈毕坦住宅　（b）法国巴黎公寓

图 5-15 韵律的运用

图 5-16 均衡与稳定的运用

CHAPTER 6

第六章

建筑防灾设计

第一节 建筑防灾的概念

建筑防灾是指为防止建筑物在使用过程中受到各种人为因素或自然因素的破坏，造成人身伤害或生命财产损失所采取的安全措施。

建筑防灾旨在减轻灾害对建筑物及其使用者所带来的损害，确保人员的生命安全并降低财产损失。在设计中，建筑防灾主要涵盖以下几个关键方面：

一、防火设计

通过优化建筑布局、选用耐火建材、设立有效的消防通道和设施、实施严格的防火分区等措施，旨在预防火灾的发生、遏制火势蔓延，确保人员疏散的快捷和安全，并力求最大限度地减少火灾对建筑物造成的损害。

二、结构抗震设计

旨在确保建筑物在经历地震时能够维持其结构的完整性和稳定性，从而降低地震引发的倒塌或严重破坏的风险。这涉及采用恰当的结构体系、挑选合适的抗震材料、实施有效的构造措施以及进行精确的抗震计算分析。

三、防洪抗涝设计

针对易受洪水侵袭的区域，建筑物的设计应考虑提升地基、构筑防洪墙以及安装有效的排水系统，以减轻洪水带来的损害。

四、其他灾害应对措施

对于可能遭遇的自然灾害，如强风(包括台风、飓风)、地质灾害(例如滑坡、泥石流)以及人为灾害等，应制定专门的防护策略。这些策略应包括增强结构的稳固性、增设防护屏障以及提升安全预警系统的效能。

五、防爆设计

针对工业建筑，特别是在那些存在爆炸风险的工厂或车间，必须实施专门的防爆设计。这包括选择恰当的防爆结构形式、设计围护结构以实现泄压功能以及构建防爆墙等。

第二节 建筑消防设计

一、建筑火灾概念

建筑火灾是指在建筑物内部或外部发生的可燃物被点燃而引发的火灾事件。火灾成因多种多样，火灾发生后若不能及时控制，火势将迅速蔓延，对建筑结构和内部设施造成严重破坏，严重威胁到建筑物内人员的生命安全和财产安全。

二、建筑总平面防火设计

建筑总平面防火设计是一个综合性的系统工程，需要综合考虑多种因素并采取相应的防火措施以确保建筑的安全性，它直接关系到建筑的安全性以及火灾发生时的应急响应能力。

1. 城市总体布局防火要求

(1)大型公共建筑：如影剧院、会堂、体育馆、大商场等，是人员密集的场所，应与易燃易爆物品工厂或仓库保持规定距离，并确保周围通道畅通无阻。

(2)可燃气体储地：如散发可燃气体或粉尘的工厂、大型石油化工企业、石油库、液化石油气储存基地等，应布置在城市下风方向，并与居住区、商业区等保持距离。在其输送管道上不得修建任何建筑物、构筑物。

(3)消防站布置：以接到报警后5分钟内到达责任区最远点为原则，责任区面积一般为4 km^2~7 km^2。

(4)防护带设置：工业区与居民区之间应有

一定距离，并通过绿化形成防护带。

（5）街区道路布置：街区内的道路应考虑消防车通行，其道路中心线间的距离不宜超过160 m，当建筑物沿街道部分的长度大于150 m或总长度大于220 m时，应设置穿过建筑物的消防通道。当确有困难时，应设置环形消防通道。消防车道的道路净宽和净空高度不小于4 m。

2. 总平面布局防火要求

（1）工业企业：要合理划分功能分区，将火灾危险性相同的建筑集中布置。注意周围环境，利用地势条件将易燃液体仓库布置在较低处，否则应设防火堤。将散发可燃气体或粉尘的车间布置在下风向。

（2）民用建筑：要根据城市规划的要求，结合总平面布局的具体情况，合理确定建筑物之间的防火间距，合理确定场地内的消防通道、消防扑救场地、消防车回车场和消防水源布置，合理确定应急防灾场地布局等。

3. 耐火等级与防火间距

（1）耐火等级划分：根据建筑物各主要组成构件的燃烧性能和耐火极限，将建筑物耐火等级分为四个等级。一、二级耐火等级适用于重要的公共建筑，如省市级以上的机关办公楼、大型医院、大中型体育馆等；三级适用于商店、学校、食堂等；四级适用于层数较少的其他民用建筑和临时建筑。

（2）防火间距确定：防火间距的确定需考虑辐射热、风向、风速、外墙燃烧性能及开口面积、室内可燃物的种类及数量、相邻建筑高度、室内消防设施等因素。具体数值可参考相关规范，如《建筑设计防火规范》中的规定。

4. 消防车道设计

（1）消防车道设置：当建筑物的沿街部分长度超过150 m或总长度超过220 m时，应设置穿过建筑物的消防车道。超过3 000个座位的体育馆、超过2 000个座位的会堂和占地面积超过3000 m^2的展览馆等公共建筑，宜设置环形消防车道。

（2）消防车道尺寸：消防车道的宽度不应小于4 m，道路上空遇有管架、栈桥等障碍物时，其净高不应小于4 m。消防车道穿过建筑物的门洞时，其净高和净宽也不应小于4 m。

（3）回车场设置：尽头式消防车道应设回车道或回车场，回车场的面积不应小于12 m×12 m；对于高层建筑，大型消防车回车场面积不应小于18 m×18 m。

5. 其他防火措施

（1）绿化带设置：在工业区与居民区之间设置绿化带，不仅可以美化环境，还能在一定程度上阻止火灾的蔓延。

（2）消防水源：确保建筑物周边有足够的消防水源，如天然水源、消防水池等，并设置消防车道以便消防车取水。

（3）安全疏散：合理设置安全出口和疏散通道，确保当火灾发生时人员能够迅速撤离。

三、建筑防火分区设计

建筑防火分区设计是建筑平面设计的重要环节，它直接关系到建筑物内人员的生命安全和财产安全。

1. 防火分区及设计原则

防火分区是指在建筑物内部通过防火墙、防火门、防火卷帘等设施将建筑物内部划分为若干相对独立的区域，用以控制火灾蔓延的范围，确保人员疏散和消防救援的顺利进行。防火分区设计有以下几个原则：

（1）合理划分：根据建筑的使用功能、面积和火灾风险进行合理划分，确保防火分区的有效性。

（2）防火分隔设施：采用防火墙、防火门、防火卷帘等防火分隔设施，确保防火分区之间的隔离效果。

（3）安全疏散：每个防火分区应设有足够数量的安全出口和疏散通道，确保人员在火灾发生时能够迅速疏散。

（4）消防设施：根据防火分区的需求，合理布置消防水池、消防水泵、消防栓、自动喷水灭火系统等消防设施。

2. 防火分区设计的要点（图6-1）

（1）防火墙设计：防火墙应采用不燃材料建造，具有足够的耐火极限。防火墙应连续设置，不得穿越。

（2）防火门设计：防火门应设置在防火墙两侧，具有规定的耐火时间和隔热性能。

（3）防火卷帘设计：防火卷帘适用于大跨度、高层建筑等场所，具有规定的耐火时间和隔热性能。

（4）防火阀设计：防火阀应安装在通风空调系统中的防火分隔部位，能在火灾时自动关闭。

（5）防火涂料设计：防火涂料应涂覆在建筑构件表面，提高其耐火性能。

（6）防火隔离带设计：防火隔离带应设置在建筑外墙，由不燃材料制成，具有阻止火势蔓延的作用。

3. 防火分区的分隔

防火分区分隔指的是在建筑物内部利用防火墙、防火门、防火卷帘等防火分隔设施，将建筑物划分为若干个相对独立的区域。这些分隔设施在火灾发生时能有效阻止火势蔓延，从而降低火灾对人员安全和财产损失的影响。防火分区分隔的原则如下：

（1）防火分隔的设施应具备规定的耐火时间和隔热性能，以确保在火灾发生时能够有效地阻止火势蔓延。

（2）防火分隔设施的设置应符合相关规范要求，保证防火分区的有效性和可靠性。

（3）防火分隔设施应结合建筑的使用功能、人员疏散需求等因素进行合理设置，以确保人员在火灾发生时能够安全疏散。

4. 防火分区分隔的设施

（1）防火墙：防火墙是防火分区分隔的主要设施，通常采用砖、混凝土等不燃材料建造。防火墙应连续设置，不得穿越。（图6-2）

（2）防火门：防火门是设置在防火墙两侧的通道，具有规定的耐火时间和隔热性能。防火门应符合相关规范要求，确保火势不会蔓延。

（3）防火卷帘：防火卷帘是一种可降落的防火分隔设施，适用于大跨度、高层建筑等场所。防火卷帘应具有规定的耐火时间和隔热性能。

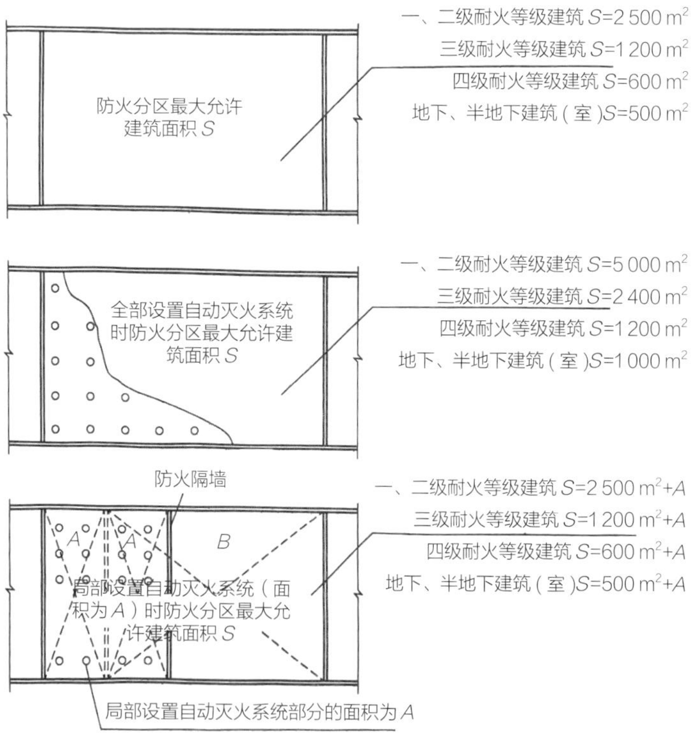

图6-1 防火分区面积的确定

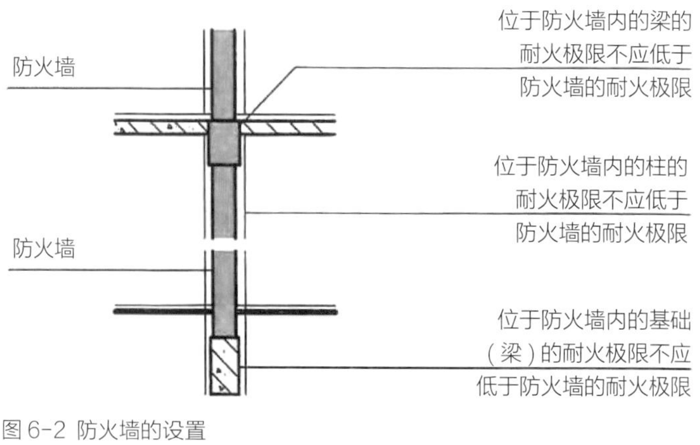

图6-2 防火墙的设置

（4）防火阀：防火阀是安装在通风空调系统中的防火分隔设施，能在火灾时自动关闭，阻止火势蔓延。

（5）防火涂料：防火涂料是一种涂覆在建筑构件表面的防火保护材料，能提高建筑构件的耐火性能。

（6）防火隔离带：防火隔离带是设置在建筑外墙的防火分隔设施，由不燃材料制成，具有阻止火势蔓延的作用。

第三节 建筑安全疏散设计

安全疏散设计是建筑防火设计的关键组成部分。其目的在于确保在火灾发生时，人员能够迅速、有序且安全地撤离现场。尤其在人流密集的公共建筑，如影剧院、体育馆、大型会堂、歌舞厅、大商场和超市等场所，疏散问题显得尤为重要。

一、建筑安全疏散路线设计

1. 疏散路线简捷通畅

疏散路线的简捷通畅是建筑安全疏散路线设计的核心要素之一。在紧急情况下，简捷通畅的疏散路线可以有效减少人员在逃生过程中的时间和距离，提高疏散效率，确保生命安全。因此疏散路线要简捷，易于辨认，必须设置简明易懂、醒目易见的疏散指示标志。疏散走道要避免布置成不甚畅通的S形或U形，也要避免形成有宽度变化的通道。

2. 疏散路线安全、避免干扰

在紧急情况下，疏散路线的安全性可以有效减少人员在逃生过程中的伤亡和风险。疏散路线的安全性要求疏散路线具备足够的安全宽度、足够的高度和无障碍物。安全宽度和高度可以确保人员在逃生过程中不会因为拥挤而受到伤害，无障碍物可以避免人员在逃生过程中的跌倒和踩踏。此外，疏散路线的安全性还包括应急照明、指示标志和安全出口的设置，这些设施可以提供必要的照明和指引，帮助人员顺利逃生。

在紧急情况下，避免干扰是指疏散路线应避免与其他功能区域交叉或冲突，以减少人员在逃生过程中的干扰和拥堵。

3. 疏散路线符合人们的日常习惯

人们在日常生活中形成的行进习惯和行为模式往往会影响他们在紧急情况下的疏散行为。因此，应将人们日常使用的路线与火灾时紧急疏散的路线结合起来，有利于迅速、安全地疏散。

4. 双向疏散

双向疏散是一种安全疏散策略，允许人员在紧急情况下同时从建筑物或区域的两个相反方向疏散。这种策略通常用于大型公共建筑、交通枢纽、学校、医院等地方，尤其是在人口密集和空间受限的环境中，旨在提高疏散效率和安全性。在应用双向疏散时，需要考虑一些复杂因素，如人员的心理状态、疏散路径的指示标识、安全出口的可达性等。为了确保双向疏散的有效性，建筑设计师和安全管理者需要进行精心的规划和演练，以确保在紧急情况下人员可以迅速、有序地疏散。

5. 合理设置安全疏散设施

合理设置安全疏散设施直接关系到建筑内的人员在突发事故时能否快速、有效地撤离至安全地带，从而保障生命安全。因此我们在规划和设计阶段就需要全面考虑并严格遵循相关规范和标准，确保疏散设施设置的科学合理性。

设计师应根据建筑规模、使用功能和楼层分布，精心设计并明确标识出至少两条独立的安全疏散路线。疏散路线应尽量简短、直观，避免曲折复杂，确保在任何情况下，建筑内部的所有区域都可通过疏散通道迅速到达最近的安全出口。按照国家《建筑设计防火规范》的要求，合理设置足够数量的安全出口，并确保每个房间至最近安全出口的距离满足规定要求。出口应保持畅通无阻，不得设置门槛、台阶等阻碍疏散的障碍物。

二、建筑疏散时间与距离

1. 建筑疏散时间

疏散时间是指人员从建筑物内部疏散到安全地点所需的时间，它包括人员的反应时间、疏散时间。反应时间是指人员从察觉到紧急情况到开始疏散的时间，疏散时间是指人员从开始疏散到到达安全地点的时间。

反应时间：人员从察觉紧急情况到开始疏散的时间，通常反应时间约为 3~7 分钟。

疏散时间：人员从开始疏散到到达安全地点的时间，应根据建筑物的类型、楼层高度、人员数量和疏散通道的容量等因素确定。高层建筑和一般民用建筑的疏散时间，对于一、二级耐火等级，应考虑为 6 分钟；对于三、四级耐火等级，疏散时间可以为 2~4 分钟。人员密集的公共建筑，一、二级耐火等级的建筑物疏散时间应为 5 分钟；三级耐火等级的建筑物不应超过 3 分钟。其中，疏散出观众厅的时间，一、二级耐火等级的建筑物不应超过 2 分钟，三级耐火等级不应超过 1.5 分钟。

2. 建筑疏散距离

疏散距离是指人员从建筑物内部疏散到安全地点的实际距离，它与建筑物的布局、疏散通道的设置和疏散出口的位置等因素密切相关。

公共建筑和通廊式非住宅类居住建筑中各房间疏散门的数量应经计算确定，且不应少于 2 个，该房间相邻 2 个疏散门最近边缘之间的水平距离不应小于 5 m。当符合下列条件之一时，可设置 1 个：

房间位于 2 个安全出口之间，且建筑面积小于等于 120 m^2，疏散门的净宽度不小于 0.9 m；除托儿所、幼儿园、老年人建筑外，房间位于走道尽端，且由房间内任一点到疏散门的直线距离小于等于 15 m、其疏散门的净宽度不小于 1.4 m；歌舞娱乐放映游艺场所内建筑面积小于等于 50 m^2 的房间。

防火规范规定的民用建筑安全疏散距离应符合下列规定：

直接通向疏散走道的房间疏散门至最近安全出口的距离应符合表 6-1 的规定。直接通向疏散走道的房间疏散门至最近非封闭楼梯间的距离，当房间位于两个楼梯间之间时，应按规定减少 5 m。当房间位于袋形走道两侧或尽端时，按规定减少 2 m。楼梯间的首层应设置直通室外的安全出口或在首层采用扩大封闭楼梯间。当层数不超过 4 层时，可将直通室外的安全出口设置在离楼梯间小于等于 15 m 处；房间内任一点到该房间直接通向疏散走道的疏散门的距离，不应大于表中规定的袋形走道两侧或尽端的疏散门至安全出口的最大距离。（图 6-3）

表 6-1　直接通向疏散走道的房间疏散门至最近安全出口的最大距离（单位：m）

名称	位于两个安全出口之间的疏散门			位于袋形走道两侧或尽端的疏散门		
	耐火等级			耐火等级		
	一、二级	三级	四级	一、二级	三级	四级
托儿所、幼儿园	25	20		20	15	
医院、疗养院	35	30		20	15	—
学校	35	30	—	22	20	
其他民用建筑	40	35	25	22	20	15

注：

1.一、二级耐火等级的建筑物内的观众厅、展览厅、多功能厅、餐厅、营业厅和阅览室等，其室内任何一点至最近安全出口的直线距离不宜大于30 m。

2.敞开式外廊建筑的房间疏散门至安全出口的最大距离可按本表增加5 m。

3.建筑物内全部设置自动喷水灭火系统时，其安全疏散距离可按本表规定增加25%。

4.房间内任一点到该房间直接通向疏散走道的疏散门的距离计算：住宅应为最远房间内任一点到户门的距离，跃层式住宅内的户内楼梯的距离可按其梯段总长度的水平投影尺寸计算。

三、建筑安全出口与疏散楼梯间设计

1. 安全出口的设置要求

安全出口是指供人们安全疏散用的楼梯间、室外楼梯的出入口或直通室内外安全区域的出口。安全出口应符合分散布置、双向疏散的原则。民用建筑每个防火分区、一个防火分区的每个楼层，其相邻 2 个安全出口最近边缘之间的水平距离不应小于 5 m。

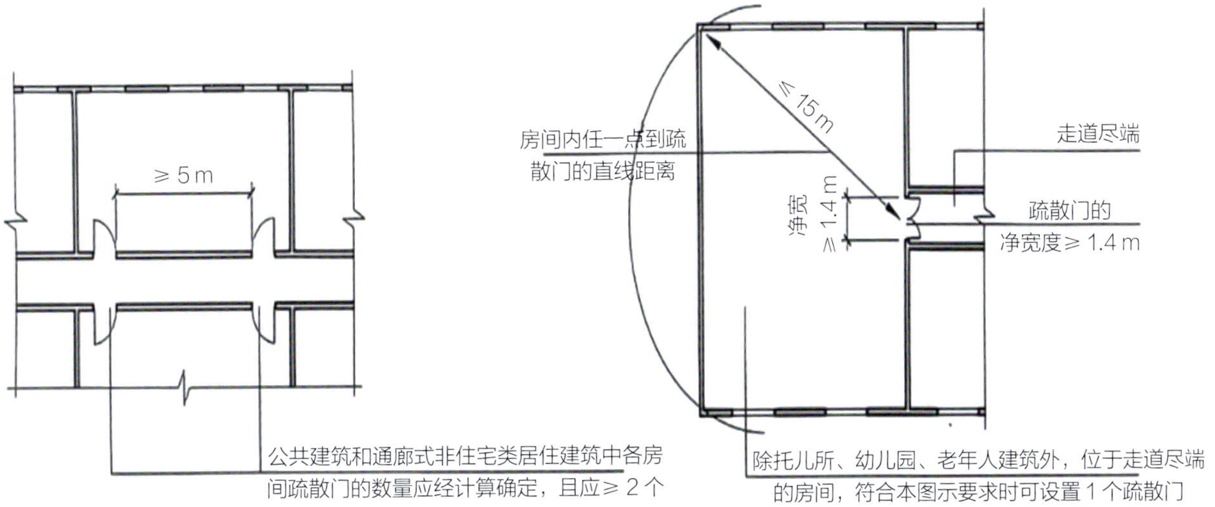

图 6-3 室内安全疏散距离

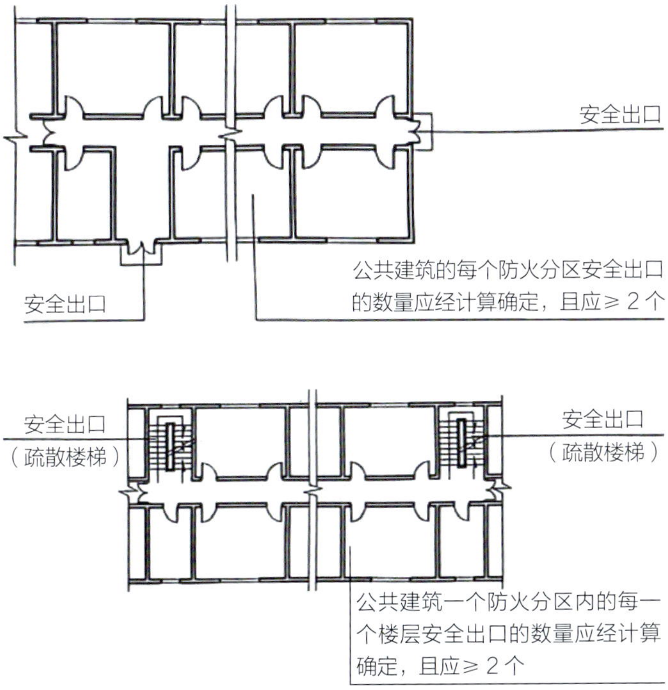

图 6-4 公共建筑单元安全出口的设置

公共建筑内的每个防火分区、一个防火分区内的每个楼层，其安全出口的数量应经计算确定，且不应少于 2 个。（图 6-4）

符合下列条件之一时，可设一个安全出口或疏散楼梯：除托儿所、幼儿园外，建筑面积小于等于 200 m² 且人数不超过 50 人的单层公共建筑；除医院、疗养院、老年人建筑及托儿所、幼儿园的儿童用房和游乐厅等儿童活动场所等外，符合表 6-2 规定的第 2、3 层公共建筑。

表 6-2　公共建筑可设置 1 个安全出口的条件

耐火等级	最多层数	每层最大建筑面积（m²）	人　数
一、二级	3 层	500	第二层和第三层的人数之和不超过 100 人
三级	3 层	200	第二层和第三层的人数之和不超过 50 人
四级	2 层	200	第二层人数不超过 30 人

居住建筑单元任一层建筑面积大于 650 m²，或任一住户的户门至安全出口的距离大于 15 m 时，该建筑单元每层安全出口不应少于 2 个。当通廊式非住宅类居住建筑超过规定时，安全出口不应少于 2 个。（图 6-5）

2. 疏散楼梯的设置要求

疏散楼梯是供人员在火灾紧急情况下安全疏散所用的楼梯，按形式和防烟火作用可分为敞开楼梯间、封闭楼梯间、防烟楼梯间。

（1）敞开楼梯间。敞开楼梯间的设计应符合下列规定：楼梯间应能天然采光和自然通风，并宜靠外墙设置；楼梯间内不应设置烧水间、可燃材料储藏室、垃圾道；楼梯间内不应有影响疏散的凸出物或其他

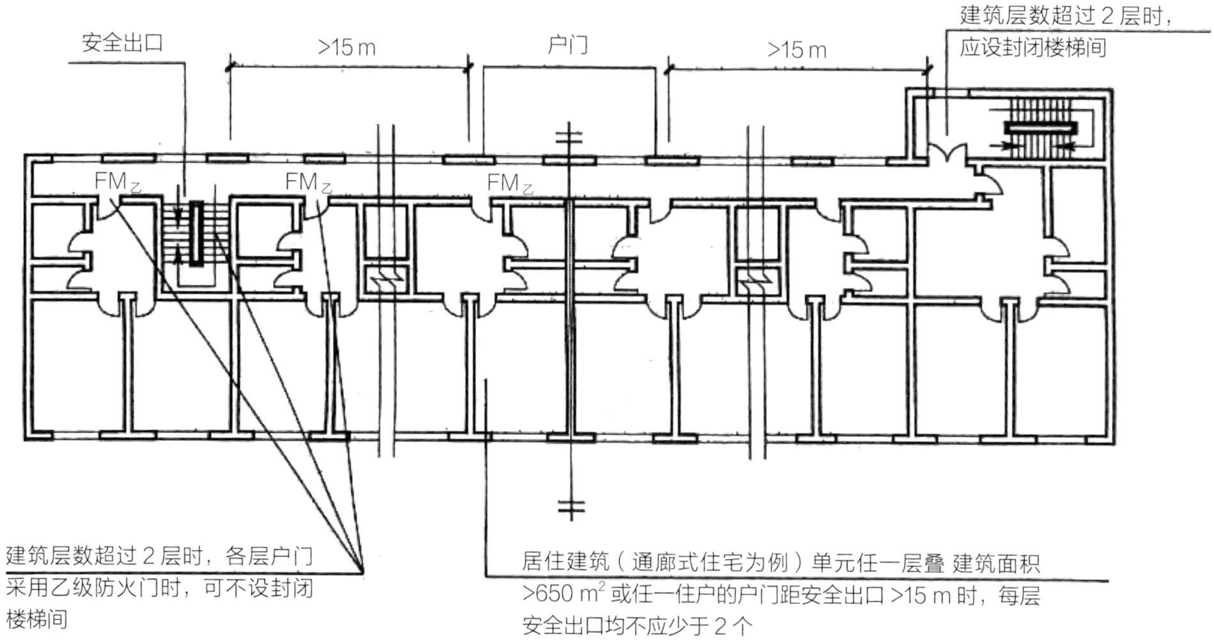

图 6-5 居住建筑单元安全出口的设置

障碍物；楼梯间内不应敷设甲、乙、丙类液体的管道；公共建筑的楼梯间内不应敷设可燃气体管道；居住建筑的楼梯间内不应敷设可燃气体管道和设置可燃气体计量表。当住宅建筑必须设置时，应采用金属套管和设置切断气源的装置等保护措施。（图 6-6）

（2）封闭楼梯间。封闭楼梯间除应符合疏散楼梯间设计规定外，还应符合下列规定：

当不能天然采光和自然通风时，应按防烟楼梯间（后续介绍）的要求设置；楼梯间的首层可将走道和门厅等包括在楼梯间内，形成扩大的封闭楼梯间，但应采用乙级防火门等措施与其他走道和房间隔开；除楼梯间的门之外，楼梯间的内墙上不应开设其他门窗洞口；高层厂房（仓库）、人员密集的公共建筑、人员密集的多层丙类厂房设置封闭楼梯间时，通向楼梯间的门应采用乙级防火门，并应向疏散方向开启；其他建筑封闭楼梯间的门可采用双向弹簧门。（图 6-7）

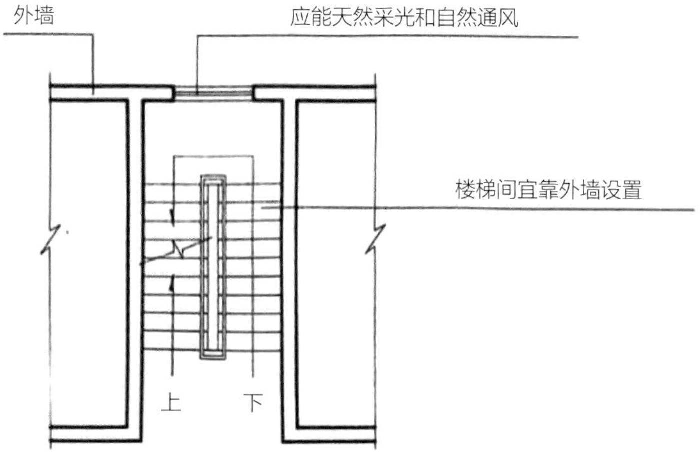

图 6-6 敞开楼梯间

（3）防烟楼梯间。防烟楼梯间除应符合疏散楼梯间设计规定外，还应符合下列规定：

当不能天然采光和自然通风时，楼梯间应设置防烟或排烟设施和消防应急照明设施；在楼梯间入口处应设置防烟前室、开敞式阳台或凹廊等。防烟前室可与消防电梯间前室合用；前室的使用面积：公共建筑不应小于 6.0 m^2，居住建筑不应小于 4.5 m^2；合用前室的使用面积：公共建筑、高层厂房以及高层仓库不应小于 10 m^2，居住建筑不应小于 6.0 m^2；疏散走道通向前室以及前室通向楼梯间的门应采用乙级防火门；除楼梯间门和前室门外，防烟楼梯间及其前室的内墙上不应开设其他门窗洞口（住宅除外）；楼梯间的首层可将走道和门厅等包括在楼梯间前室内，形成扩大的防烟前室，但应采用乙级防火门等措施与其他走道和房间隔开。（图6-8）

3. 安全出口、疏散出口、走道、疏散楼梯的宽度确定

建筑内的疏散走道、安全出口、疏散楼梯以及房间疏散门的各自总宽度应根据通过人数和疏散净宽度指标计算确定。

建筑中的疏散走道、安全出口、疏散楼梯以及房间疏散门的宽度应满足最小净宽的要求。安全出口、房间疏散门的净宽不应小于 0.9 m，疏散走道和疏散楼梯的净宽不应小于 1.1 m；不超过 6 层的单元式住宅，当疏散楼梯的一边设置栏杆时，最小净宽不宜小于 1.0 m。

人员密集的公共场所、观众厅的疏散门净宽不应小于 1.4 m；人员密集的公共场所的室外疏散小巷的净宽不应小于 3 m，并应直接通向宽敞地带。

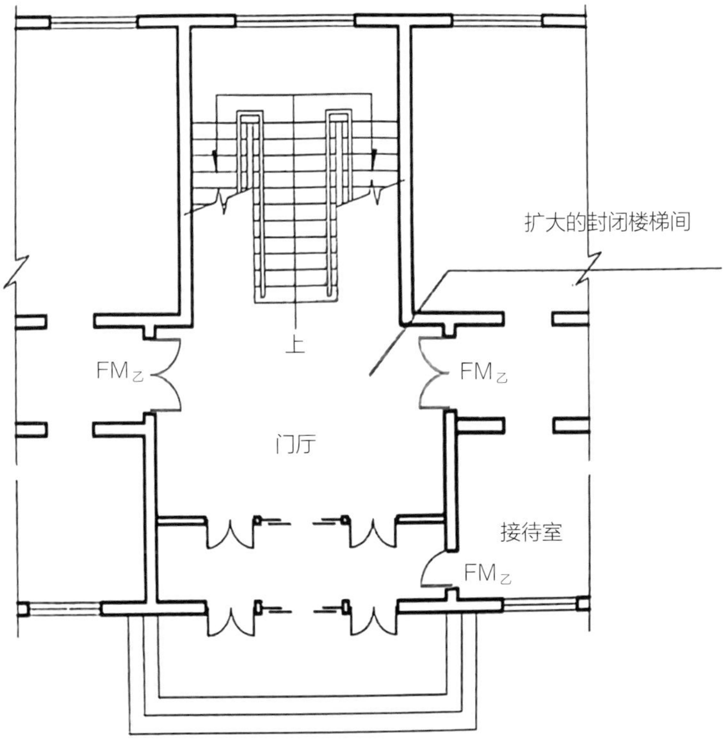

图 6-7 扩大的封闭楼梯间

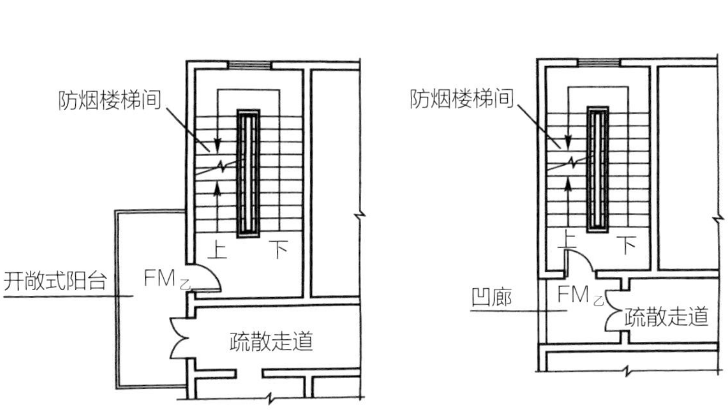

图 6-8 用阳台、凹廊做前室的防烟楼梯间

第四节 其他防灾设计

一、洪水防范设计

近年来，随着气候变化和城市化进程的加快，洪水灾害的风险逐渐增加。因此，洪水防范设计在建筑设计中也越来越受到重视，可以从以下几方面进行设计。

1. 建筑基地应尽量选择远离洪水源的场地

建筑基地应尽量选择远离洪水源的场地，避免建在低洼地区或者水流集中的地方。同时，要确保建筑地块的土壤条件良好，能够承受洪水压力。

2. 高程控制

建筑物应尽可能建于高地，远离河流、湖泊等可能引发洪水的水源。通过合理的选址，可以有效降低建筑物受洪水灾害的风险。

3. 设置防洪墙与堤防

在建筑物或场地周围设置防洪墙和堤防，以阻挡洪水涌入建筑物内部。防洪墙和堤防的高度应根据洪水水位来确定，并且需要足够坚固，以承受洪水的冲击力。

4. 排水系统

防洪墙和堤防需要配备良好的排水系统，确保洪水在排退时不会对建筑物和墙体造成损坏。同时，建筑场地内部也应设置完善的排水系统，包括排水沟、雨水管道等，以便快速排除建筑物内的积水。

5. 建筑结构设计与材料选择

建筑结构需要经过抗洪设计，在洪水冲击下具有足够的强度和稳定性，避免倒塌的风险。设计时可以考虑增加建筑物的重量和基础埋深，以提高其抗洪能力。

建筑材料应具备良好的耐水性和耐冲击性，防止因水浸导致的材料膨胀、变形或腐蚀等问题。例如，混凝土是建造防洪防涝建筑物的首选材料，因为它具备良好的防水性能和抗压能力。

二、爆炸防范设计

建筑防爆设计是针对有爆炸危险性的建筑物进行的一系列防爆、泄爆设计和构造措施，旨在防止爆炸事故的发生，减轻爆炸对建筑物及其周围环境的破坏。以下是一些主要的建筑防爆设计策略：

（1）合理选址。选择远离易燃易爆物品存储区、明火源和其他潜在爆炸源的地点建造防爆建筑。在厂区或建筑群总平面布置中，合理布置防爆建筑的位置，确保其与周围建筑物的安全距离，并考虑风向、地形等因素对爆炸传播的影响。

（2）优先采用单层建筑，因为单层建筑更有利于泄压和逃生。对于必须采用多层建筑的场合，应将爆炸危险生产部位放在顶层，并靠近外墙设置。

（3）防爆建筑物的耐火等级应不低于二级，多层建筑应为一级。结构类型应选用钢筋混凝土框架或排架结构，以提高建筑的抗爆能力。

（4）泄压设计，设置必要的泄压设施，如轻质屋顶、轻质外墙和泄压窗等，以便在爆炸时迅速释放能量，减轻对建筑的破坏。泄压设施应靠近爆炸部位，但不得面向人员密集场所和主要通道。

（5）设置防爆墙将爆炸危险区域与其他区域分隔开，防爆墙应具有较高的抗爆强度和防火能力。防爆墙的材料可选用配筋砖墙、钢筋混凝土墙、钢板墙等，其厚度和强度需经计算确定。

（6）防爆门与防爆窗设置，在防爆墙上设置防爆门和防爆窗，以确保在爆炸时门窗能够保持完整，防止火花和碎片飞溅。防爆门和防爆窗应采用安全玻璃等防爆材料制成，玻璃碎而不掉，避免伤人。

（7）不发火地面，对于散发比空气重的可燃气体、可燃蒸气的甲类厂房以及有粉尘纤维爆炸危险的乙类厂房，应采用不发火地面。不发火地面材料可选用铜、铝、铅等有色金属或石灰石、大理石等不发火无机材料制成。

（8）设置安全出口与疏散通道，确保防爆建筑内设置足够数量的安全出口和疏散通道，并保持畅通无阻。在疏散通道上设置明显的疏散指示标志和应急照明设备。

三、地质灾害防范设计

地质灾害是指由于地质原因，如滑坡、泥石流、地面塌陷等造成的一系列灾害。在建筑设计和施工过程中，应当充分考虑地质灾害的防范，以确保安全。

首先，建筑物的选址和布局应考虑地质灾害的风险。应避免在地质灾害高发区域进行建设，特别是山区、丘陵地带和河岸等地。在选址过程中，应进行详细的地质调查和风险评估，确保建筑物的安全性和稳定性。

其次，建筑施工应采取相应的地质灾害防范措施。对于地质灾害高风险区域，可以采用加固地基、建造防护墙、设置排水系统等措施，以提高建筑物的抗灾能力。此外，还可以采用地质灾害预警系统，如位移监测、裂缝监测等，及时发现和预警潜在的地质灾害。

CHAPTER 7

第七章

建筑主要构造——基础与地下室

第一节 建筑地基与基础

一、地基与基础的概念

在建筑工程中，建筑物与土层直接接触的部分称为基础，基础以下支承建筑物重量的土层叫地基。

基础是建筑物地面以下的承重构件，是建筑物的组成部分。它承受着建筑物的全部载荷，并将其传给下面的地基。

地基是基础底面以下的土层，不是建筑物的组成部分，它承受基础传来的荷载。在地基中直接承受基础传来的荷载的土层称为持力层，必须进行承载力计算；持力层以下的土层称为下卧层，一般不需要计算。地基与基础共同保证房屋的安全和耐久，基础的大小与地基承载力成反比，与上部荷载大小成正比。地基每平方米所能承受的最大压力称为地基承载力。在进行结构设计时，基础应满足强度、刚度、耐久性与经济性的要求。

室外设计地面至基础底面的垂直距离称为基础的埋置深度，简称基础埋深，如图 7-1。埋深大于或等于 4 m 的称为深基础；埋深小于 4 m 的称为浅基础；当基础直接做在地表面上的称不埋基础。在保证安全使用的前提下，应优先选用浅基础，可降低工程造价。但当基础埋深过小时，有可能在地基受到压力后，会把基础四周的土挤出，使基础产生滑移而失去稳定，同时易受到自然因素的侵蚀和影响，使基础破坏，故基础的埋深在一般情况下，不要小于 0.5 m。

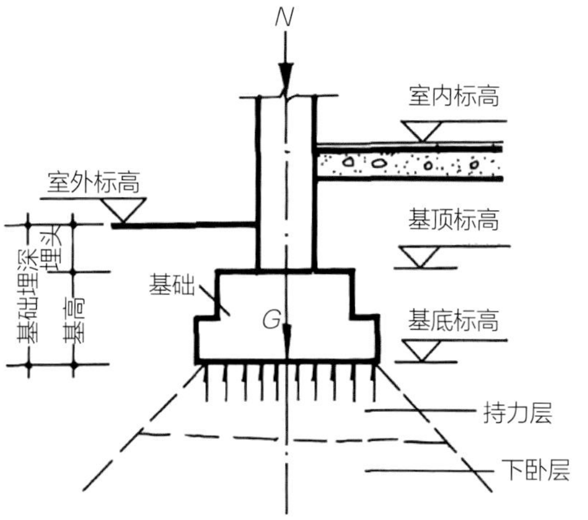

图 7-1 地基与基础

二、地基与基础的分类

1. 地基的分类

地基按是否进行人工处理，分为天然地基和人工地基两大类。凡具有足够的承载能力，不需人工加固或改良，可直接在上面建造房屋的天然土层称为天然地基。当建筑物上部的荷载较大或地基的承载力较弱，需预先对土壤进行人工加固或改良后才能满足要求的地基称为人工地基。

人工地基常用的加固处理方法有：

（1）换填垫层法

换填垫层法是挖去地表浅层软弱土或不均匀土层，回填砂石、素土、灰土、工业废渣等强度较高的材料，并夯压密实，形成垫层的一种地基处理方法。适用于浅层软弱地基及不均匀地基的处理，处理深度通常控制在 3 m 以内较为经济合理。

（2）预压法

预压法是在基础施工前，对地基进行堆载或真空预压，使地基土被预先压实的地基处理方法。适用于处理淤泥质土、淤泥和冲填土等饱和黏性土地基。

（3）强夯法

强夯法是反复将夯锤提到高处使其自由落下，给地基以冲击和振动能量，将地基土夯实的地基处理方法。适用于处理碎石土、砂土、低饱和度的粉土与黏性土、湿陷性黄土、素填土和杂填土等地基。

（4）复合地基法

复合地基法是采用振动、冲击或水冲等方式在软弱地基中成孔后，再将砂、碎石、素土、灰土和水泥等挤压进孔中形成高强度桩，把原来的地基置换、挤密和振动密实，并由桩和桩间土构成复合地基，使地基承载力提高，变形减少。适用于处理砂土、粉土、粉质黏土、素填土和杂填土等地基。

2. 基础的分类

基础的类型较多，按基础所采用材料和受力

特点分，可分为刚性基础和非刚性基础；按基础的构造形式分，可分为条形基础、独立基础、井格式基础、片筏式基础、箱形基础和桩基础等。

（1）按基础所用材料及受力特点分类

①刚性基础：由刚性材料制作的基础称为刚性基础。在常用的建筑材料中，砖、石、素混凝土、灰土等材料抗压强度高，但抗拉、抗剪强度低，它们均属刚性材料。由这些材料制作的基础都属于刚性基础。

从基础受力角度考虑，由于土壤单位面积的承载能力小，上部结构通过基础将其荷载传给地基时，是将基础底面积扩大，使得地基承载能力大于基础底面的压强，才能满足地基受力的要求。如果地基承载能力小于基础传来的压强，建筑物会整体下沉或倾斜，所以在设计时，基础底面的大小是根据地基承载能力而定的。

从基础传力角度考虑，试验表明，上部结构（墙或柱）在基础中传递压力是沿一定角度分布的，这个传力角度称压力分布角，或称刚性角。由于刚性材料抗压能力强、抗拉能力差，因此，基础底面面积只能控制在压力分布角范围内。如果基础底面宽度超过压力角控制范围，这时，位于压力角范围之外的基础会因受拉而破坏。所以，刚性基础底面宽度的增大要受到刚性角的限制。不同材料基础的刚性角是不同的，通常砖砌基础的刚性角控制在 26°~33° 之间为好，素混凝土基础的刚性角应控制在 45° 以内。（图 7-2）

②非刚性基础：当建筑物的荷载较大而地基承载能力较小时，必须加大基础底面宽度，来承受建筑上部荷载。如果仍采用刚性基础，按刚性角逐步放宽，则需要加大基础埋深，这就增加了挖土工作量和材料用量，对工期和造价都十分不利。如果在混凝土基础的底部配以钢筋，利用钢筋来承受拉力，使基础底部能够承受较大弯矩，这时，基础宽度的加大不受刚性角的限制，故称钢筋混凝土基础为非刚性基础，也叫柔性基础。在同样条件下，采用钢筋混凝土与素混凝土基础比较，可节省大量的混凝土材料和开挖土方工作量。

为了保证钢筋混凝土基础施工时，钢筋不致陷入泥土中，常需在基础与地基之间设置 100 mm 厚 C10 素混凝土垫层。（图 7-3）

（2）按基础的构造形式分类

基础构造形式的确定根据建筑物上部结构形式、荷载大小及地基土质情况而定。

①条形基础：当建筑物上部结构采用墙承重时，基础常沿墙身扩展形成长条形。这类基础称为条形基础或带形基础，是墙承式建筑基础的基本形式。（图 7-4）

②独立基础：当建筑物上部结构采用框架结构或单层排架结构由柱承重时，基础常按柱截面扩展，形成一个个正方形或矩形的基础。这类基础称为独立基础或单独基础。工程中，如果柱采用预制构件，基础常做成杯口形，然后将柱子插入并嵌固在杯口内，称为杯形基础。（图 7-5）

③井格式基础：当地基条件较差时，为了提高建筑物的整体性，防止柱子之间产生不均匀沉降，常将柱下基础沿纵横两个方向扩展连接起来，形成十字交叉的井格基础。（图 7-6）

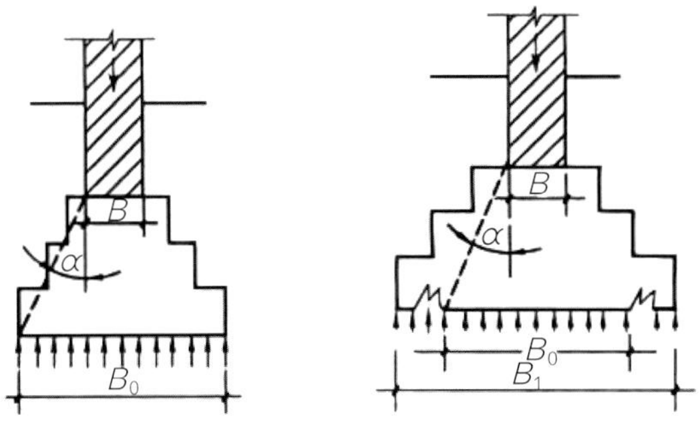

基础受力在刚性角范围以内　基础宽度超过刚性角范围而破坏

图 7-2 刚性基础

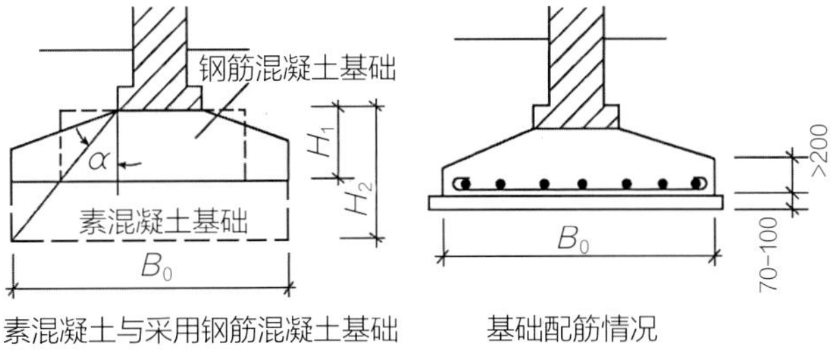

素混凝土与采用钢筋混凝土基础比较　基础配筋情况

图 7-3 非刚性基础

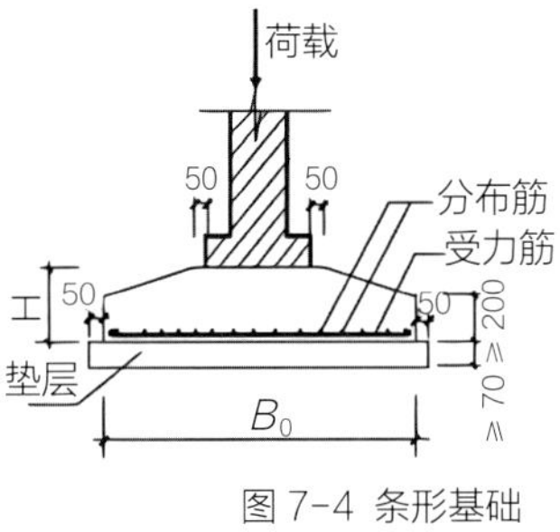

图 7-4 条形基础

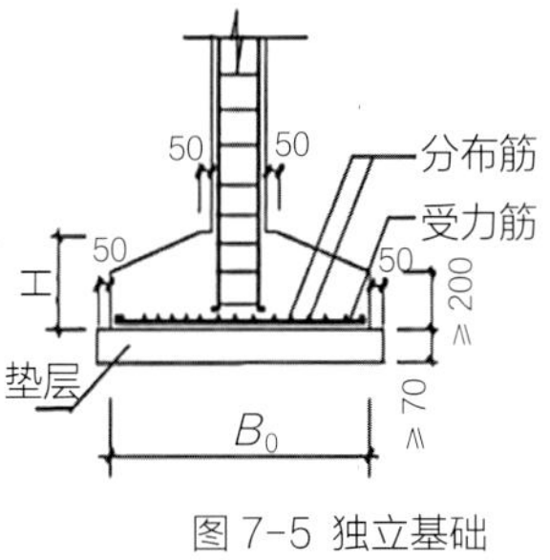

图 7-5 独立基础

④片筏式基础：当建筑物上部荷载大，而地基又较弱，采用简单的条形基础或井格式基础已不能适应地基变形的需要，这时通常将墙或柱下基础连成一片，使建筑物的荷载分布在一块整板上，这种基础叫片筏基础。片筏基础有平板式和梁板式两种。（图 7-7）

⑤箱形基础：当板式基础埋深需要很大时，常将基础改做成箱形基础。箱形基础是由钢筋混凝土底板、顶板和若干纵、横隔墙组成的整体结构，基础的中空部分可用作地下室。箱形基础整体空间刚度大，整体性强，能抵抗地基的不均匀沉降，较适用于高层建筑或在软弱地基上建造的重型建筑物。（图 7-8）

⑥桩基础：当上部结构荷载较大且地基软弱土层较厚，地基承载力不能满足要求时，可以采用若干桩来支承一个平台，然后由这个平台托住整个建筑物。这种基础形式称为桩基础，这个平台叫作桩承台。桩基础按桩的施工方式分为钢筋混凝土预制桩和灌注桩基础，按桩的竖向受力情况可分为摩擦桩和端承桩。摩擦桩的桩顶竖向荷载主要由桩侧阻力承受；端承桩的桩顶竖向荷载主要由桩端阻力承受。由于桩基础的埋深较大，且需采用特殊的施工方法，属于深基础的范畴，造价较高。设计时应进行技术、经济比较后选择综合效益较好的地基基础构造。（图 7-9）

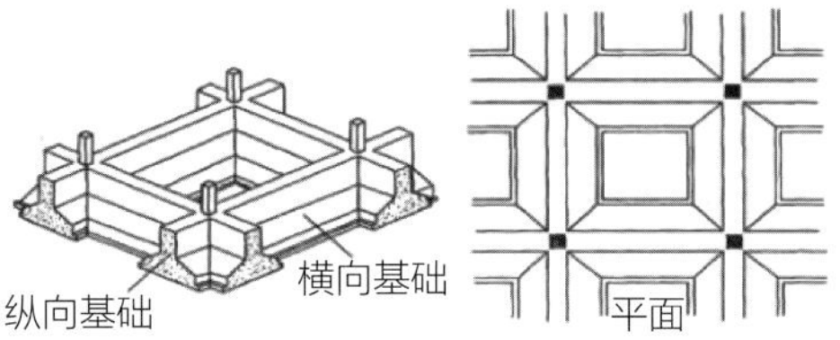

图 7-6 井格式基础

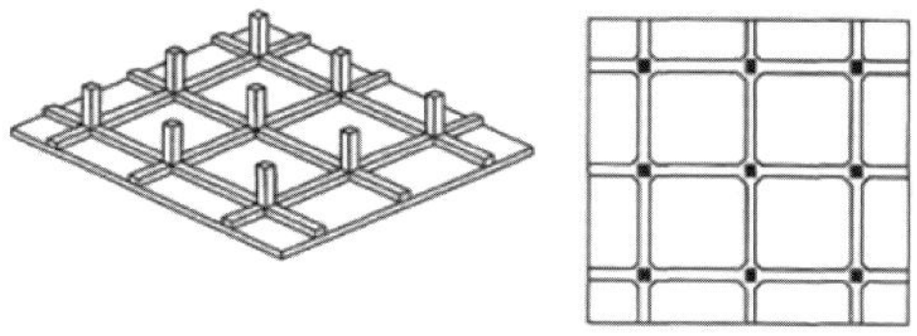
图 7-7 片筏式基础

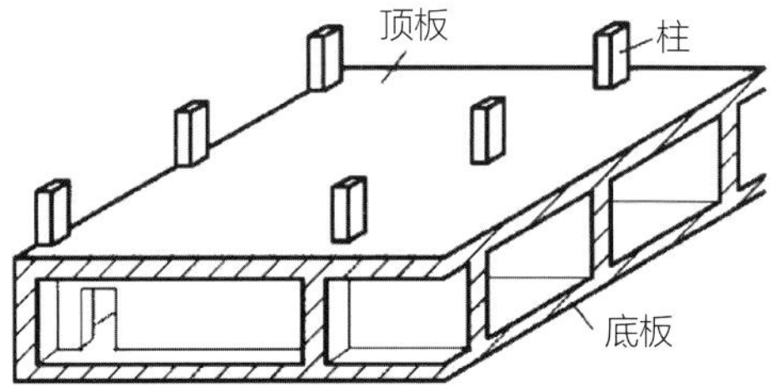

图 7-8 箱形基础

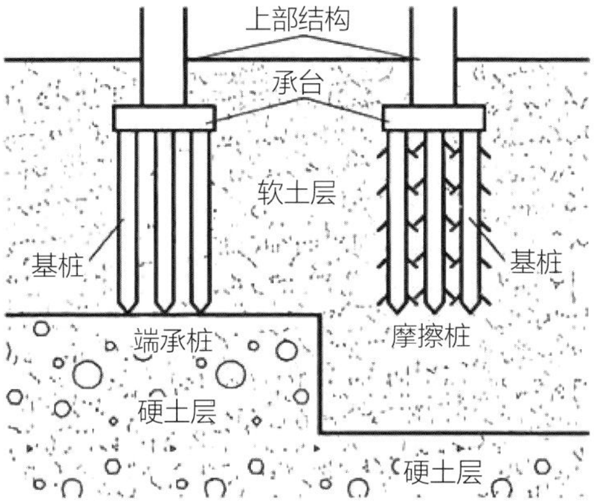

图 7-9 桩基础

第二节 地下室的防潮与防水

一、地下室的组成与类型

1. 地下室的组成

地下室的组成，一般由墙身、顶板、底板、门窗、楼梯组成。地下室层高不应低于 2.4 m，净高不应低于 2.0 m，地下室机动车道净高不应低于 2.2 m，车位净高不应低于 2.0 m。地下室的外墙应按挡土墙设计。当采用钢筋混凝土或素混凝土墙时，最小厚度除应满足结构要求外，还应满足抗渗厚度的要求，其最小厚度不低于 300 mm，同时外墙还应做防潮或防水处理。人防地下室对于墙体厚度的一般要求是：当采用钢筋混凝土墙体时，墙体厚度不应小于 200 mm；当采用砖墙时，厚度不应小于 370 mm 。

如为防空地下室，地下室的顶板必须采用现浇板，并按防空设计的有关规定决定其厚度和混凝土强度等级，在无采暖的地下室顶板上，即首层地板处应设置保温层。

地下室的底板处于最高地下水位以上并无压力作用时，可按一般地面工程处理，即在垫层上现浇混凝土 60 mm~80 mm 厚，再做面层；如底板处于地下水位以下时，应采用钢筋混凝土底板，并配双层筋，底板下垫层上还应设置防水层，以防渗漏。

普通地下室的门窗与地上房间门窗相同，防空地下室一般不允许设置窗，如确需开窗，应设置战时封堵措施。防空地下室的外门应按防空等级要求，设置相应的防护构造。

地下室楼梯，可与地面上房间的楼梯结合设置，层高小或用作辅助房间的地下室，可只设置单跑楼梯。有防空要求的地下室至少要设置两部楼梯通向地面的安全出口，并且必须有一个独立的安全出口，这个安全出口周围不得有较高建筑物。

地下室采光井，一般每个窗设一个独立的采光井，当窗的距离很近时，也可将采光井连在一起。采光井侧墙一般用砖砌筑，井底板则用混凝土浇筑。一般采光井底面应低于窗台 250 mm~300 mm，采光井的深度为 1 m~2 m，其宽度在 1 m 左右，其长度则应比窗宽大 1 m 左右。采光井侧墙顶面应比室外设计地面高 250 mm~300 mm，以防地面水流入。为了排除落入采光井的雨水，井底面要做 1%~3% 的坡度，用塑料管将雨水引入地下排水管网。也可以在井口上设遮雨设施，以防止雨雪落入井内。有些建筑还在采光井口上设防护蓖，以保证室外行人安全。（图 7-10）

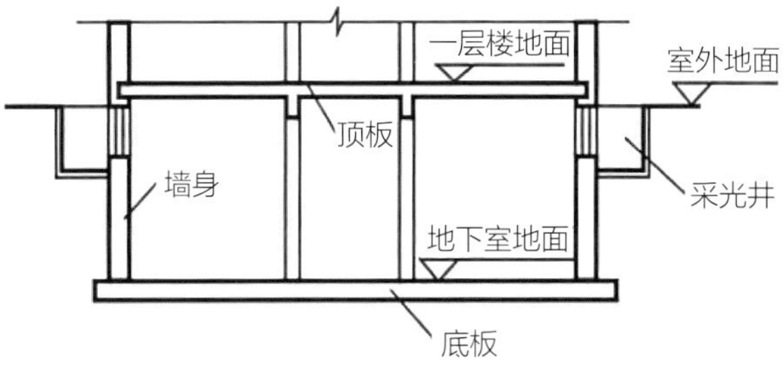

图 7-10 地下室的组成

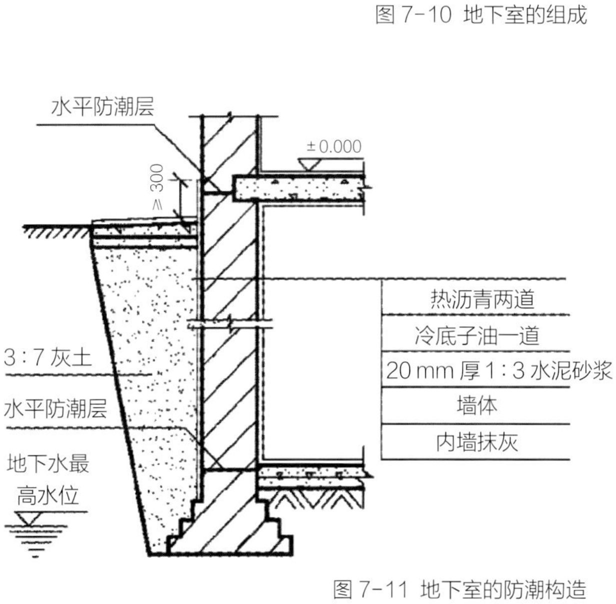

图 7-11 地下室的防潮构造

2. 地下室的分类

（1）按使用功能分类

按使用功能划分，地下室分为普通地下室和人防地下室。普通地下室用作地下车库、设备用房等；人防地下室用来应对战时人员的隐蔽和疏散需要，具备保障人身安全的各项技术措施。考虑平战结合，和平时期人防地下室可用作普通地下室。

（2）按地下室埋置深度分类

按地下室埋置深度划分，地下室分为全地下室和半地下室。当地下室地面低于室外地面的高度，超过地下室净高的 1/2 时称全地下室。当地下室地面低于室外地面的高度，超过地下室净高的 1/3，但不超过 1/2 时称半地下室。

二、地下室的防潮构造

当地下水的常年静止水位和最高水位都低于地下室底板时，地下室和墙板仅受土层中毛细水和地表水下渗而形成的无压水的影响，这时只需做防潮处理。

地下室的底板一般都采用钢筋混凝土材料，虽然具有良好的防水性能，尤其是添加了外加剂后，混凝土的密实性会更好，防潮防水效果也会更佳。地下室墙板需要在外侧设垂直防潮层，常见做法是在墙板外表面先抹一层 20 mm 厚的 1∶3 水泥砂浆找平层，上涂一道冷底子油和两道热沥青，且在防潮层外侧 500 mm 范围内回填低渗透性土，如黏土、灰土等，并逐层夯实，以防地面雨水或其他地表水的影响。墙板在地下室顶板和底板中间各设一道水平防潮层，使地下室形成连续封闭的防潮体系，以防止地面积水或地下毛细水渗入地下室内。（图 7-11）

三、地下室防水构造

当常年静止水位和最高水位都高于地下室底板时，土层有滞水时，地下室的底板和外墙板将浸在水中。

虽然钢筋混凝土具有良好的防水性能，但受到施工水平和地下水长期侵蚀的影响，其防水性也会受到影响。地下室的外墙板受到地下水的侧压力作用，底板则受到浮力作用，而且地下水位高出地下室地面越高，侧压力和浮力就越大，渗水可能性也越大。因此，地下室外墙板与底板必须进行防水处理，通常做法是采用防水材料来隔离地下水。

地下室防水做法有防水卷材防水、涂料防水、防水混凝土防水等。（表 7-1）

表 7-1　地下工程防水等级标准

防水等级	标 准
一级	不允许渗水，结构表面无湿渍
二级	不允许渗水，结构表面可有少量湿渍 工业与民用建筑：总湿渍面积不应大于总防水面积（包括顶板、墙面、地面）的 1/1 000；任意 100 m^2 防水面积上的湿渍不超过 1 处，单个湿渍的最大面积不大于 0.1 m^2 其他地下工程：总湿渍面积不应大于总防水面积的 6/1 000; 任意 100 m^2 防水面积上的湿渍不超过 4 处，单个湿渍的最大面积不大于 0.2 m^2
三级	有少量漏水点，不得有线流和漏泥砂 任意 100 m^2 防水面积上的漏水点不超过 7 处，单个漏水点的最大漏水量不大于 2.5 L/d，单个湿渍的最大面积不大于 0.3 m^2
四级	有漏水点，不得有线流和漏泥砂 整个工程平均漏水量不大于 2 L/m^2d；任意 100m^2 防水面积的平均漏水量不大于 4 L/m^2d

1. 防水卷材防水

卷材防水构造适用于受侵蚀性介质或受震动作用的地下室。一般用高聚物改性沥青卷材或合成高分子卷材做防水层，铺设在地下室主体结构的迎水面上，在地下室外围形成封闭的防水层，是一种最常用的防水做法。按防水材料的铺贴位置不同，防水做法分外包防水和内包防水两类。外包防水是将防水材料铺贴在迎水面，即外墙板的外侧和底板的下面，优点是防水效果好，缺点是损坏了维修困难，难以查找缺陷处。内包防水是将防水材料贴于背水面，施工简便，便于维修，但防水效果较差，多用于修缮工程。

以外包防水（图 7-12）为例，地下室卷材外包防水的具体做法是：先在地下室底板的混凝土垫层上做 20 mm 厚 1∶2.5 水泥砂浆找平层，然后满铺防水层，其上做细石混凝土或水泥砂浆保护层，最后浇筑钢筋混凝土底板。墙板的防水做法是：先在外墙板外面抹 20 mm 厚的 1∶2.5 水泥砂浆找平层，其上粘贴卷材防水层。防水层自底板下、墙板外侧，由下而上连续密封铺贴，在最高地下水位以上 500 mm~1000 mm 处收头。外侧采用 60 mm 厚聚苯乙烯泡沫塑料板保护防水层。

2. 涂料防水

涂料防水是指在施工现场以聚合物改性沥青防水涂料或高分子合成防水涂料等刷涂、刮涂或滚涂于地下室结构迎水面的一种防水做法。一般为多层敷设，为增强其抗裂、抗拉性能，多夹铺 1~2 层纤维制品（如玻璃纤维布、聚酯无纺布）。防水涂料具有良好的弹性、耐久性及耐高低温性能。

3. 防水混凝土防水

为满足结构的强度和刚度需要，地下室的底板与墙板一般采用钢筋混凝土结构。这时，以采用防水钢筋混凝土为宜，即在混凝土中掺入一定量的外加剂，如引气剂或密实剂，提高其密实性和抗渗性能，以达到防水的目的。为确保防水质量和结构受力，一般外墙板厚度不宜小于 200 mm，底板厚度应不小于 150 mm。为防止地下水对混凝土的侵蚀，需在墙板外侧抹水泥砂浆找平，然后涂刷沥青涂料。（图 7-13）

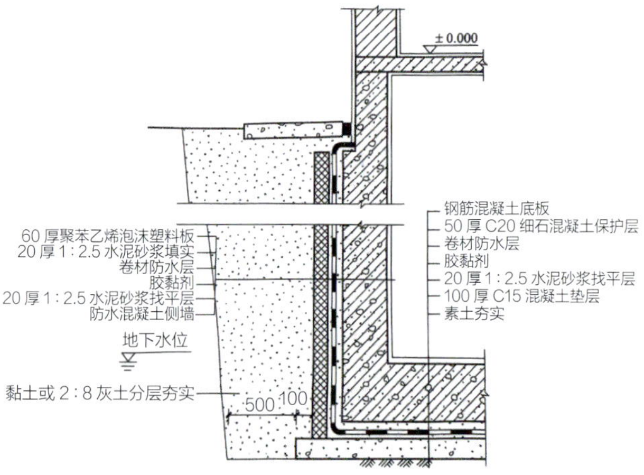

图 7-12 地下室的卷材外包防水构造

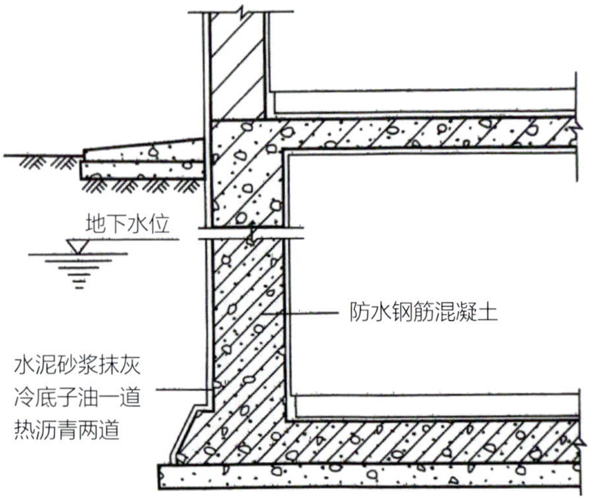

图 7-13 地下室防水混凝土防水构造

CHAPTER 8

第八章

建筑主要构造——墙或柱

第一节 建筑墙体的作用、类型及设计要求

一、墙体的作用

1. 承重与支撑

墙体可以承受上部结构的荷载，并将其传递至基础。在多层建筑中，墙体往往承担着主要的承重作用，保证建筑物的稳定性和安全性。

2. 划分空间

墙体可以对建筑物内部空间进行划分，形成不同的功能区域。通过墙体的位置设定和布局，可以实现室内的空间组织和功能分区，满足不同使用需求。

3. 保护与维护

墙体具有防护作用，可以防止外部环境中的雨水、风沙等对建筑物内部产生影响。同时，墙体还可以起到隔热、保温的作用，提高建筑物的能源利用效率。

4. 美观与装饰

墙体是建筑物外观的重要组成部分。通过选用不同的材料、颜色和构造方式，墙体可以呈现出丰富多样的视觉效果，提升建筑物的整体美感。

5. 安全与防火

墙体具有一定的防火性能，可以在一定程度上阻止火势的蔓延。此外，墙体还可以作为防盗、防爆等安全措施的实施载体。

6. 声音隔绝

墙体可以起到隔音的作用，减少外部噪声对建筑物内部的影响，创造一个安静的居住和工作环境。

二、墙体的类型

墙体的分类方法很多，大体有按墙体位置、材料和受力特点三种分法，下面分别介绍。

1. 按照墙体所处位置分类

墙体按所在位置一般分为外墙及内墙两大部分，每部分又各有纵、横两个方向，这样共形成四种墙体，即纵向外墙（又称檐墙）、横向外墙（又称山墙）、纵向内墙、横向内墙。

当楼板支承在横向墙上时，叫横墙承重，这种做法多用于横墙较多的建筑中，如住宅、宿舍、办公楼等。当楼板支承在纵向墙上时，叫纵墙承重。这种做法多用于纵墙较多的建筑中，如教学楼等。当一部分楼板支承在纵向墙上，另一部分楼板支承在横向墙上时，叫混合承重。这种做法多用于中间有走廊或一侧有走廊的办公楼中。（图 8-1）

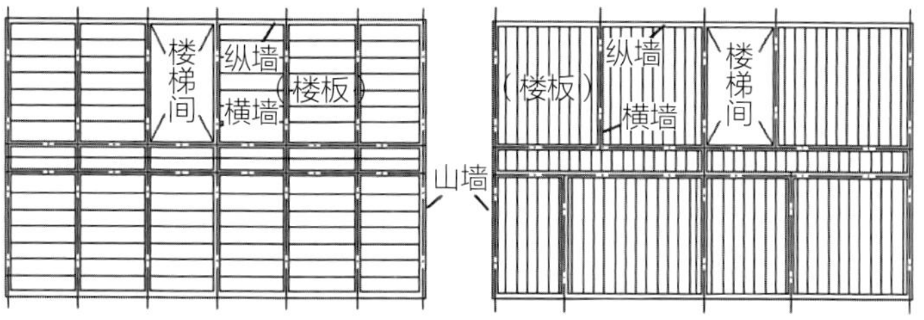

图 8-1 横墙、纵墙示意图

2. 按照墙体所用材料分类

（1）砖墙

用作墙体的砖有烧结砖（普通砖、多孔砖）、蒸压砖（灰砂砖、粉煤灰砖）。烧结普通砖是以黏土、页岩、煤矸石、粉煤灰等为主要原材料，经制坯和焙烧制成的普通砖；烧结多孔砖是以黏土、页岩、煤矸石、粉煤灰等为主要原材料，经制坯和焙烧而成的主要用于承重结构的多孔砖；蒸压灰砂砖以石灰和砂为主要原材料，允许掺入颜料和外加剂，经制备、坯料、压制成型、蒸压养护而成的实心砖。砖墙可以用于承重墙、非承重墙，但不得用于框架结构的填充墙和内隔墙。《建筑抗震设计标准》规定，用于砌体结构承重用砖的强度等级不应低于 MU10，砌筑砂浆强度等级不应低于 M5。

（2）加气混凝土砌块墙

加气混凝土砌块是一种轻质材料，是以硅质和钙质材料为主要原材料经加水搅拌发泡、浇筑成型、预养切割、蒸压养护等工艺制成的含泡沫状的砌块，多用于非承重的隔墙和框架结构的填充墙。在选用加气混凝土砌块墙时应注意以下几点：①建筑物防潮层以下的外墙不得采用加气混凝土制品；②长期处于浸水和化学侵蚀环境的场所不得采用加气混凝土制品；③承重制品表面温度经常处于 80 ℃以上的部位不得采用加气混凝土制品。

（3）普通混凝土小型空心砌块墙

普通混凝土小型空心砌块是以水泥、矿物掺合料、轻骨料（或部分轻骨料）、水等为原材料，经搅拌、压振成型、养护等工艺制成，其主要规格尺寸为 390 mm × 190 mm × 190 mm。普通混凝土小型空心砌块的强度等级不应低于 MU7.5，砌筑砂浆的强度等级不应低于 M7.5，在 8 度抗震设防烈度时允许建造高度为 18 m，建造层数为 6 层。

（4）其他材料墙体

其他用于墙体的材料还有轻骨料混凝土小型空心砌块、石材、钢筋混凝土板材等。

3. 按照墙体的受力情况分类

（1）承重墙

它承受屋顶和楼板等构件传下来的垂直荷载和风力、地震力等水平荷载。由于承重墙所处的位置不同，又分为承重内墙和承重外墙。墙下有条形基础。

（2）承自重墙

它只承受墙体自身重量而不承受屋顶、楼板等竖直荷载。墙下亦有条形基础。

（3）围护墙

它能抵御风、雪、雨的侵袭，并起到保温、隔热、隔声、防水等作用。它对于营造房间内良好的生活环境和工作条件至关重要。墙体重量由梁承托并传给柱子或基础。

（4）隔墙

它将大房间分隔为若干小房间。隔墙应满足隔声的要求。但这种墙不作基础。

4. 按照墙体的构造方式分类

（1）实心墙

由单一材料（多孔砖、普通砖、石块、混凝土和钢筋混凝土等）和复合材料（钢筋混凝土与加气混凝土分层复合、实心砖与焦砟分层复合等）砌筑的不留空隙的墙体。

（2）多孔砖、空心砖墙

这种墙体使用的多孔砖，其竖向孔洞虽然减少了砖的承压面积，但是砖的厚度增加，砖的承重能力与普通砖相比还略有增加。表观密度为 1350 kg/m（普通砖的表观密度为 1800 kg/m）。由于有竖向孔隙，所以保温能力有提高。这是由于空隙是静止的空气层所致。试验证明 190 mm 的多孔砖墙，相当于 240 mm 的普通砖墙的保温能力。空心砖主要用于框架结构的外围护墙和内分隔墙。近期在工程中广泛采用的陶粒空心砖，也是一种较好的围护墙材料。

（3）空斗墙

空斗墙在我国民间流传很久。这种墙体的材料是普通砖。它的砌筑方法分斗砖与眠砖，砖竖放叫斗砖，平放叫眠砖。但空斗墙不宜在抗震设防地区使用。

（4）复合墙

这种墙体多用于居住建筑，也可用于托儿所、幼儿园、医疗机构等小型公共建筑。这种墙体的主体结构为普通砖（多孔砖）或钢筋混凝土板材。在其内侧（称为内保温）或外侧（称为外保温）有复合轻质保温材料。常用的保温材料有膨胀型聚苯乙烯板（EPS 板）、挤塑型聚苯乙烯板（XPS 板）、胶粉聚苯颗粒、硬泡聚氨酯（PUR）等。保温材料的厚度随地区而改变，以满足节能要求。

三、墙体的设计要求

墙体的设计要求主要包含结构、热工、节能、隔声四个方面。

对以墙体承重为主的结构，常要求各层的承重墙上、下必须对齐；各层的门、窗洞孔也以上、下对齐为佳。此外，还需考虑以下两方面的要求：合理选择墙体结构布置方案；结构上具有足够的强度和稳定性。

1. 墙体结构布置方案有以下几种：

（1）横墙承重

凡是以横墙承重的称横墙承重方案或横向结构系统。采用横墙承重方案时，楼板、屋顶上的荷载均由横墙承受，纵向墙只起纵向稳定、拉结和分隔空间的作用。它的主要特点是横墙间距密，加上纵墙的拉结，使建筑物的整体性好、横向刚度大，对抵抗地震力等水平荷载有利。但横墙承重方案的开间尺寸不够灵活，适用于房间开间尺寸不大的宿舍、住宅及病房楼等小开间建筑。（图 8-2）

（2）纵墙承重

凡是以纵墙承重的称为纵墙承重方案或纵向结构系统。这时，楼板、屋顶上的荷载均由纵墙承受，横墙只起分隔房间的作用，有的起横向稳定作用。纵墙承重可使房间开间的划分灵活，多适用于需要较大房间的办公楼、商店、教学楼等公共建筑。（图 8-3）

（3）纵横墙承重

凡由纵向墙和横向墙共同承受楼板、屋顶荷载的结构布置称纵横墙（混合）承重方案。该方案房间布置较灵活，建筑物的刚度亦较好。混合承重方案多用于开间、进深尺寸较大且房间类型较多的建筑和平面复杂的建筑中，如教学楼、住宅等建筑。

（4）内框架承重体系

墙体作为围护结构，内部设置框架结构承担主要承重作用。墙体与框架柱、梁等构件的连接牢固，确保整体的稳定性。内框架承重体系适用于空间布局复杂、功能多样的建筑，具有较高的灵活性和适应性。

2. 结构上具有足够的强度和稳定性

强度是指墙体承受荷载的能力，它与所采用的材料以及同一材料的强度等级有关。作为承重墙的墙体，必须具有足够的强度，以确保结构的安全。

墙体的稳定性与墙的高度、长度和厚度有关。高而薄的墙稳定性差，矮而厚的墙稳定性好；长而薄的墙稳定性差，短而厚的墙稳定性好。

3. 墙体的热工设计

墙体热工设计主要包括保温与隔热设计，应综合考虑建筑所在地区的气候条件、材料性能、施工质量等多方面的因素，应充分了解各种保温隔热材料的性能，合理选择以提高墙体的热工性能。

（1）保温设计要求

对有保温要求的墙体，须提高其构件的热阻，通常采取以下措施。

①增加墙体的厚度。墙体的热阻与其厚度成正比，欲提高墙身的热阻，可增加其厚度。

②选择导热系数小的墙体材料。要增加墙体的热阻，常选用导热系数小的保温材料，如泡沫

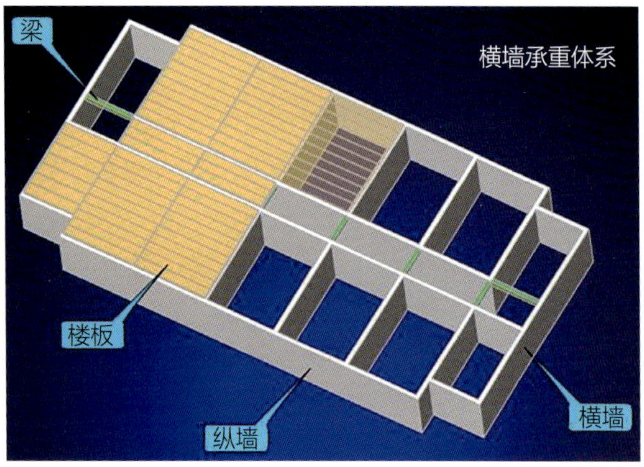

图 8-2 横墙承重示意图

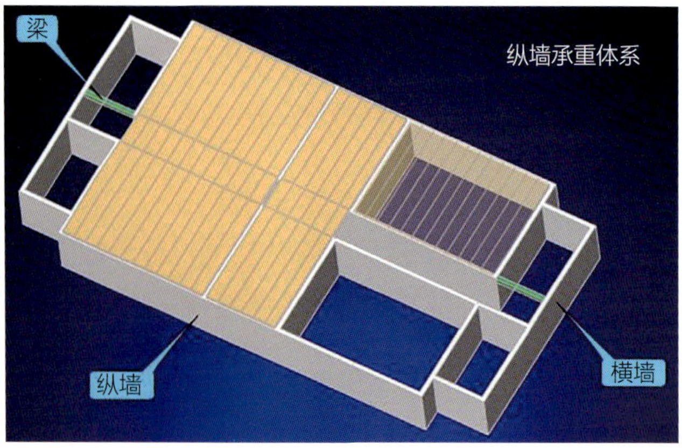

图 8-3 纵墙承重示意图

混凝土、加气混凝土、陶粒混凝土、膨胀珍珠岩、膨胀蛭石、浮石及浮石混凝土、泡沫塑料、矿棉及玻璃棉等。其保温构造有单一材料的保温结构和复合保温结构之分。

③采取隔蒸气措施。为防止墙体产生内部凝结，常在墙体的保温层靠高温一侧，即蒸气渗入的一侧，设置一道隔蒸气层。隔蒸气材料一般采用沥青、卷材、隔汽涂料以及铝箔等防潮、防水材料。

④墙体保温层应均匀布置，避免出现局部热桥现象，影响保温效果。保温层与墙体其他部分应牢固结合，防止保温层脱落，降低保温效果。在保温层施工过程中，应注意施工质量，避免出现空鼓、裂缝等质量问题。（图 8-4 至图 8-6）

（2）隔热设计的措施

①外墙采用浅色而平滑的外饰面，如白色外墙涂料、玻璃马赛克、浅色墙地砖、金属外墙板等，以反射太阳光，减少墙体对太阳辐射的吸收。

②在外墙内部设通风间层，利用空气的流动带走热量，降低外墙内表面温度。

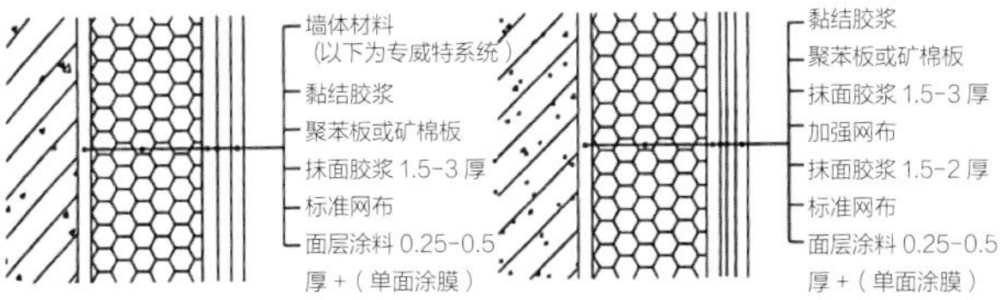

图 8-4 外墙外保温构造

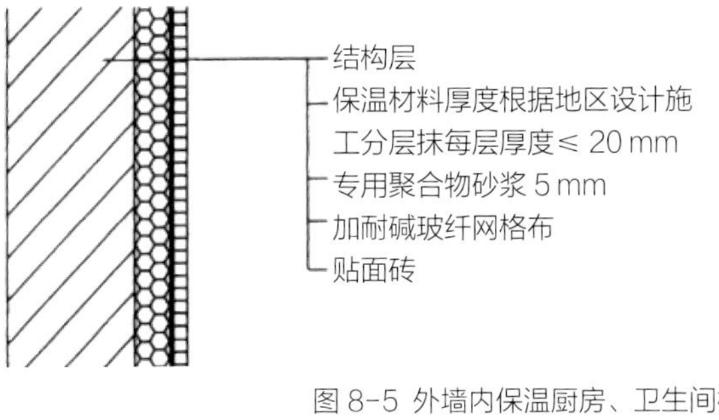

图 8-5 外墙内保温厨房、卫生间构造

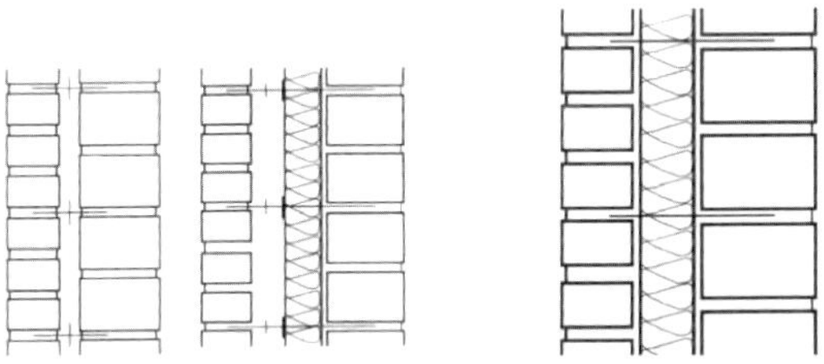

（a）外墙夹心保温构造　（b）外墙利用空气间层保温构造

图 8-6 外墙夹心保温构造

③在窗口外侧设置遮阳设施，避免太阳光直射室内。

④在外墙外表面种植攀缘植物，使之遮盖整个外墙，吸收太阳辐射热，从而起到隔热作用。

3. 墙体节能设计

为贯彻国家的节能政策，改善严寒和寒冷地区居住建筑采暖能耗大、热工效率差的状况，必须通过建筑设计和构造措施来节约能耗。墙体的节能设计措施包括保温材料的应用、墙体材料的选择、墙体构造的优化以及其他节能措施等多个方面。通过科学合理地设计和施工，可以显著提高墙体的保温隔热性能，减少能源消耗。

（1）保温材料的应用

①外保温材料：在建筑物外侧设置安装保温隔热性能较好的保温材料，如保温板、聚苯板、聚氨酯板等，可以有效减少能源消耗。

②内保温材料：在建筑物外墙的内侧粉刷内保温材料，以实现墙体的保温隔热作用。

③保温夹层：在建筑物墙体内设置保温夹层，形成复合墙体或自保温墙体。这种方式可以提高墙体的整体保温性能，但需要注意夹层的厚度和保温材料的选择，不要出现冷凝水。

（2）墙体材料的选择

①多孔砖：采用多孔砖等具有良好保温隔热性能的材料进行墙体设计，可以减少墙体的热传导，提高节能效果。

②轻质材料：使用轻质材料如轻质混凝土、轻质砖等可以降低墙体的重量，同时在一定程度上提高节能性能。

③复合墙体：将不同材料组合成复合墙体，如内外层采用不同材料或设置保温层，可以充分利用各种材料的优点，提高墙体的整体节能性能。

（3）墙体构造的优化

①空气层设计：在墙体中设置空气层，利用空气的热阻性能提高墙体的节能效果。同时，空气层还可以起到防潮、隔音等作用。

②热桥处理：对墙体中的热桥部位进行特殊处理，如设置保温层或采用断桥技术等，以减少热桥现象对墙体保温性能的影响。

（4）其他节能措施

①墙体绿化：在墙体表面种植植物，利用植物的光合作用和蒸腾作用等生理特性，提高墙体的保温隔热效果。同时，墙体绿化还可以美化环境、净化空气等。

②反射隔热涂层：在墙体表面涂刷反射隔热涂层，可以减少太阳辐射热对墙体的影响，提高墙体的隔热性能。

4. 墙体隔声设计要求

墙体的隔声要求包括隔除室外噪声和相邻房间噪声两类，主要隔离由空气直接传播的噪声和固体撞击传播的噪声。空气传播的噪声指的是露天中的声音传播、围护结构缝隙中的噪声传播和由于声波振动而引起结构振动而传播的声音。撞击声是物体的直接撞击或敲打物体所引起的声音。室外噪声包括街道噪声、工厂噪声、建筑物室内噪声等多方面。设计中应综合考虑各种隔声措施，合理选择隔声材料，提高墙体的隔声性能。

（1）对于结构整体性较强的民用建筑，应对附着于墙体和楼板的传声源部件采取防止结构声传播的措施。

（2）有噪声和振动的设备用房应采取隔声、隔振和吸声的措施，并应对设备和管道采取减振、消声处理；平面布置中，不宜将有噪声和振动的设备用房设在主要用房的直接上层或贴邻布置，当其设在同一楼层时，应分区布置。

（3）安静要求较高的房间内设置吊顶时，应将隔墙砌至梁、板底面；采用轻质隔墙时，其隔声性能应符合有关隔声标准的规定。

（4）隔除噪声的方法

隔除噪声的方法，包括采用实体结构、增设隔声材料和加做空气层等几个方面。

①实体结构隔声。墙体材料的密度越大，墙体越厚，墙体缝隙越密实，其隔声效果也就愈高。双面抹灰的 1/4 砖墙，空气隔声量平均值为 32 dB；双面抹灰的 1/2 砖墙，空气隔声量平均值为 45 dB；双面抹灰的一砖墙，空气隔声量为 48 dB。

②采用隔声材料隔声。隔声材料主要指的是一些轻质纤维类、玻璃棉毡等多孔吸音材料，一般应布设在靠近声源的一侧。

③采用空气层隔声。墙体应采取合理的构造措施，夹层墙采用有空气间层式的构造，空气间层厚度 80 mm~100 mm 为宜，可以有效提高隔声效果。

④可以利用垂直绿化降噪声，降低室外噪声传入室内。

除了以上内容，墙体设计还应该综合考虑防火、防潮、经济、环保、工业化、标准化等方面的要求。

第二节 建筑砌体墙的基本构造

砌体墙是用砂浆将砌块按一定技术要求砌筑而成的砌体，其主要材料是砌块和砂浆。

一、砌体墙的材料

1. 砌块

砌块是砌体墙的基本组成部分，常用的砌块有黏土砖、页岩砖、粉煤灰砖、灰砂砖、炉渣砖、普通混凝土砌块、多孔混凝土砌块、陶粒混凝土砌块等；按形状分为实心砖、多孔砖和空心砖等。砌块具有较高的抗压强度，耐久性能好，且施工方便。

2. 砂浆

砂浆是砌块之间的黏结材料，用于砌筑砌体墙。常用的砂浆有水泥砂浆、混合砂浆、石灰砂浆和黏土砂浆。

（1）水泥砂浆，由水泥、砂加水拌和而成，属水硬性材料，强度高，但可塑性和保水性较差，适应砌筑湿环境下的砌体，如地下室、砖基础等。

（2）石灰砂浆，由石灰膏、砂加水拌和而成。由于石灰膏为塑性掺合料，所以石灰砂浆的可塑性很好，但它的强度较低，且属于气硬性材料，遇水强度即降低，所以适宜砌筑次要的民用建筑

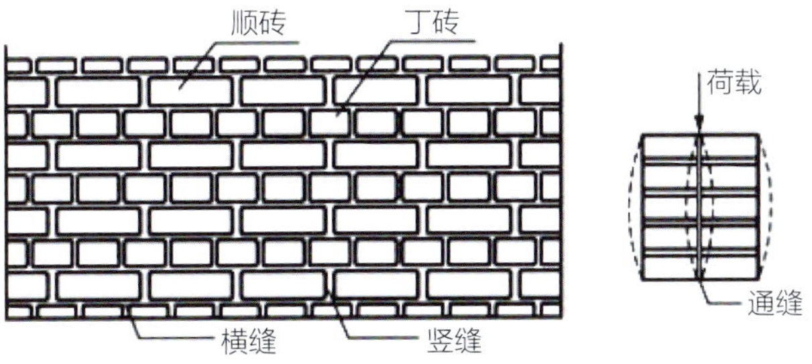

图 8-7 错缝搭接示意

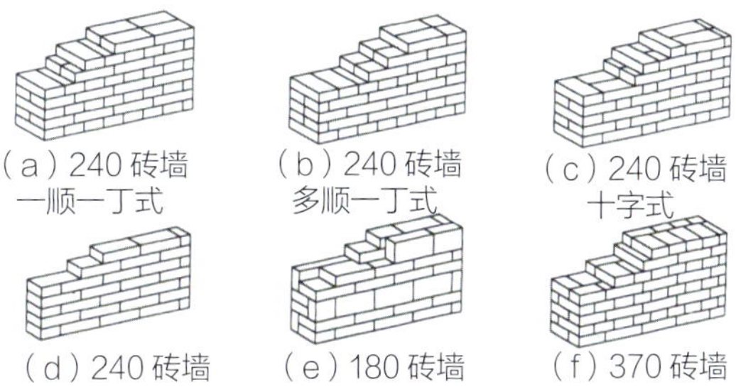

图 8-8 砖的砌筑方式举例

的地上砌体。

（3）混合砂浆，是由水泥、石灰膏、砂加水拌和而成，既有较高的强度，又有良好的可塑性和保水性，在民用建筑地上砌体中广泛采用。

（4）黏土砂浆，是由黏土加砂、水拌和而成，强度很低，仅适于土坯墙的砌筑，多用于乡村民居。它们的配合比取决于结构要求的强度。

3. 钢筋

钢筋是砌体墙中的拉结材料，用于增强砌体墙的抗拉强度和抗剪强度。钢筋的规格、直径和布置方式应根据结构和构造要求进行选择。

二、砌体墙的组砌方式

砌体墙在砌筑时，无论是何种材料的砌块，都必须遵循错缝搭接砌筑的原则，即上下左右相邻砌块的竖向缝隙相互错开，砂浆饱满，避免竖向通缝。在具体工程实践中砌筑方法众多，在错缝搭接砌筑的原则下可以进行多种尝试和探索。（图 8-7、图 8-8）

三、砌体墙的抗震构造

砌体墙的抗震构造必须遵守《建筑抗震设计标准》的规定，主要有以下四个方面：

1. 一般规定

（1）限制房屋总高度和建造层数

砌体结构房屋总高度和建造层数与抗震设防烈度和设计基本地震加速度有关。（表 8-1）

表 8-1 房屋的层数和总高度限值（单位：m）

房屋类别		最小抗震墙厚度（m）	烈度和设计基本地震加速度											
			6		7				8				9	
			0.05 g		0.10 g		0.15 g		0.20 g		0.30 g		0.40 g	
			高度	层数	高度	层数	高度	层数	高度	层数	高度	层数	高度	层数
多层砌体房屋	普通砖	0.24	21	7	21	7	21	7	18	6	15	5	12	4
	多孔砖	0.24	21	7	21	7	18	6	18	6	15	5	9	3
	多孔砖	0.19	21	7	18	6	15	5	15	5	12	4		
	小砌块	0.19	21	7	21	7	18	6	18	6	15	5	9	3
底部框架—抗震墙砌体房屋	普通砖多孔砖	0.24	22	7	22	7	19	6	16	5			a	
	多孔砖	0.19	22	7	19	6	16	5	13	4				
	小砌块	0.19	22	7	22	7	19	6	16	5				

注：① 房屋的总高度指室外地面到主要屋面板板顶或檐口的高度，对带阁楼的坡屋面应算到山尖墙的1/2高度处；
② 室内外高差大于0.6 m时，房屋总高度应允许比表中的数据适当增加，但增加量应少于1.0 m；
③ 乙类的多层砌体房屋仍按本地区设防烈度查表，其层数应减少一层且总高度应降低3 m；不应采用底部框架—抗震墙砌体房屋；
④ 本表小砌块砌体房屋不包括配筋混凝土小型空心砌块砌体房屋；
⑤ 表中所列“g”指设计基本地震加速度。以北京地区为例：抗震设防烈度为8度，设计基本地震加速度值为0.20 g的有东城、西城、朝阳、丰台、石景山、海淀、房山、通州、顺义、大兴、平谷和延庆；抗震设防烈度为7度，设计基本地震加速度值为0.15 g的有昌平、门头沟、怀柔和密云；
⑥ 乙类房屋是重点设防类建筑，指地震时使用功能不能中断或需要尽快恢复的生命线相关建筑，以及地震时可能导致大量人员伤亡等重大灾害后果，需要提高设防标准的建筑，简称“乙类”。

（2）限制建筑体形高宽比

限制建筑体形高宽比的目的在于减少过大的侧移、保证建筑的稳定。砌体结构房屋总高度与总宽度的最大限值，应符合表 8-2 的规定。

表 8-2　房屋最大高宽比

烈度	6	7	8	9
最大高宽比	2.5	2.5	2.0	1.5

注：

①单面走廊房屋总宽度不包括走廊宽度；

②建筑平面接近正方形时，其高宽比宜适当减少；

从表中可以见，若在 8 度设防区建造高度为 18 m 的砌体结构房屋，建筑宽度应等于 9 m 或大于 9 m。

（3）多层砌体房屋的结构体系，应符合下列要求：

①应优先采用横墙承重或纵横墙共同承重的结构体系，不应采用砌体墙和混凝土混合承重的结构体系。

②纵横向砌体抗震墙的布置应符合下列要求：宜均匀对称，沿平面内宜对齐，沿竖向应上下连续，且纵横墙体的数量不宜相差过大。 平面轮廓凹凸尺寸，不应超过典型尺寸的 50%；当超过典型尺寸的 25% 时，房屋转角处应采取加强措施。楼板局部大洞口的尺寸不宜超过楼板宽度的 30%，且不应在墙体两侧同时开洞。房屋错层的楼板高差超过 500 mm 时，应按两层计算，错层部位的墙体应采取加强措施。同一轴线的窗间墙宽度宜均匀，墙面洞口的面积在抗震设防烈度为 6 度、7 度时不宜大于墙体面积的 55%，8 度、9 度时不宜大于墙体面积的 50%。在房屋宽度方向的中部应设置内纵墙，其累计长度不宜小于房屋总长度的 60%（高宽比大于 4 的墙段不计入）。

③房屋有下列情况之一时宜设置防震缝：房屋立面高差在 6 m 以上；房屋有错层，且楼板高差大于层高的 1/4；各部分的结构刚度、质量截然不同。防震缝的两侧均应设置墙体，砌体结构的缝宽应根据烈度和房屋高度确定，可采用 70 mm~100 mm。

④楼梯间不宜设置在房屋的尽端或转角处；不应在房屋转角处设置转角窗；横墙较少、跨度较大的房屋，宜采用现浇钢筋混凝土楼、屋盖。

（4）限制抗震横墙的最大间距

砌体结构房屋抗震横墙的最大间距不应超过表 8-3 的规定。

表 8-3　房屋抗震横墙的最大间距（单位：m）

房屋类别		烈度			
		6	7	8	9
多层砌体	现浇式钢筋混凝土楼、屋盖	15	15	11	7
	装配整体式钢筋混凝土楼、屋盖	11	11	9	4
	木屋盖	9	9	4	—
底部框架——抗震墙	上部各层	同多层砌体			—
	底层或底部两层	18	15	11	—

（5）多层砌体房屋中砌体墙段的局部尺寸限值

多层砌体房屋中砌体墙段的局部尺寸限值应符合表 8-4 的规定。

表 8-4　墙段的局部尺寸限制（单位：m）

部位	6 度	7 度	8 度	9 度
承重窗间墙最小宽度	1	1	1.2	1.5
承重外墙尽端至门窗洞边的最小距离	1	1	1.2	1.5
非承重外墙尽端至门窗洞边的最小距离	1	1	1	1
内墙阳角至门窗洞边的最小距离	1	1	1.5	2
无锚固女儿墙（非出入口处）的最大高度	0.5	0.5	0.5	0

（5）其他结构要求

①楼盖和屋盖：现浇钢筋混凝土楼板或屋面板伸进纵、横墙内的长度，均不应小于 120 mm。装配式钢筋混凝土楼板或屋面板，当圈梁未设在板的同一标高时，板端伸进外墙的长度不应小于 120 mm，伸进内墙的长度不应小于 100 mm 或采用硬架支模连接，在梁上不应小于 80 mm 或采用硬架支模连接。当板的跨度大于 4.8 m 并与外墙平行时，靠外墙的预制板侧边应与墙或圈梁拉结。房屋端部大房间的楼盖，6 度时房屋的屋盖和 7~9 度时房屋的楼、屋盖，当圈梁设在板底时，钢筋混凝土预制板应互相拉结，并应与梁、墙或圈梁拉结。

②楼梯间：顶层楼梯间横墙和外墙应沿墙高每隔 500 mm 设 2ϕ6 通长钢筋和分布短钢筋平面内点焊组成的拉结网片或 ϕ4 点焊网片，7~9 度时其他各层楼梯间墙体应在休息平台或楼层半高处设置 60 mm 厚、纵向钢筋不应少于 2ϕ10 钢筋混凝土带或配筋砖带，配筋砖带不少于 3 皮，

每皮的配筋不少于 2ф6，砂浆强度等级不应低于 M7.5，且不低于同层墙体的砂浆强度等级。楼梯间及门厅内墙阳角的大梁支承长度不应小于 500 mm，并应与圈梁连接。装配式楼梯段应与平台板的梁可靠连接，8 度、9 度时不应采取装配式楼梯段；不应采用墙中悬挑式或踏步竖肋插入墙体的楼梯，不应采用无筋砖砌栏板。突出屋顶的楼、电梯间，构造柱应伸向顶部，并与顶部圈梁连接，所有墙体应沿墙高每隔 500 mm 设 2ф6 通长钢筋和分布短钢筋平面内点焊组成的拉结网片或点焊网片。

③其他：门窗洞口处不应采用无筋砖过梁；过梁的支承长度在 6~8 度抗震设防时不应小于 240 mm，9 度时不应小于 360 mm。后砌的非承重砌体隔墙、烟道、风道、垃圾道均应有可靠拉结。同一结构单元的基础（或桩承台），宜采用同一类型的基础，底面宜埋置在同一标高上，否则应增设基础圈梁并应按 1∶2 的台阶逐步放坡。坡屋顶房屋的屋架应与顶层圈梁可靠连接，檩条或屋面板应与墙、屋架可靠连接，房屋出入口处的檐口瓦应与屋面构件锚固。采用硬山搁檩时，顶层内纵墙顶宜增砌支承山墙的踏步式墙垛，并设置构造柱。6 度、7 度抗震设防时长度大于 7.2 m 的大房间，以及 8 度、9 度抗震设防时外墙转角及内外墙交接处，应沿墙高每隔 500 mm 配置 2ф6 通长钢筋和 ф4 分布短钢筋平面内点焊组成的拉结网片或 ф4 点焊网片。

2. 增设圈梁

圈梁的作用有以下三点：一是增强楼层平面的整体刚度，二是防止地基的不均匀下沉；三是与构造柱一起形成骨架，提高砌体结构的抗震能力。圈梁应采用钢筋混凝土制作，并应现场浇筑。《建筑抗震设计标准》规定：

（1）圈梁的设置原则

①装配式钢筋混凝土楼、屋盖或木屋盖的砖房，横墙承重时应按表 8-5 的要求设置圈梁，纵墙承重时，抗震横墙上的圈梁间距应比表内的要求适当加密。

表 8-5　多层砖砌体房屋现浇钢筋混凝土圈梁的设置要求

<table>
<tr><th colspan="2" rowspan="2">墙体类别</th><th colspan="3">烈度</th></tr>
<tr><th>6、7</th><th>8</th><th>9</th></tr>
<tr><td rowspan="2">圈梁设置</td><td>外墙和内纵墙</td><td>屋盖处及每层楼盖处</td><td>屋盖处及每层楼盖处</td><td>屋盖处及每层楼盖处</td></tr>
<tr><td>内横墙</td><td>同上；屋盖处间距不应大于 4.5 米；楼盖处间距不应大于 7.2 米；构造柱对应部位</td><td>同上；各层所有横墙，且间距不应大于 4.5 米；构造柱对应部位</td><td>同上；各层所有横墙</td></tr>
<tr><td rowspan="2">配筋</td><td>最小纵筋</td><td>4ф10</td><td>4ф12</td><td>4ф14</td></tr>
<tr><td>ф6 箍筋最大间距（mm）</td><td>250</td><td>200</td><td>150</td></tr>
</table>

②现浇或装配整体式钢筋混凝土楼、屋盖与墙体有可靠连接的房屋，应允许不设圈梁，但楼板沿抗震墙体周边应加设配筋并应与相应的构造柱钢筋可靠连接。

（2）圈梁的构造要求

①圈梁应闭合，遇有洞口，圈梁应上下搭接。圈梁宜与预制板设置在同一标高处或紧靠板底。

②圈梁在表 8-5 内只有轴线（无横墙）时，应利用梁或板缝中配筋替代圈梁。

③圈梁的截面高度不应小于 120 mm，基础圈梁的截面高度不应小于 180 mm、配筋不应少于 4ф12。

④圈梁的截面宽度不应小于 240 mm。

3. 增设构造柱

构造柱的作用是与圈梁一起形成封闭骨架，提高砌体结构的抗震能力。构造柱应是现浇钢筋混凝土柱。规范规定：

（1）构造柱的设置原则

①构造柱的设置部位，应符合表 8-6。

表 8-6　多层砖砌体房屋构造柱设置要求

<table>
<tr><th colspan="4">房屋层数</th><th colspan="2" rowspan="2">设置部位</th></tr>
<tr><th>6 度</th><th>7 度</th><th>8 度</th><th>9 度</th></tr>
<tr><td>四、五</td><td>三、四</td><td>二、三</td><td></td><td rowspan="3">楼、电梯间四角，楼梯斜梯段上下端对应的墙体处，外墙四角和对应的转角；错层部位横墙与外纵墙交接处；大房间内外墙交接处；较大洞口两侧</td><td>隔 12 m 或单元横墙与外纵墙交接处；楼梯间对应的另一侧内横墙与外纵墙交接处</td></tr>
<tr><td>六</td><td>五</td><td>四</td><td>二</td><td>隔开间横墙（轴线）与外墙交接处；山墙与纵墙交接处</td></tr>
<tr><td>七</td><td>≥六</td><td>≥五</td><td>≥三</td><td>内墙（轴线）与外墙交接处；内墙的局部较小墙垛处；内纵墙与横墙（轴线）交接处</td></tr>
</table>

注：较大洞口，内墙指大于2.1 m的洞口，外墙在内外墙交接处已设置构造柱时应允许适当放宽，但洞侧墙体应加强。

②外廊式和单面走廊式的多层房屋，应根据房屋增加一层的层数，按表 8-6 的要求设置构造柱，且单面走廊两侧的纵墙均应按外墙处理。

③横墙较少的房屋，应根据房屋增加一层的层数，按表 8-6 的要求设置构造柱；当横墙较少的房屋为外廊式或单面走廊时，应按第②条要求设置构造柱；但 6 度不超过四层、7 度不超过三层和 8 度不超过二层时应按增加二层的层数对待。

④各层横墙很少的房屋，应按增加二层的层数设置构造柱。

⑤采用蒸养灰砂砖和蒸养粉煤灰砖砌体的房屋，当砌体的抗剪强度仅达到烧结普通砖的 70% 时，应按增加一层的层数按①～④条要求设置构造柱；但 6 度不超过四层、7 度不超过三层和 8 度不超过二层时，应按增加二层的层数对待。

（2）构造柱的构造要求

①构造柱最小截面可采用 180 mm×240 mm（墙厚 190 mm 时为 180 mm×190 mm），纵向钢筋宜采用 $4\phi 12$，箍筋间距不宜大于 250 mm，且在柱上下端应适当加密；6、7 度时超过六层、8 度时超过五层和 9 度时，构造柱纵向钢筋宜采用 $4\phi 14$，箍筋间距不应大于 200 mm；房屋四角的构造柱应适当加大截面及配筋。

②构造柱与墙体连接处应砌成马牙槎，沿墙高每隔 500 mm 设 $2\phi 6$ 水平钢筋和 $\phi 4$ 分布短筋平面内点焊组成的拉结网片或点焊钢筋网片，每边深入墙内不宜小于 1 m。6、7 度时底部 1/3 楼层，8 度时底部 1/2 楼层，9 度时全部楼层，相邻构造柱的墙体应沿墙高每隔 500 mm 设置 $2\phi 6$ 通长水平钢筋和 $\phi 4$ 分布短筋组成的拉结网片，并锚入构造柱内。

③构造柱与圈梁连接处，构造柱的纵筋应在圈梁纵筋内侧穿过，保证构造柱纵筋上下贯通。

④构造柱可不单独设置基础，但应深入室外地面下 500 mm，或与埋深小于 500 mm 的基础圈梁相连。

⑤房屋高度和层数接近房屋的层数和总高度限值（表 8-1）时，纵、横墙内构造柱间距还应符合下列要求：横墙内的构造柱间距不宜大于层高的二倍；下部 1/3 楼层的构造柱间距应适当减小；当外纵墙开间大于 3.9 m 时，应另设加强措施；内纵墙的构造柱间距不宜大于 4.2 m。

（3）构造柱的施工要求

①构造柱施工时，应先放构造柱的钢筋骨架，再砌砖墙，最后浇筑混凝土，这样做的好处是结合牢固、节省模板。

②构造柱两侧的墙体应做到“五进五出”，即每 300 mm 高伸出 60 mm，每 300 mm 高再收回 60 mm。墙厚为 360 mm 时，外侧形成 120 mm 厚的保护墙。

③每层楼板的上下部和地梁上部、顶板下部的各 500 mm 处为构造柱的箍筋加密区，加密区的箍筋间距为 100 mm。

有关构造柱的做法如图 8-9。

4. 非承重构件

（1）女儿墙

砌体女儿墙在人流出入口和通道处应与主体结构锚固；

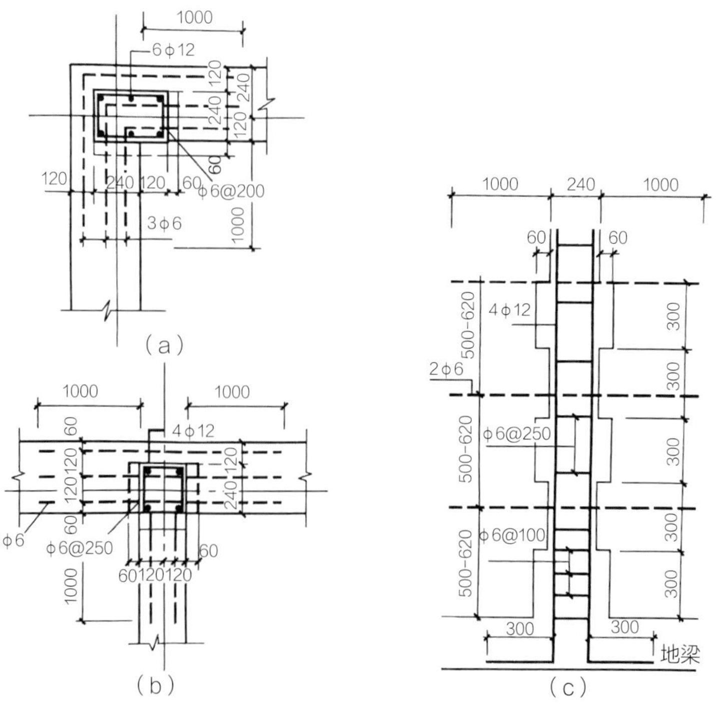

图 8-9 钢筋混凝土构造柱

非出入口无锚固女儿墙高度，在6~8度抗震设防时不宜超过0.5 m，9度时应有锚固。防震缝处女儿墙应留有足够的宽度，缝两侧的自由端应予以加强。女儿墙的顶部应做压顶，压顶的厚度不得小于60 mm。女儿墙的中部应设置构造柱，其断面随女儿墙厚度不同而变化，最小断面不应小于190 mm×190 mm，构造柱的最大间距为4.0 m。

（2）后砌砖墙和非承重构件

多层砌体结构中非承重墙体等非承重构件应符合下列要求：

①后砌的非承重隔墙应沿墙高每隔500 mm~600 mm配置2φ6拉结钢筋与承重墙或柱拉结，每边伸入墙内不应少于500 mm，8度和9度时，长度大于5 m的后砌隔墙，墙顶尚应与楼板或梁拉结，独立墙肢端部及大门洞边宜设钢筋混凝土构造柱。

②烟道、风道、垃圾道等不应削弱墙体，当墙体被削弱时，应对墙体采取加强措施；不宜采用无竖向配筋的附墙烟囱或出屋面的烟囱。

③不应采用无锚固的钢筋混凝土预制挑檐。

四、墙体的细部构造

1. 防潮层

在墙身中设置防潮层的目的是防止土壤中的水分沿基础墙上升和勒脚部位的地面水影响墙身。它的作用是提高建筑物的耐久性，保持室内干燥卫生。当墙基为混凝土、钢筋混凝土或石砌体时，可不做墙身防潮层。

防潮层的具体做法是：高度应在室内地坪与室外地坪之间，以地面垫层中部为最理想，相当于标高-0.06处。此外，湿度大的房间的外墙或内墙内侧应设置防潮层。防潮层的材料有：

（1）防水砂浆防潮层

在防潮层部位均匀抹一层20 mm的1∶2.5水泥砂浆加水泥重量的3%~5%防水粉拌和而成的防水砂浆。

（2）油毡防潮层

在防潮层部位先抹20 mm厚的水泥砂浆找平层，然后干铺油毡一层或用热沥青粘贴一毡二油。油毡的宽度应与墙厚一致，或稍大一些。油毡沿长度铺设，搭接≥100 mm，油毡防潮较好，但会使基础墙和上部墙身断开，减弱了砖墙的抗震能力。

（3）混凝土防潮层

由于混凝土本身具有一定的防水性能，常把防水要求和结构做法合并考虑。即在室内外地坪之间浇筑60 mm厚的混凝土防潮层，内放3φ6、φ4@250的钢筋网片。

上述三种做法，在抗震设防地区应选取防水砂浆防潮层。

2. 勒脚

外墙墙身下部靠近室外地坪的部分叫勒脚。勒脚的作用是防止地面水、屋檐滴下的雨水的侵蚀，从而保护墙面，保证室内干燥，提高建筑物的耐久性；同时，还有美化建筑外观的作用。勒脚经常采用抹水泥砂浆、水刷石或加大墙厚的做法。勒脚的高度一般为室内地坪与室外地坪之间的高差，也可以根据立面的需要而提高勒脚的高度尺寸。

3. 散水与明沟

散水指的是靠近勒脚下部的水平排水坡，明沟是靠近勒脚下部设置的水平排水沟。它们的作用都是为了迅速排除从屋檐下滴的雨水，防止因积水渗入地基而造成建筑物的下沉。散水的做法应满足以下要求：

（1）散水的宽度

应根据土壤性质、气候条件、建筑物的高度和屋面排水形式确定，宜为600 mm~1000 mm；当采用无组织排水时，散水的宽度可按檐口线放出200 mm~300 mm。

（2）散水的坡度

可为3%~5%。当散水采用混凝土时，宜按20 m~30 m间距设置伸缩缝。散水与外墙之间宜设缝，缝宽可为20 mm~30 mm，缝内应填沥青类材料。

（3）散水面层材料

常用的有细石混凝土、水泥砂浆、卵石、块石、花岗石等；垫层则多用 3∶7 灰土或卵石灌强度等级为 M2.5 混合砂浆。

（4）散水的特殊做法

散水的特殊做法是指适用于沿建筑物外墙周围、有绿化要求的暗埋式混凝土散水。这种做法是散水在草皮及种植土的底部，混凝土的强度等级为 C15，厚度不应小于 80 mm。外墙饰面应做至混凝土的下部。散水与墙身交接处刷 1.5mm 厚聚合物水泥砂浆防水涂料。

明沟是为了将积水引向下水道，一般在年降雨量为 900 mm 以上的地区才选用。明沟宽一般在 200 mm 左右，沟底应有 0.5% 左右的纵坡。明沟的材料可以用砖、混凝土等。

4. 踢脚

踢脚是外墙内侧或内墙的两侧的下部和室内地坪交接处的构造，目的是防止扫地时污染墙面。踢脚的高度一般在 80 mm~150 mm。常用的材料有水泥砂浆、水磨石、木材、瓷砖等，选用时一般应与地面材料一致。

5. 墙裙

室内墙面有防水、防潮湿、防污染、防碰撞等要求时，应设置墙裙，其高度为 1200 mm~1800 mm。为避免积灰，墙裙顶部宜与内墙面齐平。

6. 窗台

窗洞口的下部应设置窗台，窗台根据窗子的安装位置可形成内窗台和外窗台。外窗台是为了防止在窗洞底部积水，并流向室内。内窗台则为了排除窗上的凝结水，以保护室内墙面，存放东西、摆放花盆等。窗台高 900 mm~1000 mm，幼儿园活动室取 600 mm，售票台取 1100 mm。窗台高度低于 800 mm（住宅窗台低于 900 mm 时），应采取防护措施。窗台的净高或防护栏杆的高度均应从可踏面起算，保证净高大于等于 900 mm。

窗台的底面檐口处，应做成锐角形或半圆凹槽（又称“滴水”），便于排水，以免污染墙面。外窗台有两种做法：

（1）砖窗台

砖窗台应用较广，有平砌挑砖和立砌挑砖两种做法。表面可抹 1∶3 水泥砂浆，并应有 10% 左右的坡度。挑出尺寸大多为 60 mm。

（2）混凝土窗台

这种窗台一般是现场浇筑而成。内窗台的做法有两种，一种是水泥砂浆抹灰窗台，一般是在窗台上表面抹 20 mm 厚的水泥砂浆，并应突出墙面 5 mm 为好。另一种是窗台板，对于装修要求较高而且窗台下设置暖气片的房间，一般均采用窗台板。窗台板可以用预制水泥板或水磨石板，还可以采用木窗台板。

7. 过梁

为承受门窗洞口上部的荷载，并把它传到门窗两侧的墙上，以免压坏门窗框，所以在其上部要加设过梁。过梁上的荷载一般呈三角形分布，为计算方便，可以把三角形荷载折算成 1/3 洞口宽度，过梁只承受其上部 1/3 洞口宽度的荷载。因而过梁的断面不大，梁内配筋也较小。过梁有预制钢筋混凝土过梁和钢筋砖过梁两种。

（1）预制钢筋混凝土过梁

预制钢筋混凝土过梁是采用比较普遍的一种过梁。过梁的宽度与墙宽相同，梁长及梁高均和洞口尺寸有关，并应符合模数。

（2）钢筋砖过梁

又称苏式过梁。这种过梁用砖的强度等级应不低于 MU10，砂浆强度等级应不低于 M5。洞口上部应先支木模，上放直径不小于 5 mm 的钢筋，间距≤ 120 mm，伸入两边墙内应不小于 240 mm。钢筋上下应抹不小于 30 mm 的砂浆层。这种过梁的最大跨度为 1.5 m。

8. 窗套与腰线

二者都是立面装修的做法。窗套是由带挑檐的过梁、窗台和窗边挑出立砖而构成，外抹水泥砂浆后，可再刷白浆或做其他装饰。腰线是指过梁和窗台形成的上下水平线条，外抹水泥砂浆后，刷白浆或做其他装饰。

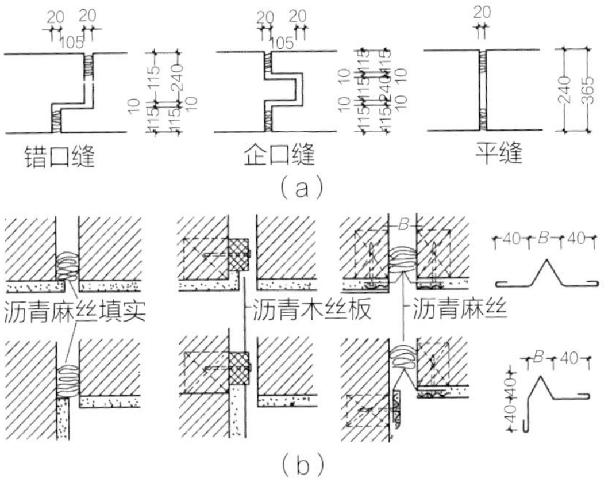

图 8-10 外墙伸缩缝构造

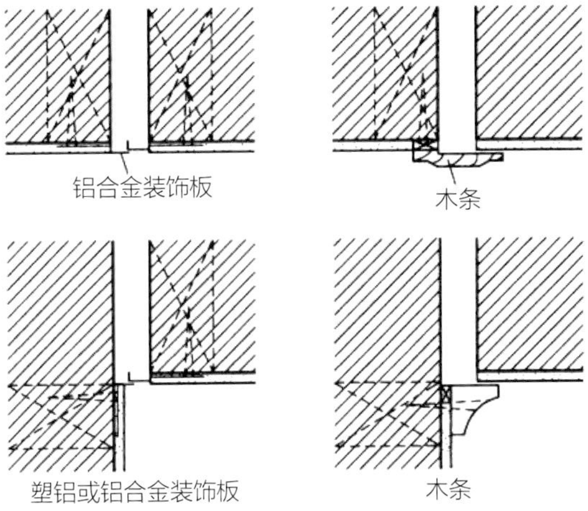

图 8-11 内墙伸缩缝构造

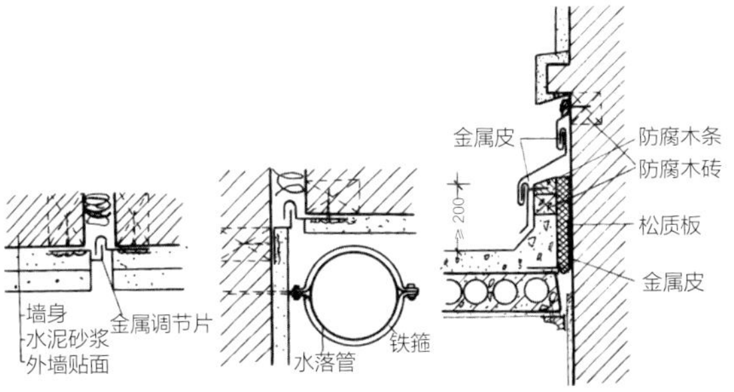

图 8-12 墙体沉降缝构造

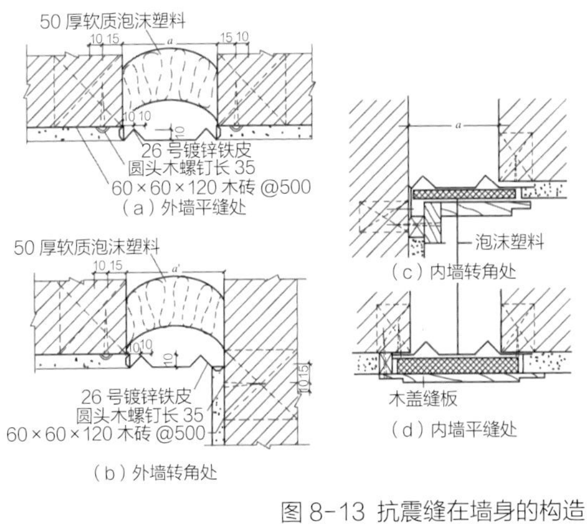

图 8-13 抗震缝在墙身的构造

9. 凸窗

居住建筑不宜设置凸窗，当必须设置时，凸窗凸出外墙面（从外墙面计）不应大于 400 mm。严寒地区不应设置凸窗，寒冷地区及夏热冬冷地区的北向卧室、起居室不应设置凸窗。

10. 平屋顶的檐部做法

由于檐部做法涉及屋面的部分内容，这里只作一些简略的介绍。

（1）挑檐板

挑檐板的做法有预制钢筋混凝土板和现浇钢筋混凝土板两种。挑出尺寸不宜过大，一般以 500 mm 左右为宜。

（2）女儿墙

女儿墙是墙身在屋面以上的延伸部分，其厚度可以与下部墙身一致，也可以使墙身适当减薄。女儿墙的高度取决于是否上人，不上人高度应不小于 800 mm，上人高度应不小于 1300 mm。

（3）斜板挑檐

斜板挑檐是女儿墙、挑檐板、斜板共同构成的屋檐做法，其尺寸应符合前两种做法的规定。

11. 变形缝

建筑中的变形缝有三种，即伸缩缝、沉降缝和防震缝（图 8-10 至图 8-13），它的作用是保证房屋在温度变化、基础不均匀沉降或地震时能有一些自由伸缩，以防止墙体开裂、结构破坏。在抗震设防地区的上述缝隙一律按照防震缝的要求处理。

（1）伸缩缝

伸缩缝的设置原则是以建筑的长度为依据，设置在因温度和收缩变形可能引起应力集中、砌体产生裂缝可能性最大的地方。伸缩缝的特点是只在 ±0.000 以上的部位断开，基础不断开。缝宽一般为 20 mm~30 mm。

（2）沉降缝

沉降缝的设置原则包括：建筑平面的转折部位，高度差异或荷载差异处，长高比过大的砌体承重结构或钢筋混凝土框架结构的适当部位，地基土的压缩性有显著差异处，建筑结构或基础类型不同处，分期建造房屋的交界处。沉降缝的构造特点是基础及上部结构全部断开。沉降缝的宽度见表 8-7。

表 8-7 房屋沉降缝的宽度

房屋层数	沉降缝宽度（mm）
2~3 层	50~80
4~5 层	80~120
5 层以上	不小于 120

（3）防震缝

房屋有下列情况之一时宜设置防震缝，缝的两侧均应设置墙体，砌体结构的缝宽应根据设防烈度和房屋高度确定，可采用 70 mm~100 mm：

①房屋立面高差在 6 m 以上；

②房屋有错层，且楼板高差大于层高的 1/4；

③各部分的结构刚度、质量截然不同。

其他类型结构防震缝宽度的确定方法：

①框架结构（包括设置少量抗震墙的框架结构）房屋的防震缝两侧应为双柱、双梁、双墙。防震缝的宽度：当高度不超过 15 m 时不应小于 100 mm；高度超过 15 m 时，高度变化调整缝宽，以 15 m 高为基数，取 100 mm，6 度、7 度、8 度、9 度分别按高度每增加 5 m、4 m、3 m 和 2 m，缝宽宜增加 20 mm。

②框架—抗震墙结构的防震缝应设置双柱、双梁、双墙，宽度不应小于框架结构规定数值的 70%，且不宜小于 100 mm。

③抗震墙结构的防震缝两侧应为双墙，宽度不应小于框架结构规定数值的 50%，且不宜小于 100 mm。

④防震缝两侧结构类型不同时，宜按需要较宽防震缝的结构类型和较低房屋高度确定缝宽。

（4）当采用以下构造措施和施工措施减少温度和收缩应力时，可增大伸缩缝的间距

①在顶层、底层、山墙和内纵墙端开间等温度变化影响较大的部位提高配筋率。

②顶层加强保温隔热措施或采用架空通风屋面。

③顶部楼层改用刚度较小的结构形式或顶部设局部温度缝，将结构划分为长度较短的区段。

④每 30 m~40 m 间距留出施工后浇带，带宽 700 mm~1000 mm，钢筋可采用搭接接头，后浇带混凝土宜在 42 天后浇灌，后浇带混凝土浇灌时温度宜低于主体混凝土浇灌时的温度。

（5）当采用以下措施时，高层建筑的高层部分与裙房之间可连接为整体而不设沉降缝

①采用桩基，桩支承在基岩上；或采取减少沉降的有效措施并经计算，沉降差在允许范围内。

②主楼与裙房采用不同的基础形式，并宜先施工主楼，后施工裙房，调整土压力使后期沉降基本接近。

③地基承载力较高、沉降计算较为可靠时，主楼与裙房的标高预留沉降差，先施工主楼，后施工裙房，使最后两者标高基本一致。

在后两种情况下，施工时应在主楼与裙房之间先留出后浇带，待沉降基本稳定后再连为整体。设计中应考虑后期沉降差的不利影响。

12. 烟道、通风道

在住宅或其他民用建筑中，为了排除炉灶的烟气或其他污浊空气，常在墙内设置烟道和通风道。

烟道和通风道分现场砌筑或预制构件进行拼装两种做法。

砖砌烟道和通风道的断面尺寸应根据排气量来决定，但不应小于 120 mm × 120 mm。烟道和通风道除单层房屋，均应有进气口和排气口。烟道和通风道不能混用，以避免串气。

混凝土烟风道、石棉锯末烟风道、GRC（抗碱玻璃纤维增强混凝土）烟风道，一般为每层一个预制构件，上下拼接而成。

（1）烟道和通风道应伸出屋面，伸出高度应有利烟气扩散，并应根据屋面形式、排出口周围遮挡物的高度、距离和积雪深度确定。平屋面伸出高度不得小于 0.60 m，且不得低于女儿墙的高度。坡屋面伸出高度应符合下列规定：

①烟道和通风道中心线距屋脊小于 1.50 m 时，应高出屋脊 0.60 m；

②烟道和通风道中心线距屋脊 1.50 m~3.00 m 时，应高于屋脊，且伸出屋面高度不得小于 0.60 m；

③烟道和通风道中心线距屋脊大于 3 m 时，其顶部同屋脊的连线同水平线之间的夹角不应大于 10°，且伸出屋面高度不得小于 0.60 m。

第三节 隔墙

建筑中不承重、只起分隔室内空间作用的墙体叫隔断墙。通常人们把到顶板下皮的隔断墙叫隔墙，不到顶、只有半截的叫隔断。

一、隔墙的作用和特点

（1）隔墙应越薄越好，目的是减轻加给楼板的荷载。

（2）隔墙的稳定性必须保证，特别要注意与承重墙的拉接。

（3）隔墙要满足隔声、耐水、耐火的要求。

二、隔墙的常用做法

1. 120 mm 厚隔断墙

这种墙是用普通砖的顺砖砌筑而成。它一般可以满足隔声、耐水、耐火的要求。由于这种墙较薄，因而必须注意稳定性的要求。满足砖砌隔墙的稳定性应从以下几个方面入手。

（1）隔墙与外墙的连接处应加拉筋，拉筋应不少于 2 根，直径为 6 mm，伸入隔墙长度为 1 m。内外墙之间不应留直岔。

（2）当墙高大于 3 m、长度大于 5 m 时，应每隔 8~10 皮砖砌入一根 $\phi 6$ 钢筋。

（3）隔墙上部与楼板相接处，用立砖斜砌，使墙和楼板挤紧。

（4） 隔墙上有门时，要用预埋铁件或用带有木楔的混凝土预制块，将砖墙与门框拉接牢固。

2. 加气混凝土砌块隔墙

加气混凝土是一种轻质多孔的建筑材料。它具有密度小、保温效能高、吸声好、尺寸准确、可加工、可切割的特点。在建筑工程中采用加气混凝土制品具有可降低房屋自重、提高建筑物的性能、节约建筑材料、减少运输量、降低造价等优点。

加气混凝土砌块的常见尺寸为 75 mm、100 mm、125 mm、150 mm、200 mm 厚，长度为 500 mm。砌筑加气混凝土砌块时，应采用 1:3 水泥砂浆，并考虑错缝搭接。为保证加气混凝土砌块隔墙的稳定性，应预先在其连接的墙上留出拉筋，并伸入隔墙中。钢筋数量应符合《建筑抗震设计标准》的要求。

加气混凝土隔墙上部必须与楼板或梁的底部顶紧，最好加木楔；如果条件许可时，可以加在楼板的缝内以保证其稳定。

3. 水泥焦砟空心砖隔墙

水泥焦砟空心砖采用水泥、炉渣经成型、蒸养而成。这种砖的密度小，保温隔热效果好，适用于砌筑隔墙。

砌筑水泥焦砟空心砖隔墙时，应注意墙体的稳定性。在靠近外墙的地方和窗洞口两侧，常采用普通砖砌筑。为了防潮防水，一般在靠近地面和楼板的部位应先砌筑 3~5 皮普通砖。

4. 加气混凝土板隔墙

加气混凝土条板厚 100 mm、宽 600 mm，具有质轻、多孔、易于加工等优点。加气混凝土条板之间可以用水玻璃矿渣胶黏剂黏结，也可以用聚乙烯醇缩甲醛黏结。

在隔墙上固定门窗框的方法有以下几种：

（1）膨胀螺栓法。在门窗框上钻孔，放胀管，拧紧螺钉或钉钉子。

（2）胶粘圆木安装。在加气混凝土条板上钻孔，刷胶，打入涂胶圆木，然后立门窗框，并拧螺钉或钉钉子。

（3）胶粘连接。先立好窗框，用建筑胶粘接在加气混凝土墙板上，然后拧螺钉或钉钉子。

5. 钢筋混凝土板隔墙

这种隔墙采用普通的钢筋混凝土板，四角加设埋件，并与其他墙体进行焊接连接。厚度 50 mm 左右。

6. 碳化石灰空心板隔墙

碳化石灰空心板是磨细生石灰为主要原料，

掺入少量的玻璃纤维，加水搅拌，振动成型，经干燥、碳化而成。它具有制作简单、不用钢筋、成本低、自重轻、可以干作业等优点。碳化石灰空心板是一种竖向圆孔板，高度应与层高相适应。黏结砂浆应用水玻璃矿渣黏结剂。安装以后应用腻子刮平，表面粘贴塑料壁纸。厚度100 mm左右。

7. 泰柏板

这种板又称为钢丝网泡沫塑料水泥砂浆复合墙板。它是以焊接钢丝网笼为构架，填充泡沫塑料芯层，面层经喷涂或抹水泥砂浆而成的轻质板材。

这种板的特点是重量轻、强度高、防火、隔声、不腐烂等。其产品规格为2440 mm×1220 mm×75 mm（长×宽×厚），抹灰后的厚度为100 mm。

泰柏板与顶板底板采用固定夹连接，墙板之间采用克高夹连接。

8. GY板

这种板又称为钢丝网岩棉水泥砂浆复合墙板，它是以焊接钢丝网笼为构架，填充岩棉板芯层，面层经喷涂或抹水泥砂浆而成的轻质板材。GY板具有重量轻、强度高、防火、隔声、不腐烂等性能，其产品规格为长度2400 mm~3300 mm，宽度900 mm~1200 mm，厚度55 mm~60 mm。

9. 石膏板隔墙

石膏板隔墙采用纸面石膏板与石膏龙骨或轻钢龙骨共同制作。纸面石膏板的厚度为9 mm、12 mm，石膏龙骨的截面尺寸为50 mm×50 mm、50 mm×75 mm、50 mm×100 mm，轻钢龙骨的截面尺寸为50 mm×50 mm×0.7 mm，75 mm×50 mm×0.7 mm，100 mm×50 mm×0.7 mm（长×宽×厚）。一般石膏板隔墙采用单层板拼装，总厚度为80 mm、105 mm、130 mm。隔声隔墙采用双层板拼装，总厚度为150 mm、175 mm、200 mm。龙骨间距与板宽有关，经常取值为450 mm或600 mm。由于石膏板隔墙强度较差，使用时应限制高度。一般隔墙的限制高度为墙厚的30倍左右，隔声隔墙的限制高度为墙厚的20倍左右。石膏板隔墙的耐火极限在0.75 h~1.50 h，隔声性能在38 dB~53 dB。水平变形标准为≤ 1/120 H。石膏板隔墙的面材必要时可以采用硅酸钙板或水泥加压平板替代。

10. 建筑轻型条板隔墙

建筑轻型条板隔墙指的是面密度不大于110 kg/m^2的隔墙，包括空心条板、实心条板和复合夹芯条板3种。

（1）原材料

①墙板材料：墙板材料应采用节能、节地、利废、性能稳定、无放射性以及对环境无污染的材料。如黏土制品、石棉及其制品、未经改性的菱苦土（氯氧镁水泥）及其制品、石膏制品等。

②密封嵌缝材料：密封、嵌缝、黏结及防裂增强等材料的性能应与条板材料相适应。

③木楔宜采用三角形硬木楔，预埋木砖应做防腐处理。

④安装使用的镀锌钢卡、普通钢卡、销钉、拉结钢筋、钢板预埋件应符合规定。钢卡厚度不应小于1.5 mm，普通钢卡应做防腐处理。

（2）条板

①条板分为普通条板（空心条板、实心条板和复合夹芯条板）、门窗框板、配套异型板等。

②条板的标准尺寸：长度宜为2200 mm~3500 mm，宽度宜为100 mm的倍数，厚度宜按10 mm递增。

③门窗框板靠门窗框一侧应为平口，距板边120 mm~150 mm处应为实心。通过预埋件与门窗固定。

（3）设计与构造

①单层条板用作分户墙时，其厚度不应小于120 mm；用作分室墙时，其厚度不宜小于90 mm；双层条板隔墙的单层厚度不宜小于60 mm，间层宜为10 mm~50 mm，可作为空气层或填入吸声、保温等功能材料。

②采用上下接板施工时，其安装高度应满足以下数值：90 mm 不应大于 3.6 m，120 mm 不应大于 4.2 m。

③在限高以内安装条板隔墙时，竖向接板不宜超过 1 次，相邻条板接头位置应错开 300 mm 以上，错缝范围可为 300 mm~500 mm。

④条板隔墙安装长度超过 6 m，应采用防裂措施。

⑤安装条板隔墙时，应按长度尺寸竖向排列，补板宽度不应小于 200 mm。

⑥条板隔墙下端与楼地面结合处宜留出安装空间。安装空间在 40 mm 及以下时，宜填入 1∶3 水泥砂浆；40 mm 以上时，宜填入干硬性细石混凝土。撤除木楔的空隙用同样材料填充。

⑦条板隔墙应满足以下隔声指标：分室墙 35 dB、分户墙 45 dB、隔声墙 50 dB。隔声墙宜选用空气隔声层或填充吸声材料。

⑧在抗震设防地区，条板隔墙与顶板、结构梁、主体墙、柱的连接应采用镀锌钢板卡件并使用胀管螺钉、射钉固定。条板隔墙与顶板、结构梁的接缝处，钢卡间距不应大于 600 mm；条板隔墙与主体墙、柱的接缝处，钢卡可间断布置，间距不应大于 1000 mm；接板安装的条板加设的钢卡数，每块条板数不应少于 2 个。

⑨在抗震设防地区，条板隔墙安装长度超过 6 m 时，应设置构造柱，并应采取加固防裂措施。

⑩尽量减少在条板隔墙上开槽、安装配电箱、控制柜、悬挂重物。

⑪ 条板隔墙用于厨房、卫生间及有防潮、防水要求时，应设计防潮、防水的构造措施。

⑫ 普通型石膏条板隔墙用于无地下室的首层时，宜在隔墙的下部采取防潮措施。

⑬ 石膏条板（防水型）隔墙及其他有防水要求的条板隔墙用于潮湿环境时，下端应做 C20 混凝土条形墙垫。墙垫高度不应小于 100 mm，并应做泛水处理。防潮墙垫宜现浇，不宜预制。

⑭ 对有保温要求的分户隔墙、走廊隔墙和楼梯间隔墙，应采取相应保温措施。可设计复合夹芯条板或双层空心条板隔墙。

⑮ 条板隔墙板与板之间可采用榫接、平接、双凹槽对接方式。防裂措施有：在板与板之对接缝填满交接材料；企口接缝处黏结耐碱玻纤网格布或无纺布条；亦可采用全墙面黏结耐碱玻纤网格布、无纺布或挂钢丝网抹灰以及留伸缩缝、拉筋加固、加设塑胶护角等。

⑯ 条板隔墙上的门窗框厚度应与条板隔墙厚度相同。

⑰ 门窗框与墙板的固定点每侧不应少于 3 处。

⑱ 门窗框板上部墙体高度大于 600 mm 或门窗洞口宽度超过 1.5 m 时，应设置钢筋过梁板或其他加固措施。

第四节 建筑墙面装修

建筑墙面装修是建筑装饰工程中的重要环节，它不仅关乎建筑的美观性，还涉及墙体的保护和功能性提升。墙面装修的主要目的是保护墙体，用装修材料形成一层保护层，防止墙体受到外界因素的侵蚀，如雨水、风沙、紫外线等；美化室内环境，提升建筑的艺术效果，使室内环境更加美观、舒适；提升墙体功能性，改善墙体的保温、隔热、隔声能力。

1. 抹灰类墙面装修

指通过抹灰的方式对建筑墙面进行处理，以达到美化墙面、改善室内环境、提高墙面使用功能等目的。抹灰类墙面装修包括抹灰、涂刷、贴砖等形式。以下是关于建筑墙面抹灰类装修的一些设计要点：

（1）抹灰：抹灰是墙面装修的基础层，主要包括水泥砂浆抹灰、水泥混合砂浆抹灰、石灰砂浆抹灰等。抹灰层应均匀、平整、牢固，且应分层施工，每层抹灰的厚度应符合设计要求。在抹灰前，应对墙面进行清理、湿润和凿毛处理，以确保抹灰层与墙面的黏结力。（表 8-8）

表 8-8　墙面常用抹灰做法及选料表度

部位	做法说明	厚度（mm）	适用范围	备注
内墙面	纸筋石灰墙面 底：1∶2 石灰砂浆加麻刀 15% 中：1∶2 石灰砂浆加麻刀 15% 面：纸筋浆石灰浆加纸筋 6%，喷石灰浆或色浆	8 8 2	用于一般居住及公共建筑的砖、石基层墙面	普通抹灰将底层、中层合并
外墙面	水泥砂浆面 底：1∶3 水泥砂浆 中：1∶3 水泥砂浆 面：1∶2.5 水泥砂浆，喷石灰浆或色浆	7 5 3	用于极易受碰撞或受潮的地方，如盥洗室、厨厕墙裙、踢脚线等	
	混合砂浆面 底：1∶0.3∶3 水泥石灰砂浆 中：1∶0.3∶3 水泥石灰砂浆 面：1∶0.3∶3 水泥石灰砂浆，喷石灰浆或色浆	9 6 5	砖石基层墙面	
	水泥砂浆面 底：1∶0.8∶5 水泥石灰砂浆 面：1∶3 水泥砂浆	10 5	砖石基层墙面	用中 8 厘石子，当用小 8 厘石子时比例为 1∶1.5，厚度为 8 mm
	水刷石面 底：1∶3 水泥砂浆 中：1∶3 水泥砂浆 面：1∶2 水泥白石子用水刷洗	7 5 10	砖石基层墙面	石子粒径 3 mm~5 mm，做中层时按设计分隔
	干粘石面 底：1∶3 水泥砂浆 中：1∶1∶1.5 水泥石灰砂浆 面：刮水泥浆，干粘石压平实	10 7 1	砖石基层墙面	
	斩假石面 底：1∶3 水泥砂浆 中：1∶3 水泥砂浆 面：1∶2 水泥白石子用斧斩	7 5 12	主要用于外墙局部修饰的地方	

（2）涂刷：涂刷是指在墙面抹灰层上涂刷涂料，如乳胶漆、油漆等。涂刷应均匀、饱满，无漏涂、滚涂痕迹。在涂刷前，应对墙面进行打磨、清洁和抗碱处理。此外，涂刷涂料的选择应考虑室内环境、耐久性、施工工艺等因素。（表 8-9）

表 8-9　涂料类墙面的做法及选料

分类	名称	做法说明	适用范围	备注
刷浆类	石灰浆	清理基层；局部刮腻子，砂纸磨；石灰浆二遍	多用于室内墙面及顶棚	块石灰 100∶食盐 5
	大白浆	清理基层；局部刮腻子，砂纸磨；石灰浆二遍	多用于室内墙面及顶棚	大白浆配合比：大白粉 100∶801 胶 15~20
	白水泥浆	清理基层；局部刮腻子，砂纸磨；石灰浆二遍	可用于室内外	白水泥 100∶801 胶 20
涂料类	过氯乙烯涂料	清理基层；过氧乙烯腻子批孔缝；过氯乙烯底漆一遍；过氯乙烯腻子二遍，砂纸磨平；过氯乙烯面漆二至三遍	水泥地面；墙面	良好的防腐蚀性能防油、防霉，但不耐温
	瓷釉涂料	清理基层；满刮 801 水泥腻子一至二遍；表面打磨平整；瓷釉底涂料一遍；瓷釉底涂料二遍	可用于厨房、卫生间、顶棚	耐磨、硬度高、涂料光亮、类似搪瓷
	氯磺化聚乙烯防腐涂料	清理基层；满刮腻子；刷底涂料一遍；喷刷面层涂料	墙面或地面	附着力强、硬度高、耐酸碱
油漆类	调和漆	木基层清理、除污、打磨等；刮腻子、磨光； 底油一遍； 调和漆二遍	油性调和漆适用于室内外各种木材、金属、砖石表面；磁性调和漆适用于室内	油性调和漆附着力好，便于涂刷，漆膜软，干燥性差；磁性调和漆漆膜硬，光亮平滑，但易龟裂
	防锈漆	清理金属面除锈；防锈漆或红丹一遍； 刮腻子、磨光； 调和漆二遍	金属表面打底	渗透性、润滑性、柔韧性附着力均好

（3）贴砖：贴砖是指在墙面抹灰层上粘贴瓷砖、大理石等饰面材料。贴砖前，应对墙面进行湿润处理，并涂抹瓷砖胶或水泥砂浆。贴砖时，应按设计图案和顺序进行，确保砖面平整、牢固、无缝隙。在施工过程中，应注意施工工艺和质量控制，避免出现空鼓、脱落等现象。

（4）墙面装饰：在抹灰类墙面装修的基础上，还可以进行墙面装饰设计，如悬挂挂饰、壁挂、壁画等。墙面装饰应考虑室内环境、风格、功能等因素，以达到美化墙面、提升室内空间效果的目的。

（5）墙面功能性处理：根据室内功能需求，墙面还可以进行一些功能性处理，如防水、防潮、防火、抗裂等。这些处理应根据具体需求和设计要求进行，以提高墙面的使用性能和寿命。

2. 涂料类墙面装修

涂料类墙面装修是指使用各种涂料对建筑墙面进行装饰和保护的一种方式。涂料具有施工方便、施工速度快、色彩丰富、装饰效果好、维护成本低等优点，因此在现代建筑墙面装修中得到广泛应用。

（1）涂料选择：涂料的选择应根据室内环境、功能需求、耐久性、施工工艺等因素进行。目前市场上主要有乳胶漆、油漆等类型。乳胶漆因其环保、耐用、施工方便等优点，在室内墙面装修中应用最为广泛。

（2）底漆施工：底漆是涂料施工的基础层，其主要作用是提高涂料与墙面的黏结力、增强涂层的遮盖力、防止墙面吸收过多涂料等。

底漆应均匀涂刷，无漏涂、滚涂痕迹。

（3）面漆施工：面漆是涂料施工的表面层，其施工质量直接影响到墙面装修的效果。面漆施工应均匀、饱满，无漏涂、滚涂痕迹。在涂刷面漆前，应对底漆进行打磨、清洁处理。此外，涂刷面漆的次数应根据设计要求和涂料的性能确定。

（4）涂料施工工艺：涂料施工应采用合适的施工工艺，如刷涂、滚涂、喷涂等。不同的施工工艺适用于不同类型的涂料和装饰效果。在施工过程中，应掌握好涂料的稠度、涂刷速度、涂刷方向等，以确保涂层的均匀和美观。

（5）在涂料施工过程中，应注意以下几点。

①施工环境：涂料施工应在温度适宜、通风良好的环境中进行，避免在阳光直射、雨雾等恶劣天气条件下施工。

②施工顺序：涂料施工应按照先刷顶板、再刷墙面、最后刷门窗口等顺序进行，以确保涂层的连续性和均匀性。

③施工间隙：涂料施工过程中，应注意涂层的干燥时间，避免因施工过急而导致涂层间黏结不牢固。

④施工质量控制：涂料施工质量的控制非常重要，应严格把控施工过程中的各个环节，确保涂层的质量和效果。

（6）涂料的维护与保养：涂料墙面在使用过程中，应定期进行清洁和保养，以延长墙面的使用寿命。如出现损坏、脱落等现象，应及时进行修补和刷新。

3. 贴面类墙面装修

贴面类墙面装修是指利用各种饰面材料对建筑墙面进行装饰和保护的一种方式。贴面材料具有丰富的品种、多样的质感、美观的装饰效果和较好的耐久性，广泛应用于建筑墙面装修领域。

（1）贴面材料选择：贴面材料的选择应根据室内环境、功能需求、美观要求、耐久性等因素综合考虑。常见的贴面材料有瓷砖、陶瓷锦砖、大理石、花岗岩、木材、玻璃等。在选择贴面材料时，还应考虑材料的加工工艺、成本、施工难度等因素。

（2）基底处理：在贴面材料施工前，应对墙面进行清理、湿润、凿毛等处理，以确保贴面材料与墙面的黏结力。对于不同类型的贴面材料，基底处理的要求也有所不同。例如，贴瓷砖时，墙面应涂抹瓷砖胶或水泥砂浆；贴木材时，墙面应进行防潮、防霉处理。

（3）贴面施工：贴面材料的施工应按照设计图案和顺序进行，确保贴面材料的整齐、牢固、处理好缝隙。施工过程中，应注意贴面材料的切割、铺设、固定等工艺，以及施工环境的温度、湿度等条件。对于不同材质的贴面材料，施工工艺也有所不同。例如，瓷砖施工应遵循铺贴顺序、留缝大小、打胶等要求；木材施工应注意拼接方式、钉钉子等细节。

（4）接缝处理：贴面材料施工过程中，接缝的处理是非常重要的。接缝应均匀、整齐、无明显痕迹。根据不同贴面材料的特点，可采用不同的接缝处理方法，如瓷砖接缝可用勾缝剂勾缝，木材接缝可用木线条收边等。

4. 钉挂类墙面装修

钉挂类墙面装修是指利用各种钉挂材料对建筑墙面进行装饰和点缀的一种方式。钉挂类墙面装修具有独特的艺术魅力，可以提升室内空间的效果和个性。

（1）钉挂材料选择：钉挂材料的选择应根据室内环境、功能需求、美观要求、耐久性等因素综合考虑。常见的钉挂材料有壁挂、挂毯、挂画、金属挂件、木饰品等。在选择钉挂材料时，还应考虑材料的尺寸、形状、颜色、质感等因素对环境情景的影响。

（2）墙面基础处理：在钉挂材料施工前，应对墙面进行清理，以确保钉挂材料与墙面的黏结力。对于不同类型的钉挂材料，墙面基础处理的要求也有所不同。例如，挂画等轻质材料可采用挂钩或挂板固定，而较重的壁挂则需要进行墙体加固处理。

（3）钉挂施工：钉挂材料的施工应按照设计图案和顺序进行，确保钉挂材料的稳定、安全。施工过程中，应注意钉挂材料的位置、高度、倾斜度等，确保设计的完整实施。

（4）钉挂结构设计：钉挂结构设计主要考虑钉挂材料的重量、尺寸、安装方式等因素，采用合适的结构设计，如墙体加固、悬挂系统等，以确保墙面和钉挂材料的安全。

5. 裱糊类墙面装修

裱糊类墙面装修是指利用各种裱糊材料对建筑墙面进行装饰和保护的一种方式。裱糊类墙面装修具有丰富的艺术效果、多样的质感以及较好的耐久性，广泛应用于室内墙面装修领域。它主要是将各种壁纸、布料或其他柔性材料，利用特定的粘贴工艺，固定在墙面上，从而达到装饰和美化空间的效果。这种装修方式不仅施工简便，而且成本相对较低，因此深受广大业主的喜爱。

在材料选择上，裱糊类墙面装修具有极大的灵活性。壁纸的种类繁多，有纸质、PVC、无纺布、金属箔片等多种材质，图案和色彩也是丰富多彩，可以满足不同风格和主题的装修需求。

在施工工艺方面，裱糊类墙面装修同样需要一定的技巧和经验。首先，墙面需要平整、干燥、无油污，这样才能确保壁纸或布料能够紧密贴合，不易起泡或脱落。其次，粘贴过程中要注意温度和湿度的控制，以及粘贴剂的选择和使用，赶平压实保证平整。最后，还需要对边缘和接缝进行精细处理，以保证整体的美观和耐用性。

6. 特殊部位的墙面装修

在内墙抹灰中，为保护墙身，门厅、走道和厨厕的墙面可做护墙墙裙；内墙阳角及门洞转角处则做护角。在内墙面与楼地面交接处，为保护墙身以及便于清洁，需做踢脚线。在内墙面和顶棚交接处，为增加室内美观，可做各种阴角装饰线。

第五节 建筑幕墙简介

建筑幕墙是指由玻璃、金属板、石材、木材等材料制成的外部围护结构，它主要用于现代建筑的外墙装饰和保护。幕墙作为一种独立的墙体系统，具有轻盈、美观、节能、环保等特点，已成为当代建筑中不可或缺的一部分。

建筑幕墙起源于20世纪初的西方国家，经过百来年的发展，已经成为现代建筑领域的重要组成部分。在我国，随着经济的不断发展和建筑技术的进步，幕墙行业得到了迅速发展，广泛应用于大型公共建筑、商业建筑、住宅建筑等领域。根据材质和构造特点，建筑幕墙可分为玻璃幕墙、金属幕墙、石材幕墙等。（图8-14至图8-16）

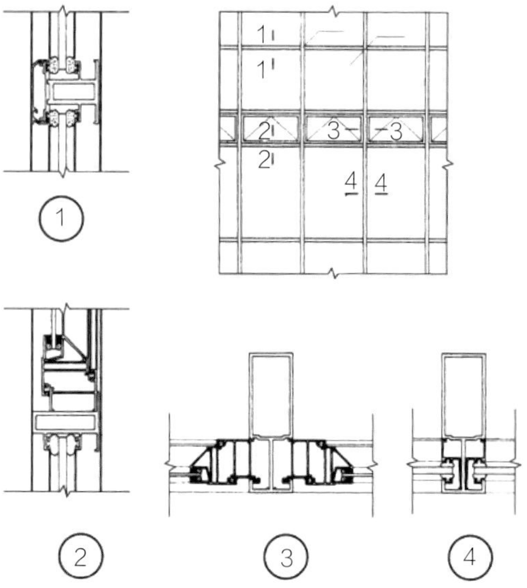

图8-14 明框式玻璃幕墙立面和节点构造

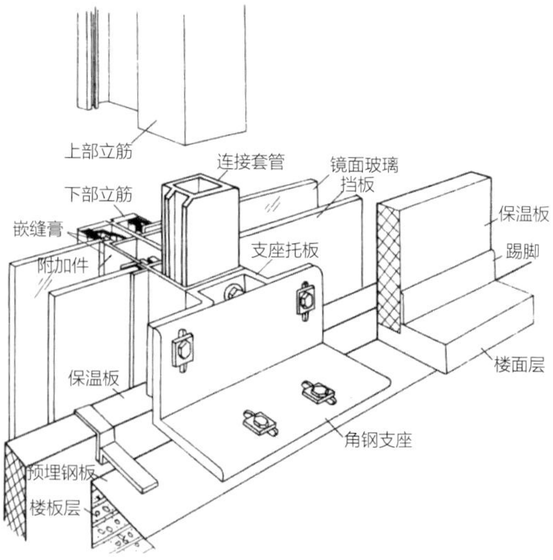

图8-15 现场组装式玻璃幕墙支座构造

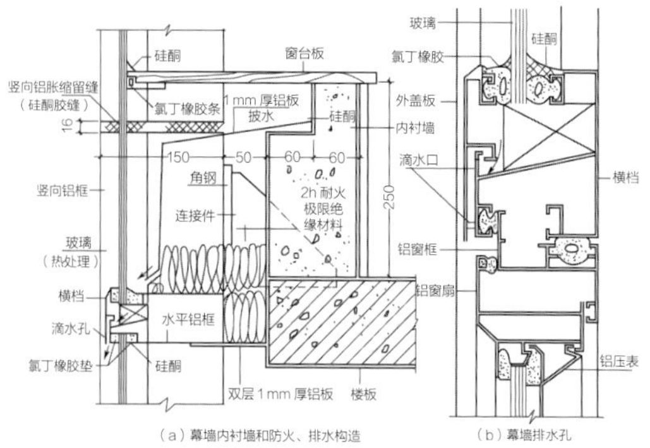

（a）幕墙内衬墙和防火、排水构造　（b）幕墙排水孔

图8-16 玻璃幕墙细部构造

CHAPTER 9

第九章

建筑主要构造——楼地层

第一节 建筑楼地层概述

建筑楼地层是指建筑物中的水平承重构件，主要指楼板层（楼面）、地坪层（地面）。楼板将建筑在竖向上分隔为不同的楼层；地坪是建筑物底层的地面，直接与土壤接触。楼地层提供建筑物内的主要活动空间，承载各种功能，如居住、办公、商业、展览等，因此需要综合考虑安全、防火、抗震、环保、节能、经济、舒适、美观等因素。（图 9-1）

第二节 建筑楼板层的构造组成

建筑楼板层是建筑物水平方向的结构构件，与梁、柱、墙、基础共同形成建筑的结构体系，承担建筑功能，传递建筑荷载。

一、面层

位于楼板层的最上层，面层设计主要考虑建筑房间的使用性质、功能需求。例如，化学实验室需要耐腐蚀地面，防火等级高的房间需要使用不发火地面，室内运动场需要使用橡胶面层或木地板面层等。楼板面层不单起着保护楼板结构、分布荷载的作用，同时对室内起美化装饰作用。

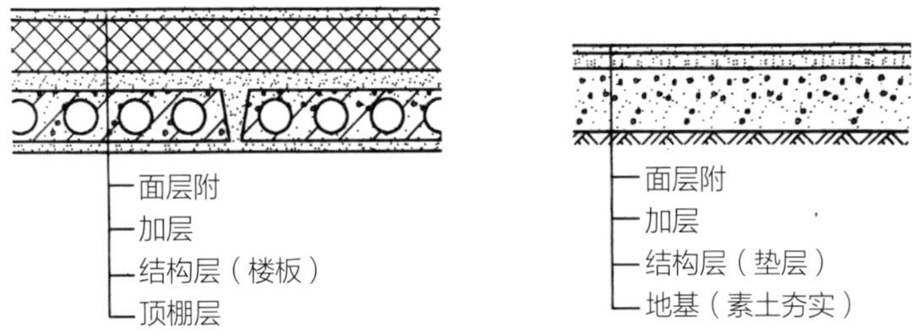

（a）楼板层　（b）地坪层

图 9-1 楼地层的构造

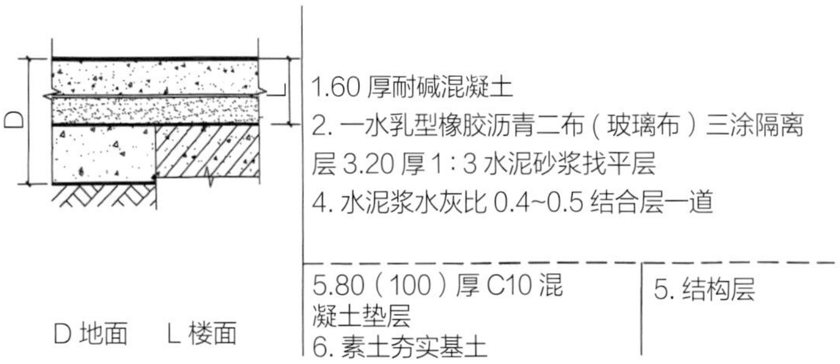

图 9-2 耐腐蚀楼地层的构造示例

二、结构层

主要功能在于承受楼板层上的全部荷载并将这些荷载传给墙、梁或柱；同时还对墙身起水平支撑作用，以加强建筑物的整体刚度。结构层的形式有现浇板、预制板、装配式板等。

三、附加层

附加层又称功能层，根据楼板层的具体要求而设置，主要作用是隔声、隔热、保温、防水、防潮、防腐蚀、防静电等。根据需要，有时和面层合二为一，有时又和吊顶合为一体。（图 9-2）

四、楼板顶棚层

位于楼板层最下层，主要作用是保护楼板、安装灯具、容纳水电气等各种水平管线，改善使用功能、装饰美化室内空间。

第三节 建筑地坪层的构造组成

地坪层指建筑物底层房间与土层的交接处，所起作用是承受地坪上的荷载，并均匀地传给地坪以下土层。按地坪层与土层间的关系不同，可分为实铺地坪层和空铺地坪层两类。实铺地坪层直接与土壤接触，其构造主要由面层、附加层、垫层、素土夯实层组成。空铺地坪层是为防止房屋底层房间受潮或满足某些特殊使用要求（如舞台、体育训练场、比赛场地等需要有较好的弹性），将地坪层架空形成空铺地坪层。实铺地坪层构造如下：

一、面层

地坪层的面层位于楼地面的最上层，是使用者直接接触的部分，其设计同样考虑建筑房间的使用性质与功能需求，起着保护结构层和美化室内的作用。

二、附加层

由于地坪层直接与土壤接触，为保证室内正常使用，附加层主要是为满足某些有特殊使用要求的房间而设置的一些构造层次，如防水层、防潮层和管道敷设层等。在附加层考虑防水、防潮构造，需要与建筑物外墙防水、防潮措施一起，形成建筑物底层完整的防水、防潮构造。

三、垫层

垫层是地坪层的结构层，承受荷载并将这些荷载向下传递给地基，垫层通常采用 80 mm~100 mm 厚的 C10 混凝土材料。

垫层材料分为刚性和柔性两大类：

刚性垫层如混凝土、碎砖三合土等，有足够的整体刚度，受力后不产生塑性变形，多用于整体地面和小块块料地面。

柔性垫层如砂、碎石、炉渣等松散材料，无整体刚度,受力后产生塑性变形,多用于块料地面。

四、素土夯实层

素土夯实层是垫层的基层，压实系数不应小于 0.9，含水率要控制在规范许可范围内。

第四节 钢筋混凝土楼板

钢筋混凝土材料强度高，可塑性强，整体刚度好，抗震性能优，防水防火性能好，适宜工业化生产和机械化施工，是目前我国工业与民用建筑中应用最广的楼板材料。近年来，由于我国钢材生产能力的提高以及钢结构的大量应用，出现了以压型钢板为底模的钢衬板复合楼板，主要应用在钢结构的建筑中。而天然木材作为结构材料的楼层，虽然具有自重轻、构造简单等优点，但其耐火和耐久性均较差，现已较少采用。

现浇钢筋混凝土楼板按其结构形式主要分为板式楼板、梁板式楼板、无梁楼板。

一、板式楼板

板式楼板是在墙、梁上直接浇筑楼板，就像一块混凝土板直接盖在支撑结构上，施工简便，适用于房间平面尺寸较小的建筑空间。

二、梁板式楼板

如果房间平面尺寸较大，可以通过在楼板下设梁的方式，将一块楼板划分为多块小板，称为梁板式楼板（盖）。梁板式楼板的梁可以形成主次梁的关系。当梁板式楼板板底某一个方向的次梁平行排列成为肋状时，可称之为肋形楼板。肋梁间距较小时则称之为密肋楼板。梁板式楼板板底的梁也可以两个方向交叉布置成为井格状，则称之为井格形楼板。一般说来，布置肋形梁，可令小块板成为单向板或者双向板；而布置井格梁时基本上都令小块板成为双向板。

三、无梁楼板

无梁楼板是楼板和结构柱直接连接，不再设主、次梁，楼板直接支撑在柱子上，分为有柱帽和无柱帽两种。当楼面荷载比较小时，可采用无柱帽楼板；当楼面荷载较大时，必须在柱顶加设柱帽。板的最小厚度不小于 150 mm，柱跨一般不超过 6 m。（图 9-3）

第五节 楼地面设计要求

楼地面要具有足够的坚固性，在家具设备等作用下不易被磨损和破坏，且表面平整、光洁、易清洁和不起灰。

楼地面保温性能好，要求面层材料的导热系数小，给人以温暖舒适的感觉，冬季时人们走在上面不致感到寒冷。

楼地面要具有一定的弹性，当人们行走时不致有过硬的感觉，同时，有弹性的地面对防撞击噪声有利。

针对一些特殊功能房间，楼地面要能满足某些特殊要求，例如防水、防潮、防火、耐腐蚀等。

第六节 楼地面的类型与构造

一、楼地面的类型

楼地面按面层所用材料和做法不同，可分为以下几类：

1. 体式楼地面

常见有水泥砂浆地面、细石混凝土地面、水泥石屑地面、水磨石地面等。

2. 块材楼地面

常见有地砖、石材等块材材料面层。

3. 塑料楼地面

常见有 PVC 地板革塑胶地面。

4. 木楼地面

常用实木地板、强化木地板地面。

5. 涂料楼地面

常用环氧涂料、无机涂料、聚氨酯涂料地面。

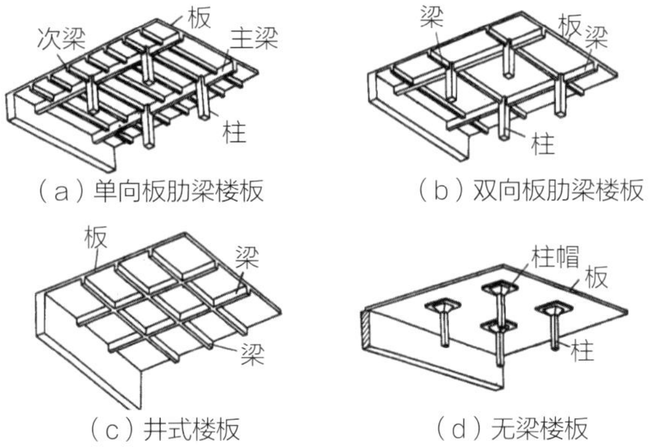

图 9-3 楼板示例

二、楼地面的构造

1. 整体式楼地面

（1）水泥砂浆地面，通常直接在楼板或地面上抹水泥砂浆面层，有单层和双层两种做法。单层做法是只抹一层 20 mm~25 mm 厚 1∶2 或 1∶2.5 水泥砂浆；双层做法是先做一层 10 mm~20 mm 厚 1∶3 水泥砂浆找平层，表面再抹 5 mm~10 mm 厚 1∶2 水泥砂浆，要抹平压光。

（2）水泥石屑地面，将水泥砂浆里的中粗砂换成 3 mm~6 mm 的石屑，或称豆石或瓜米石地面。在垫层或结构层上直接做 1∶2 水泥石屑 25 厚，水灰比不大于 0.4，刮平拍实，碾压多遍，出浆后抹光。这种地面表面光洁，不起尘，易清洁，造价仅是水磨石地面的 50%，且强度高，性能近似水磨石。

（3）水磨石地面，具有良好的耐磨性和耐久性，水磨石地面为分层构造，底层为 18 mm 厚 1∶3 水泥砂浆找平，面层为 12 mm 厚（1∶1.5）~（1∶2）水泥石碴，石碴粒径为 8 mm~10 mm，分格条一般高 10 mm，用 1∶1 水泥砂浆固定，等面层强度达到一定程度后，用机器打磨平整。

2. 块材楼地面

（1）地砖楼地面，多用于装修标准较高的建筑物。地砖构造做法：先用 20 mm 厚 1∶3 水泥砂浆找平，3 mm~4 mm 厚水泥胶（水泥∶胶∶水 =1∶0.1∶0.2）粘贴地砖，再用素水泥浆擦缝。

（2）石材楼地面，常用天然大理石和花岗石

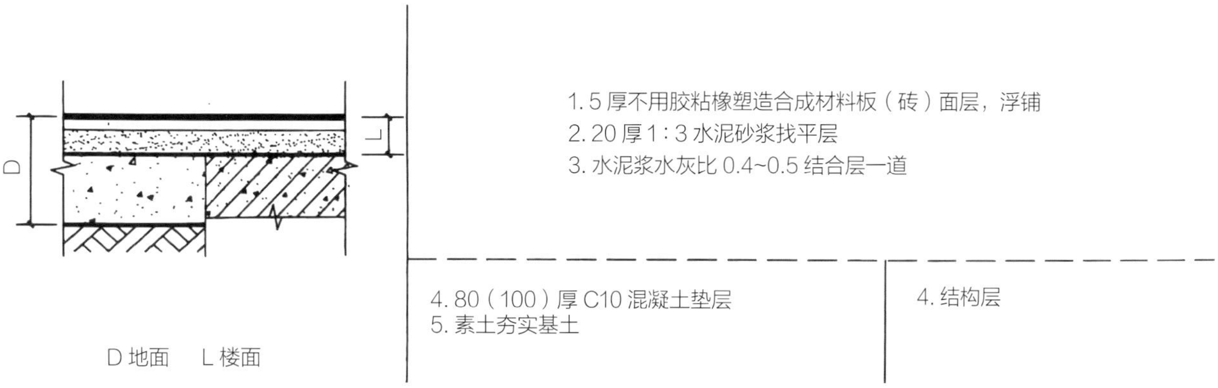

图 9-4 塑料落地面做法示例

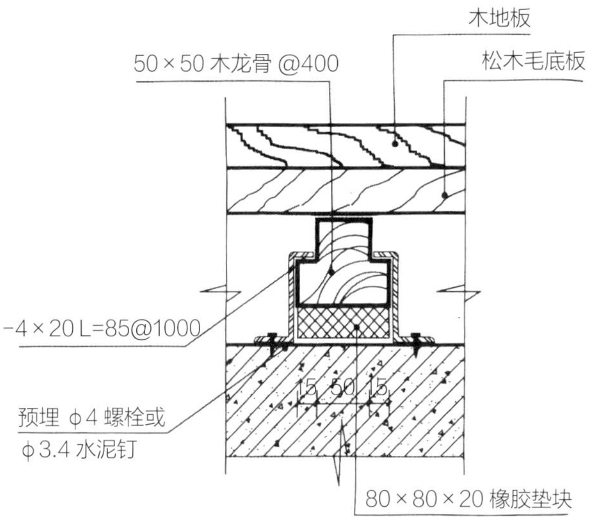

图 9-5 运动场架空木地板做法示例

板，由于它们质地坚硬，色泽丰富艳丽，属高档地面装饰材料，一般多用于高级宾馆、会堂、公共建筑的大厅、门厅等处。构造做法是在基层上刷素水泥浆一道，再实铺 30 mm 厚 1∶3 干硬性水泥砂浆找平兼结合层，面上撒 2 mm 厚素水泥（洒适量清水），铺贴石板并用橡皮锤敲打密实，再用素水泥浆擦缝。

3. 塑料楼地面

常用 PVC 地板革材料，通过干铺或胶粘的方式铺贴在楼地面上。做法是先做一层 10 mm~20 mm 厚 1∶3 水泥砂浆找平赶光，将地面清理干净再上胶黏铺或干铺地板革。（图 9-4）

3. 木楼地面

按构造方式有架空、实铺做法。架空式木地板常用于底层地面，主要用于舞台、运动场等有弹性要求的地面。实铺木地面是将木地板或强化木地板直接铺在钢筋混凝土基层上。做法是在基层上先做 20 厚 1∶3 水泥砂浆找平层，清理干净面层后铺 3 厚聚乙烯高弹泡沫垫层，再铺强化复合木地板面层。（图 9-5）

4. 涂料楼地面

做法是先做 20 厚找平层，清理干净表面后做与面层材料同类的结合层，再做面层涂料。

第七节 顶棚的类型与构造

顶棚位于楼板或屋面板下方，通常有直接式顶棚和悬吊式顶棚两类做法。

一、直接式顶棚

直接式顶棚是在钢筋混凝土屋面板或楼板下表面直接喷浆、抹灰或粘贴装修材料的一种构造方法。当板底平整时，可直接喷、刷大白浆或涂料；当楼板结构层为钢筋混凝土预制板时，可用 1∶3 水泥砂浆填缝刮平，再喷刷涂料。这类顶棚构造简单，施工方便，常用于装饰要求不高的一般建筑。

二、悬吊式顶棚

悬吊式顶棚又称吊顶，它离屋顶或楼板的下表面有一定的距离，通过悬挂物与主体结构联结在一起。根据结构构造形式的不同，吊顶可分为整体式吊顶、活动式装配吊顶、隐蔽式装配吊顶和开敞式吊顶等。根据材料的不同，吊顶可分为板材吊顶、轻钢龙骨吊顶、金属吊顶等。

吊顶的构造组成包括吊杆、骨架(龙骨)、面层。吊杆是连接建筑结构层与吊顶骨架的杆件，一般采用 ϕ6~ϕ8 的钢筋做吊杆。骨架是安装面层的承重结构，主龙骨通过吊筋或吊件固定在楼板结构上，次龙骨用连接件固定在主龙骨上。龙骨可用木材、轻钢、铝合金等材料制作，其断面大小视其材料品种、是否上人和面层构造做法等因素而定。主龙骨断面比次龙骨大，间距约为 2 m，次龙骨间距视面层材料而定，间距一般不超过 600 mm。面层分为抹灰面层和板材面层两大类，抹灰面层为湿作业施工，用于一般的装修；板材面层的材料有植物板材、矿物板材和金属板材等，具有种类丰富、装修效果好、施工速度快、施工质量容易保证等优点，实际工程中运用较广泛。

第八节 阳台设计与构造

阳台是建筑物中常见的设计元素，是连接室内的室外平台。住宅阳台给居住在建筑里的人们提供一个舒适的室外活动空间，是多层住宅、高层住宅和旅馆等建筑中不可缺少的一部分。它不仅提供了一个额外的户外空间，还可以增加建筑物的美观性和功能性。

一、阳台的类型和设计要求

阳台的类型按其与外墙面的关系分为挑阳台、凹阳台、半挑半凹阳台；按其在建筑中所处的位置可分为中间阳台和转角阳台。

阳台按使用功能不同又可分为生活阳台（靠近卧室或客厅）和服务阳台（靠近厨房）。

阳台的设计要求包括安全适用性、坚固耐久、排水顺畅、适应气候等。

安全适用性要求悬挑阳台的挑出长度不宜过大，应保证在荷载作用下不发生倾覆，以 1.2 m~1.8 m 为宜。低层、多层住宅阳台栏杆净高不低于 1.05 m，中高层住宅阳台栏杆净高不低于 1.1 m，但也不大于 1.2 m。阳台栏杆形式应防坠落（垂直栏杆间净距不应大于 110 mm），防攀爬（不设水平栏杆），如果设置花盆放置处，也应采取防坠落措施。

坚固耐久要求阳台所用材料和构造措施应经久耐用，承重结构宜采用钢筋混凝土结构，金属构件应做防锈处理，表面装修应注意色彩的耐久性和抗污染性。

排水顺畅要求阳台不积水。为防止阳台上的雨水流入室内，设计时要求将阳台地面标高低于室内地面标高 50 mm 左右，并将地面抹出 5‰的排水坡将水导入排水孔，使雨水能顺利排出。

阳台设计应考虑所在地区的气候特点。南方地区宜采用有助于空气流通的空透式栏杆，而北方寒冷地区和中高层住宅应采用实体栏杆，并满足立面形象与美观的要求。

二、阳台结构布置方式

1. 挑梁式

从横墙内向外伸出挑梁，其上搁置预制楼板，这种结构布置简单、传力直接明确、阳台长度与房间开间一致。挑梁根部截面高度 H 为（1/5~1/6）L，L 为悬挑净长，截面宽度为（1/2~1/3）H。为美观起见，可在挑梁端头设置面梁，既可以遮挡挑梁头，又可以承受阳台栏杆重量，还可以加强阳台的整体性。

2. 挑板式

当楼板为现浇楼板时，可选择挑板式，悬挑长度一般为 1.2 m 左右。即从楼板外延挑出平板，板底平整美观而且阳台平面形式可做成半圆形、弧形、梯形、斜三角等各种形状。挑板厚度不小于挑出长度的 1/12。（图 9-6）

3. 压梁式

阳台板与墙梁或结构梁现浇在一起，墙梁的

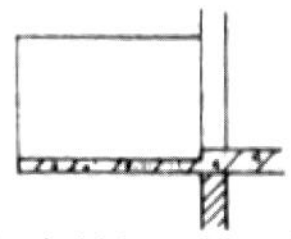

（a）楼板悬挑阳台

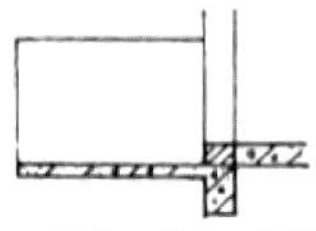

（b）墙梁悬挑阳台板（墙不承重）

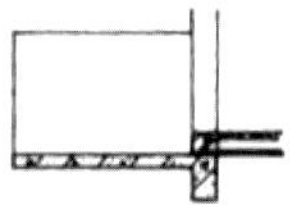

（c）墙梁悬挑阳台板（墙承重）

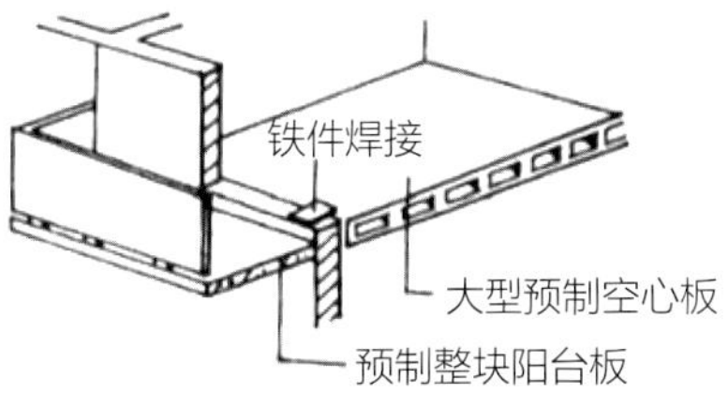

（d）预制整块阳台板

图 9-6 阳台结构布置示意

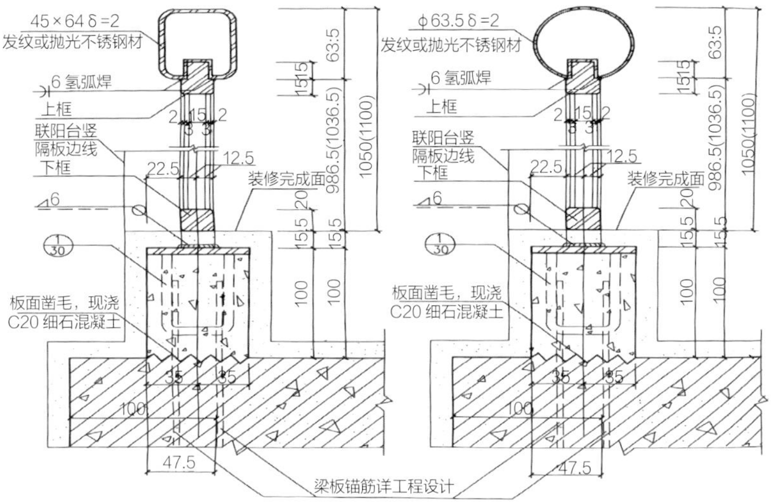

图 9-7 阳台栏杆示意

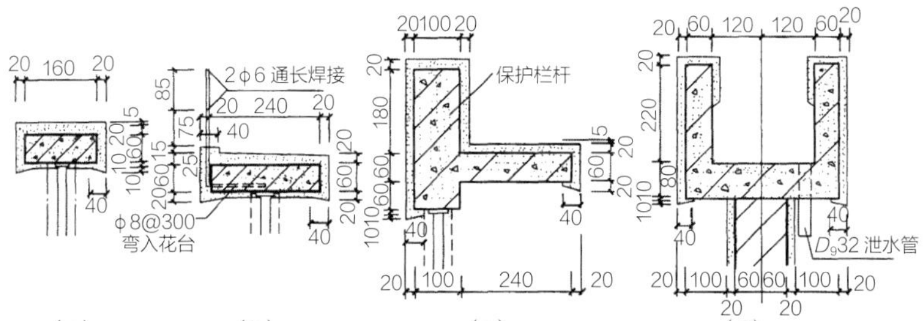

（a） （b） （c） （d）

图 9-8 钢筋混凝土扶手示意

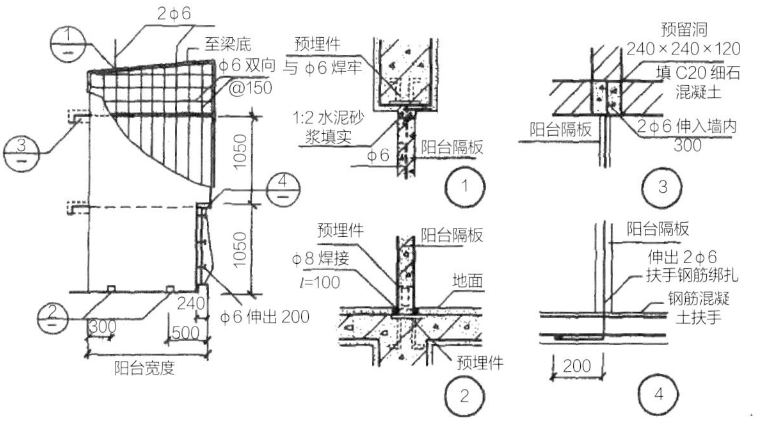

图 9-9 阳台隔板构造示意

截面应比圈梁大，以保证阳台的稳定，且阳台悬挑不宜过长，一般为 1.2 m 左右，并在墙梁两端设拖梁压入墙内。

三、阳台细部及其构造

1. 栏杆、栏板

栏杆和栏板是阳台的围护结构，承担着使用者对阳台侧壁的水平推力，必须具有足够的强度，保证使用安全。栏杆、栏板高度应保证排水找坡及可踏面以上净高不低于 1050 mm（多层）、1100 mm（高层）两种。（图 9-7）

2. 栏杆扶手

栏杆扶手有金属和钢筋混凝土两种，金属扶手一般为钢管与金属栏杆焊接，钢筋混凝土扶手用途广泛，形式多样，有不带花台、带花台、带花池等。（图 9-8）

在构造中，栏杆与扶手的连接方式应采用焊接、现浇等方式。栏杆与面梁或阳台板的连接方式应采用焊接、榫接坐浆、现浇等。扶手与墙的连接应将扶手或扶手中的钢筋伸入外墙的预留洞中，用细石混凝土或水泥砂浆填实固牢。现浇钢筋混凝土栏杆与墙连接时，应在墙体内预埋 240 mm×240 mm×120 mm C20 细石混凝土块，从中伸出 2φ6 长 300 mm 的钢筋，与扶手中的钢筋绑扎后再进行现浇。

3. 阳台隔板

阳台隔板用于隔断户与户之间紧挨着的两个阳台，有砖砌和钢筋混凝土隔板两种。砖砌隔板一般采用 60 mm 和 120 mm 厚两种，由于荷载较大且整体性较差，所以现多采用钢筋混凝土隔板。隔板采用 C20 细石混凝土预制 60 mm 厚，下部预埋铁件与阳台预埋铁件焊接，其余各边伸出 ϕ6 钢筋与墙体、挑梁和阳台栏杆、扶手相连。（图 9-10）

4. 阳台排水

阳台排水有外排水和内排水两种。外排水适用于低层和多层建筑，即在阳台外侧设置排水管将水排出。内排水适用于高层建筑和高标准建筑，即在阳台内侧设置排水立管和地漏，将雨水直接排入地下管网，保证建筑立面美观。（图 9-10）

第九节 雨篷设计与构造

雨篷位于建筑物出入口的上方，用来遮挡雨雪，保护外门免受侵蚀，给人们提供一个从室外到室内的过渡空间，并起到保护门和丰富建筑立面的作用。

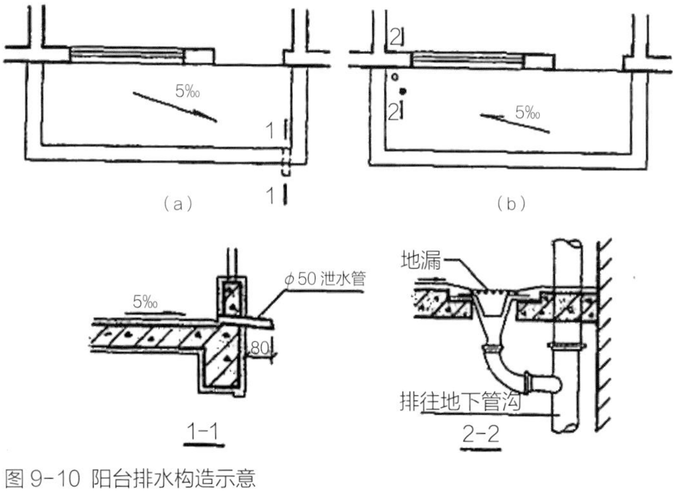

图 9-10 阳台排水构造示意

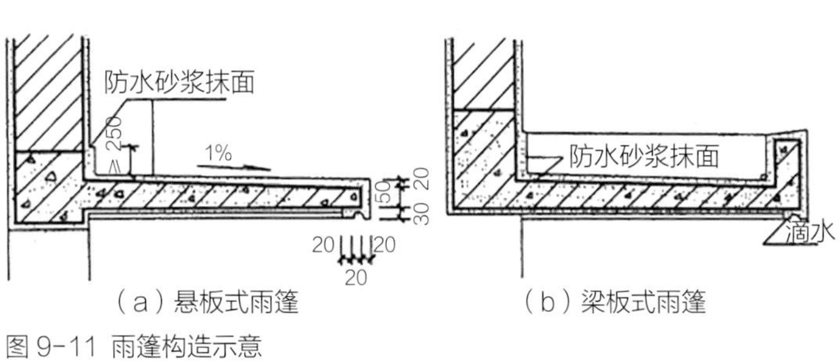

图 9-11 雨篷构造示意

一、雨篷的分类

根据雨篷板的支承方式不同，雨篷分为悬板式和梁板式两种。（图 9-11）

1. 悬板式雨篷

悬板式雨篷外挑长度一般为 0.9 m~1.5 m，板根部厚度不小于挑出长度的 1/12，雨篷宽度比门洞每边宽 250 mm，雨篷排水方式可采用无组织排水和有组织排水两种。雨篷顶面距过梁顶面 250 mm 高，板底抹灰可抹 15 mm 厚 1：2 水泥砂浆内掺 5% 防水剂的防水砂浆，多用于次要出入口。

2. 梁板式雨篷

梁板式雨篷多用在宽度较大的入口处，悬挑梁从建筑物的柱上挑出，为使板底平整，多做成倒梁式。

二、雨篷的设计要求

雨篷是建筑物入口标志性构造，也是建筑立面处理的重点，在实际工程设计中，雨篷的做法丰富，形式多样。但无论怎么变化，雨篷的基本功能都需要满足，设计必须考虑其安全性、稳定性、耐久性、承载能力和抗风性能，确保在恶劣天气条件下的安全使用。

CHAPTER 10

第十章

建筑主要构造——楼梯及电梯

第一节 建筑竖向交通概述

建筑竖向交通是指在多层或高层建筑中，人员、货物和车辆等在垂直方向上的流动和运输，是建筑中不可或缺的一部分，主要包括楼梯、电梯、扶梯和垂直运输车辆等。（图 10-1）

一、楼梯

楼梯是最传统的竖向交通方式，它适用于紧急疏散和日常使用。楼梯的设计应考虑到舒适性、安全和便捷性。在建筑设计中，楼梯设计应符合相关规范，确保人员疏散的效率和安全性。

二、电梯

电梯是现代建筑中最重要的竖向交通工具之一，它具有快速、舒适、安全和便捷等特点。电梯可以有效地解决高层建筑中的垂直交通问题，提高建筑的使用效率。电梯的类型包括乘客电梯、货梯、病床电梯、观光电梯等。电梯的设计、安装和使用必须符合国家相关规范和标准，以确保使用安全。

三、扶梯

扶梯是一种自动运行的楼梯，主要用于连接建筑的不同楼层。扶梯可以有效地提高人员运输效率，减轻楼梯和电梯的负担。扶梯的类型包括手扶梯、自动人行道等。

四、坡道

由于使用者的特殊要求或其他原因，无法使用楼梯时，可以采用坡道来应对高度的变化。公共绿地和公共建筑，通常都需要设置无障碍坡道。

五、垂直运输车辆

垂直运输车辆主要用于建筑施工和维修，如施工升降机、吊车等。它们可以方便地将人员、材料和设备等垂直运输到建筑的不同高度位置。

由上可见，建筑竖向交通是现代建筑中的重要组成部分。在设计建筑时，应根据建筑的功能、用途和规模等因素，合理选择和配置竖向交通方式，以满足人们的出行需求，确保建筑的正常使用。

第二节 建筑楼梯设计

一、楼梯的组成

楼梯一般由楼梯段、休息平台及栏杆（或栏板）三部分组成。

楼梯段，又称楼梯跑，是楼梯的主要使用部分和承重部分，它由若干个踏步组成。为减少人们上下楼梯时的疲劳和适应人行走的习惯，一个楼梯段的踏步数要求最多不超过 18 级，最少不

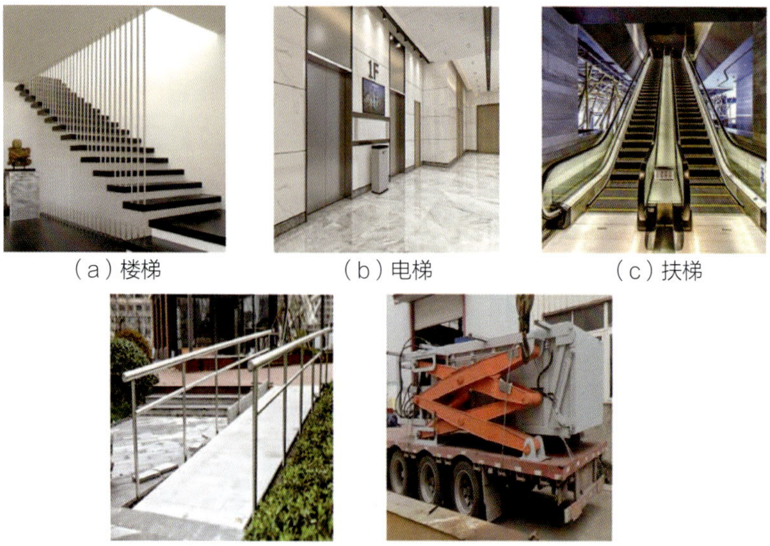

（a）楼梯　（b）电梯　（c）扶梯

（d）坡道　（e）垂直运输车辆

图 10-1 建筑竖向交通方式

少于 3 级，楼梯踏步应采取防滑措施。梯段的宽度是指墙面至扶手中心线或扶手中心线之间的水平距离，宽度除应符合防火规范外，供日常主要交通用的楼梯的梯段宽度还应根据建筑物使用特征，按每股人流为 0.55+（0~0.15）m 的人流股数确定，并不应少于两股人流。0 m~0.15 m 为人流在行进中人体的摆幅，公共建筑中人流众多的场所应取上限值。（图 10-2）

休息平台，包括中间平台和楼层平台，是指两楼梯段之间的水平板。其主要作用在于缓解疲劳，让人们在连续上楼时可在平台上稍加休息，故称休息平台。同时，平台还是梯段之间转换方向的连接处，梯段改变方向时，扶手转向端处的平台最小宽度不应小于梯段宽度，并不得小于 1.20 m，当有搬运大型物件需要时应适量加宽。楼梯平台上部及下部过道处的净高不应小于 2 m，梯段净高不宜小于 2.20 m。

栏杆，是楼梯段的安全设施，栏杆必须坚固可靠，楼梯应至少于一侧设扶手，梯段净宽达三股人流时应两侧设扶手，达四股人流时宜加设中间扶手。室内楼梯扶手高度自踏步前缘线量起不宜小于 0.90 m。靠楼梯井一侧水平扶手长度超过 0.50 m 时，其高度不应小于 1.05 m。

二、楼梯的类型

楼梯的类型有剪刀楼梯、弧形楼梯、螺旋楼梯、直跑楼梯、双跑楼梯、折跑楼梯、双分楼梯等。（图 10-3、图 10-4）

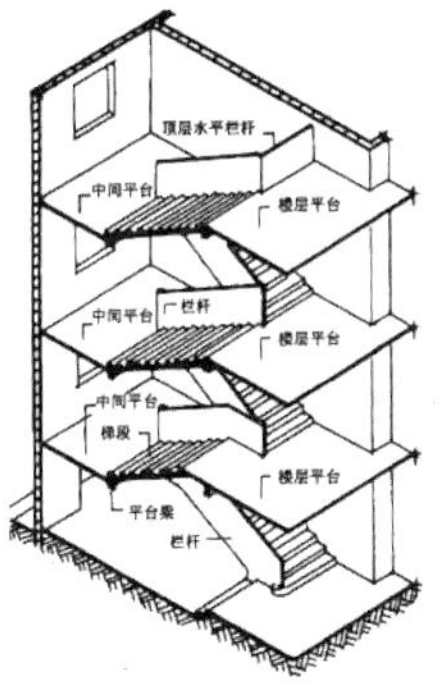

图 10-2 楼梯组成示意

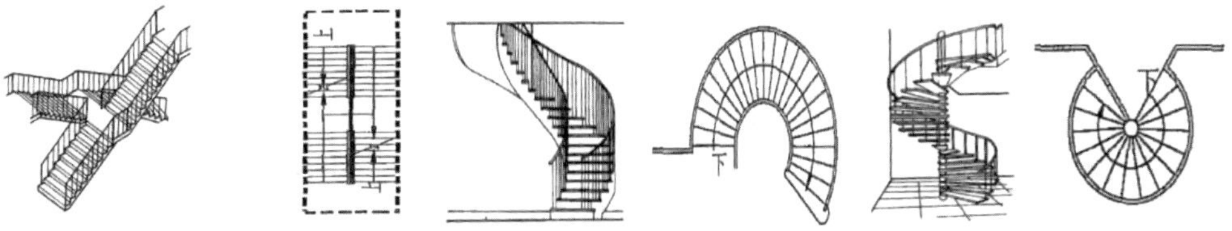

（a）剪刀楼梯　（b）弧形楼梯　（c）螺旋楼梯

图 10-3 楼梯的类型示意 1

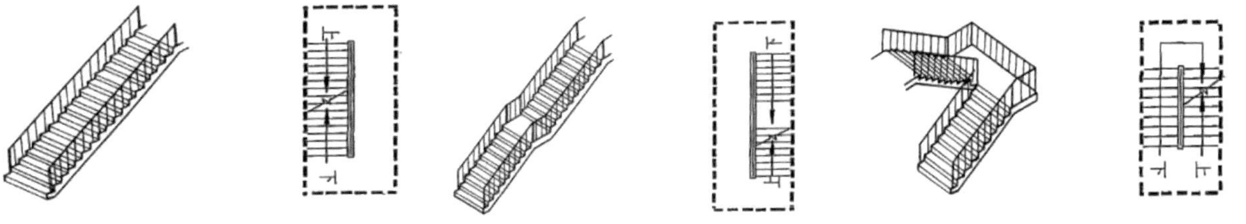

（a）直跑楼梯（单跑）　（b）平行双跑楼梯

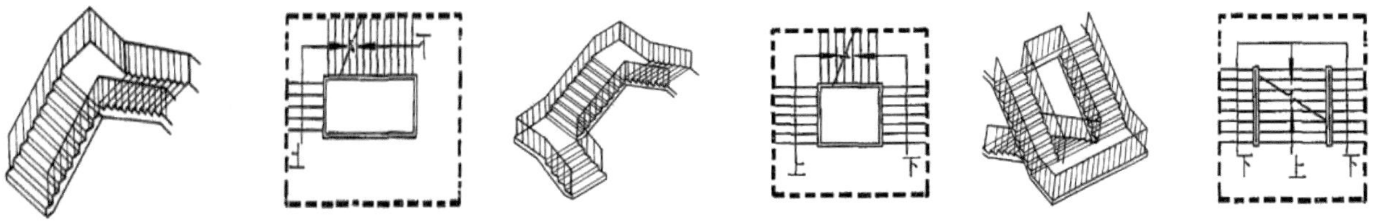

（c）双跑折跑楼梯　（d）三跑折跑楼梯　（e）平行双分楼梯

图 10-4 楼梯的类型示意 2

三、楼梯的设计要求

楼梯设计核心是根据使用方便和安全疏散的要求，确定楼梯的数量、位置、宽度和楼梯间形式。主要楼梯应与主要出入口邻近，且位置明显，同时还应避免垂直交通与水平交通在交接处拥挤、堵塞。楼梯设计必须满足防火要求，楼梯间四周墙壁必须为防火墙，对防火要求高的建筑物特别是高层建筑，应设计成封闭式楼梯或防烟楼梯。楼梯间必须有良好的自然采光，楼梯间除允许直接对外开窗采光外，不得向室内任何房间开窗。

单个楼梯设计的主要参数包括依据建筑层高度来确定楼梯的级数、梯段宽度、踏步高度、踏步宽度、平台宽度等。

楼梯宽度必须满足人流及搬运物品的需要。在防火规范中对疏散楼梯规定梯段宽度是以每股人流为 0.55 m 计，并规定按两股人流最小宽度不应小于 1.10 m。对平时用作交通的楼梯，尤其是人员密集的公共建筑（如商场、剧场、体育馆等）主要楼梯应考虑多股人流通行，并考虑人体在行进中有一定摆幅和相互间空隙，人流宽度按每股人流为 0.55m+（0~0.15）m 计算，单人行走楼梯梯段宽度还需要适当加大。（图 10-5）

楼梯踏步的高宽比应符合表 10-1 的规定。

表 10-1　楼梯踏步最小宽度和最大高度（单位：m）

楼梯类别	最小宽度	最大高度
住宅共用楼梯	0.26	0.175
幼儿园、小学校等楼梯	0.26	0.15
电影院、剧场、体育馆、商场、医院、旅馆和大中学校等楼梯	0.28	0.16
其他建筑楼梯	0.26	0.17
专用疏散楼梯	0.25	0.18
服务楼梯、住宅套内楼梯	0.22	0.20

注：无中柱螺旋楼梯和弧形楼梯离内侧扶手中心0.25 m 处的踏步宽度不应小于0.22 m。

楼梯平台最小宽度不应小于梯段宽度，并不得小于 1.20 m，当有经常搬运大型物件需要时应适量加宽。（图 10-6）

平台上、下过道处的净高不应小于 2 m，梯段净高不宜小于 2.20 m。（图 10-7）

楼梯栏杆扶手高度指踏面前缘至扶手顶面的垂直距离。楼梯扶手的高度与楼梯的坡度、楼梯的使用要求有关，很陡的楼梯，扶手的高度矮些，坡度平缓时高度可稍大。在 30 度左右的坡度下常采用 900 mm；儿童使用的楼梯一般为 600 mm；一般室内楼梯≥ 900 mm；靠梯井一侧

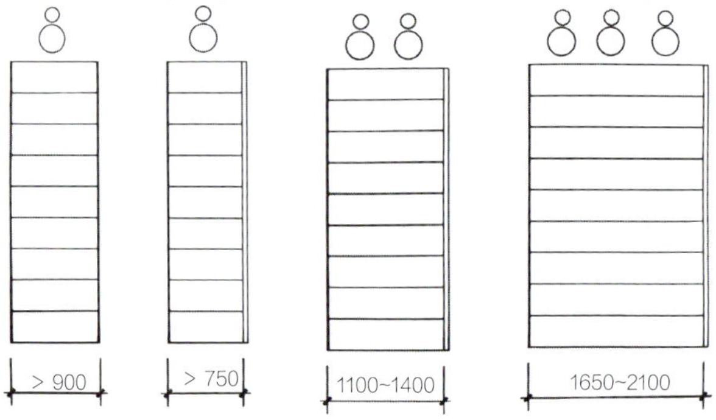

图 10-5 楼梯梯段宽度尺寸

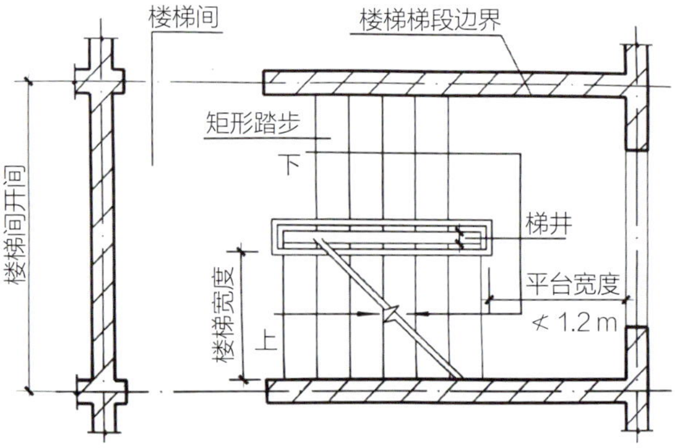

图 10-6 楼梯梯段、平台、梯井示意

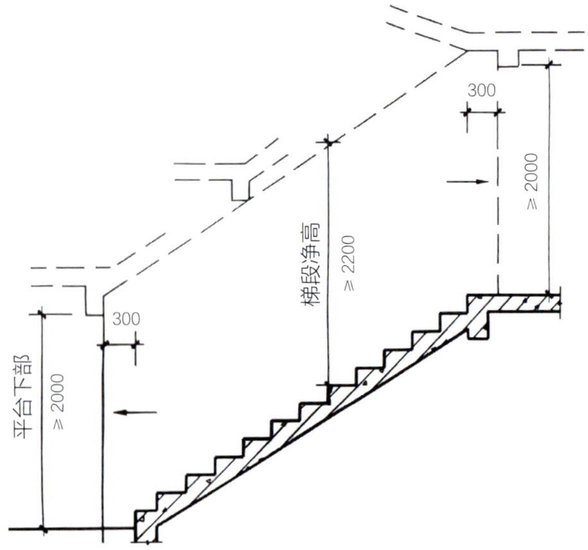

图 10-7 楼梯梯段净高示意

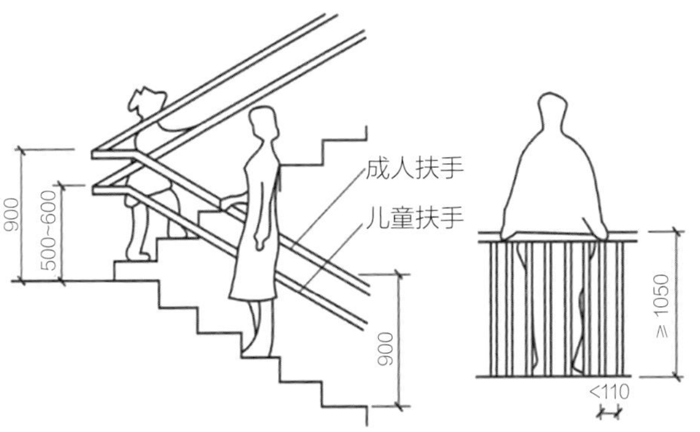

图 10-8 楼梯栏杆扶手高度示意

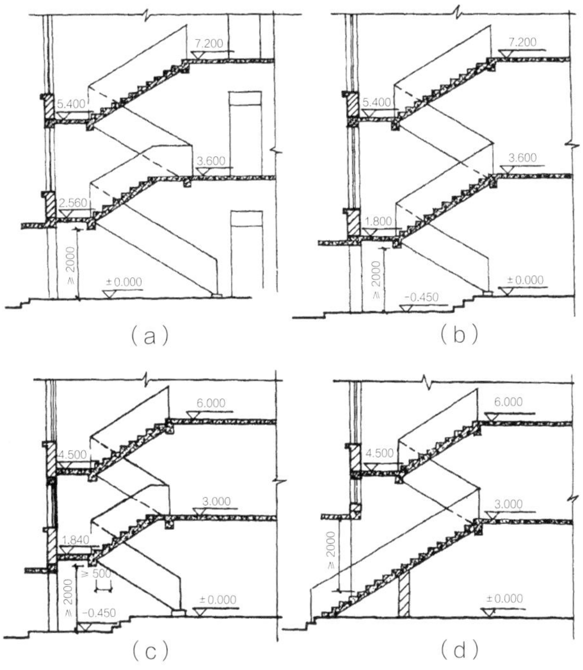

图 10-9 楼梯首层梯段净高处理示意

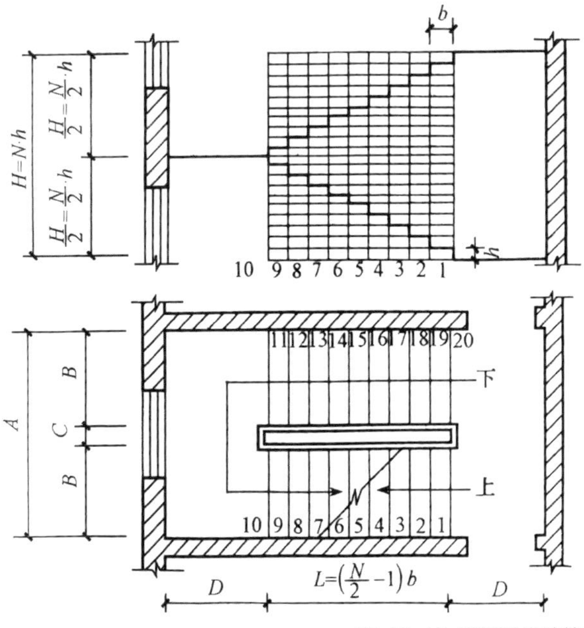

图 10-10 楼梯踏步计算

水平栏杆长度 > 500 mm，其高度≥ 1000 mm；室外楼梯栏杆高≥ 1050 mm。（图 10-8）

当楼梯底层中间平台下需要做通道时，为求得下面空间净高≥ 2000 mm，常采用以下几种处理方法：

（1）将楼梯底层设计成“长短跑”，让第一跑的踏步数目多些，第二跑踏步少些，利用踏步的多少来调节下部净空的高度。

（2）增加室内外高差。

（3）将上述两种方法结合，即降低底层中间平台下的地面标高，同时增加楼梯底层第一个梯段的踏步数量。

（4）将底层采用单跑楼梯，这种方式多用于少雨地区的住宅建筑。（图 10-9）

楼梯的尺寸计算主要是确定踏步的高（h）和宽（b），在建筑的层高（H）已定的情况下，$H/h=N$，N 即为踏步的数量。楼梯梯段长度（L）$L=(N/2-1)b$，楼梯梯段宽度（B）需要根据建筑性质和疏散要求来确定，楼梯平台的宽度（D），$D \geq B$ 并不小于 1.2 m。（图 10-10）

第三节 钢筋混凝土楼梯的基本构造

钢筋混凝土楼梯是建筑物中常见的垂直交通设施，它主要由梯段（梯级）、平台（休息平台）、扶手、支撑结构、梯面、梯梁等组成。（图 10-11）

梯段：梯段是楼梯的主要部分，由若干个踏步组成。每个踏步由前缘（即脚踩的部分）和后缘（即扶手连接的部分）组成。梯段的尺寸（包括踏步高度、踏步宽度以及两踏步之间的深度）需要满足规范要求。

平台：设置在楼梯的拐弯处或两段楼梯之间。平台不仅给人提供休息的位置，还有利于营造宽敞的视觉空间和保持楼梯的稳定。

扶手：是楼梯两侧供人上下楼梯时握持的设施，以增加安全性。根据规定，扶手的高度、直径和间距都有规范要求。

支撑结构：楼梯的支撑结构包括主梁、次梁和梯段板等，它们承受楼梯自重以及使用中产生的荷载。

梯面：梯面是连接两个相邻踏步的后缘部分，它起到封闭梯段的作用，并固定踏步的位置。

梯梁：梯梁是安装在楼梯两侧，用于支撑踏步和梯面的横向构件，是楼梯的主要承重构件。

钢筋混凝土楼梯坚固耐久、应用广泛，按施工方法不同，主要有现浇整体式楼梯和预制装配式楼梯两类。

一、现浇整体式钢筋混凝土楼梯构造

现浇整体式钢筋混凝土楼梯能充分发挥钢筋混凝土的可塑性，结构整体性好，适用于各种形式的楼梯，常见有板式、梁板式和扭板式，其构造特点如下：

1. 板式楼梯

现浇板式钢筋混凝土楼梯，梯段板承受该梯段的全部荷载，并将荷载传至两端的平台梁上。

这种楼梯构造简单，施工方便，造型简洁，通常在梯段小于 3 m 时采用。（图 10-12）

2. 梁板式楼梯

梁板式楼梯由踏步板和梯段斜梁（简称梯梁）组成。梯段荷载由踏步板承受，并传给楼梯斜梁，再由斜梁传至两端的平台梁上。梁板式梯段可分为梁承式、梁悬臂式等。

（1）梁承式：梯梁在踏步板之下，踏步外露，称为明步，如图 10-13（a）。梯梁在踏步板之上，形成反梁，踏步包在里面，称为暗步，如图 10-13（b）。

（2）梁悬臂式楼梯：指踏步板从梯斜梁两边或一边悬挑的楼梯形式。（图 10-14）

此楼梯一般为单梁或双梁悬臂支承踏步板和平台板。单梁悬臂多用于中小型楼梯或小品景观楼梯，双梁悬臂则用于梯段宽度大、人流量大的大型楼梯。由于踏步板悬挑，造型轻盈美观。踏步板断面形式有平板式、折板式和三角形板式。平板式断面踏步使梯段踢面空透，常用于室外楼

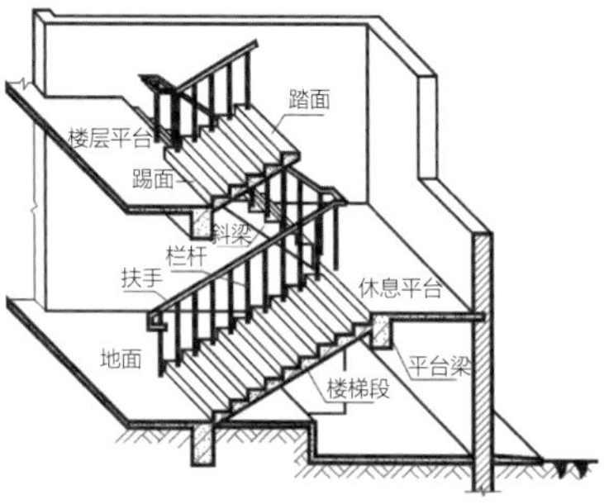

图 10-11 楼梯的细节

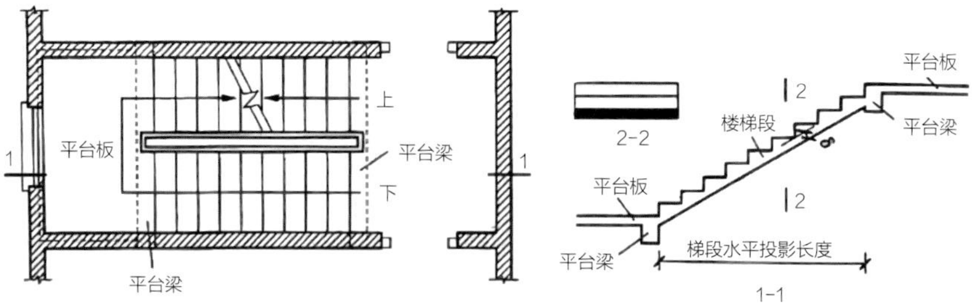

图 10-12 板式楼梯

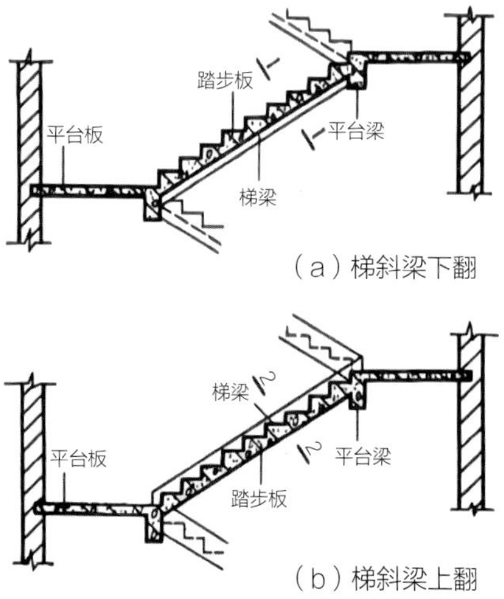

图 10-13 现浇梁承式楼梯

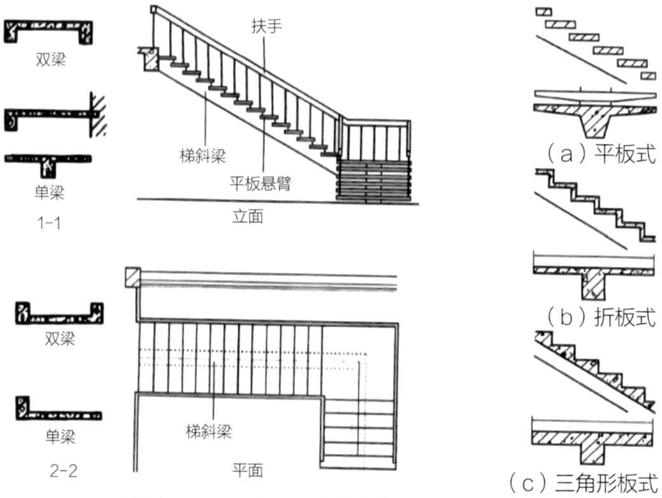

图 10-14 现浇梁悬臂式楼梯

梯。折板式断面踏步板踢面未漏空，可加强踏步板的刚度并避免尘埃下掉，但折板式断面踏步板底支模困难且不平整。三角形断面踏步板式梯段，板底平整，支模简单，但混凝土用量和自重均有所增加。

3. 扭板式梯段

这种楼梯底面平整，结构占空间少，造型美观。但由于板跨大，受力复杂，结构设计和施工难度较大，钢筋和混凝土用量也较大。如图 10-15 所示的现浇扭板式钢筋混凝土弧形楼梯，一般用于标准高的建筑，特别是公共大厅中。为了使梯段边沿线条轻盈，常在靠近边沿处局部减薄出挑。

二、预制装配式钢筋混凝土楼梯构造

预制装配式钢筋混凝土楼梯按构造方式可以分为梁承式、墙承式和墙悬臂式。我们以常用的平行双跑楼梯为例，来介绍预制装配式钢筋混凝土楼梯的构造原理和做法。

1. 梁承式楼梯

预制装配式梁承式钢筋混凝土楼梯，是指梯段由平台梁支撑的楼梯构造方式，在一般性民用建筑中较为常用。预制构件分为梯段、平台梁和平台板三部分，如图 10-16 所示。

（1）梯段

①梁板式梯段：梁板式梯段由梯斜梁和踏步板组成。踏步板支承在两侧梯斜梁上，梯斜梁两端支承在平台梁上，如图 10-16（a）所示。

②板式梯段：板式梯段为整块或数块带踏步条板，没有梯斜梁，梯段底面平整，结构厚度小，其上下端直接支承在平台梁上，如图 10-16（b）所示，使平台梁位置相应抬高，增大了平台下净空高度。

③踏步板：钢筋混凝土预制踏步板断面形式有一字形、L 形、三角形等，如图 10-17 所示。一字形断面踏步板制作简单，踢面一般用砖填充，但其受力不太合理，仅用于简易梯、室外梯等。L 形断面踏步板自重轻、用料省，但拼装后底面形成折板，容易积灰，可正置和倒置。三角形断面踏步板梯段底面平整、简洁，但自重大，因此常将三角形断面踏步板抽孔，形成空心构件，以减轻自重。

④梯斜梁：梯斜梁有矩形断面、L 形断面和

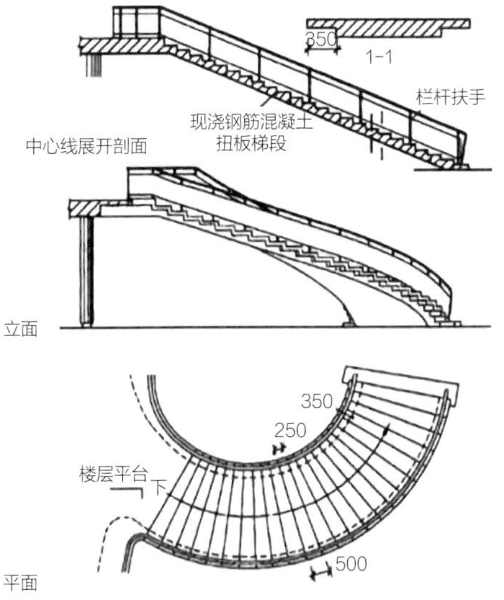

图 10-15 现浇扭板式钢筋混凝土弧形楼梯

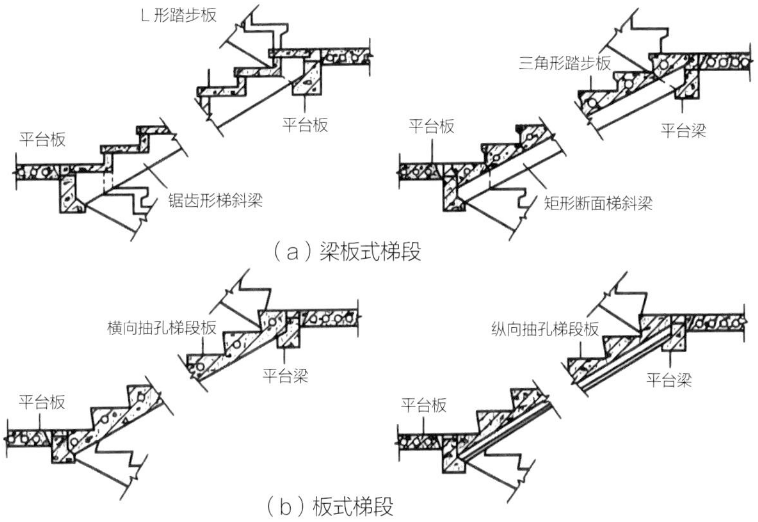

图 10-16 预制装配式梁承式楼梯

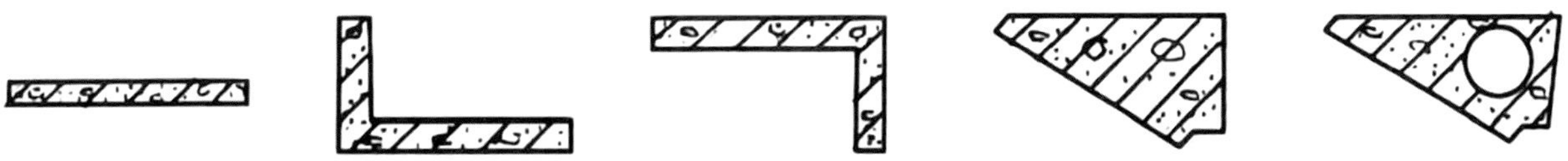
（a）一字形　（b）L 形　（c）倒 L 形　（d）三角形　（e）抽孔三角形

图 10-17 踏步板断面形式

锯齿形断面三种（图 10-18）。矩形断面和 L 形断面梯斜梁主要用于搁置三角形断面踏步板，锯齿形断面梯斜梁主要用于搁置一字形、L 形断面踏步板。梯斜梁一般按 L/12 估算其断面有效高度（L 为梯余梁水平投影跨度）。

（2）平台梁

为了便于支承梯斜梁或梯段板，减少平台梁占用的结构空间，一般将平台梁做成 L 形断面，结构高度按 L/12 估算（L 为平台梁跨度），平台梁断面尺寸如图 10-19 所示。

（3）平台板

平台板宜采用钢筋混凝土空心板或槽形板。平台板一般平行于平台梁布置，当垂直于平台梁布置时，常采用小平板（图 10-20）。

梯段与平台梁节点处理是梁承式楼梯构台设计的难点。（图 10-21）

2. 墙承式楼梯

预制装配墙承式钢筋混凝土楼梯是把预制踏步搁置在两面墙上，而省去梯段上的斜梁。一般适用于单向楼梯，或中间有电梯间的三折楼梯。对于双折楼梯来说，梯段采用两面隔墙，则在楼梯间的中间，必须加一道中墙作为踏步板的支座。这种楼梯由于在梯段之间有墙，使得视线、光线受到阻挡，且空间狭窄，搬运家具及较多人流上下时均感不便。通常在中间墙上开设观察口，改善视线和采光（图 10-22）。

3. 墙悬臂式楼梯

预制装配墙悬臂式钢筋混凝土楼梯系指预制钢筋混凝土踏步板一端嵌固于楼梯间侧墙上，另一端悬挑的楼梯形式，如图 10-23。

这种楼梯构造简单，只要预制一种悬挑的踏步构件，按楼梯的尺寸要求，依次砌入砖墙内即可，在住宅建筑中使用较多，但其楼梯间整体刚度差，不能用于有抗震设防要求的地区。墙悬臂式楼梯用于嵌固踏步板的墙体厚度不应小于 240 mm，踏步板悬挑长度一般不大于 1500 mm。踏步板一般采用 L 形或倒 L 形

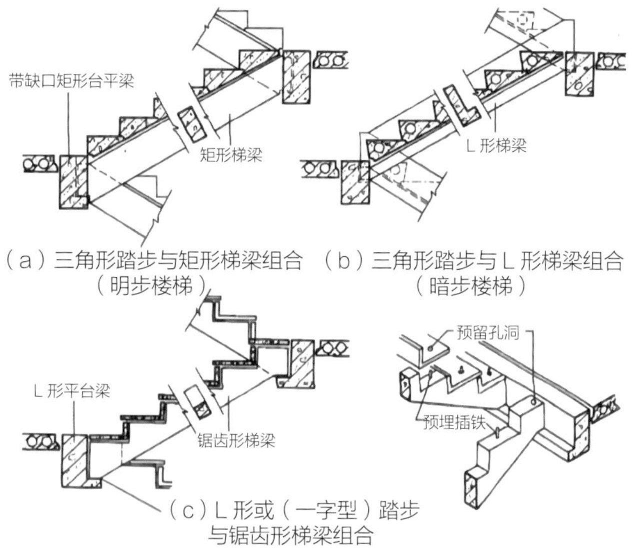

（a）三角形踏步与矩形梯梁组合（明步楼梯）（b）三角形踏步与 L 形梯梁组合（暗步楼梯）

（c）L 形或（一字型）踏步与锯齿形梯梁组合

图 10-18 踏步板断面与梯梁组合形式

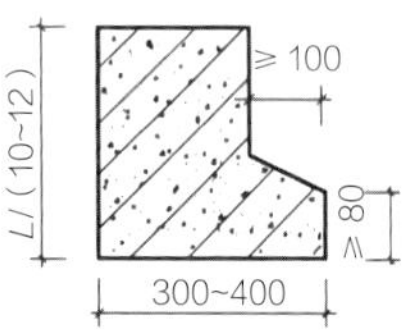

图 10-19 平台梁断面尺寸（mm）

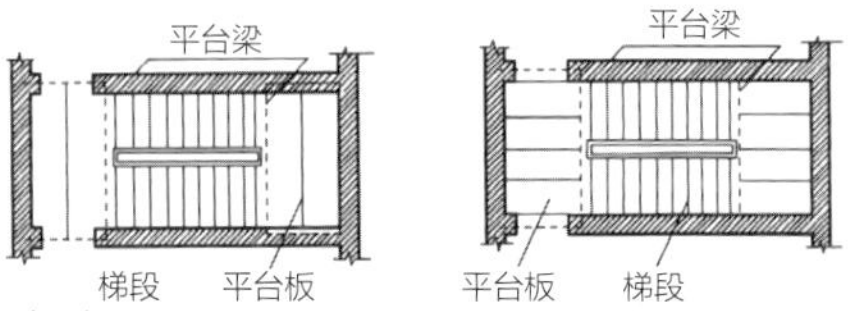

（a）平台板平行于平台梁 （b）平台板垂直于平台梁

图 10-20 平台板的布置方向

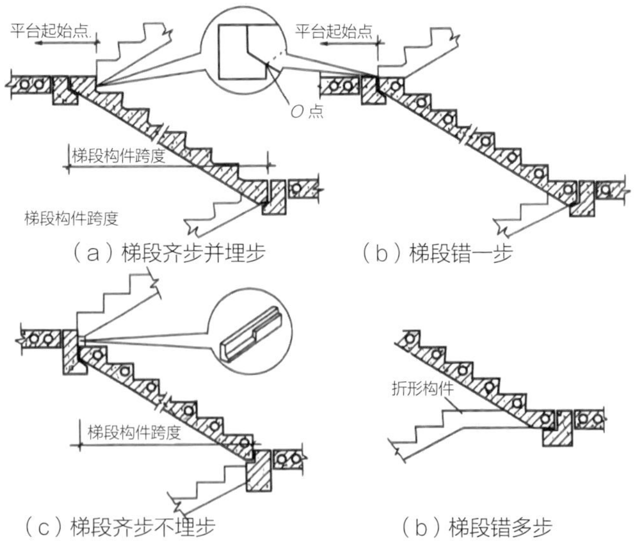

（a）梯段齐步并埋步 （b）梯段错一步

（c）梯段齐步不埋步 （b）梯段错多步

图 10-21 梯段与平台梁的节点构造

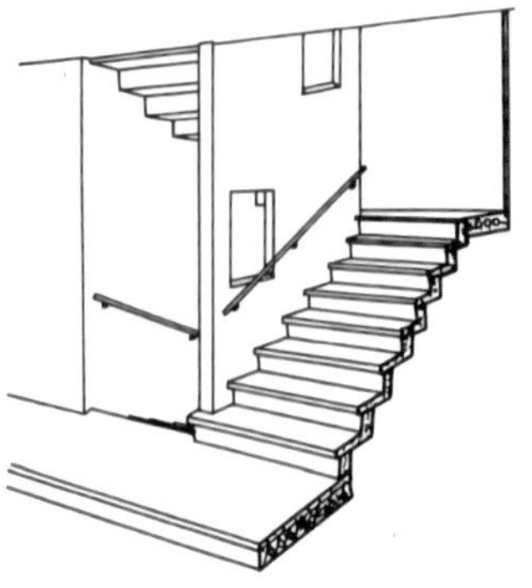

图 10-22 墙承式楼梯（双折）

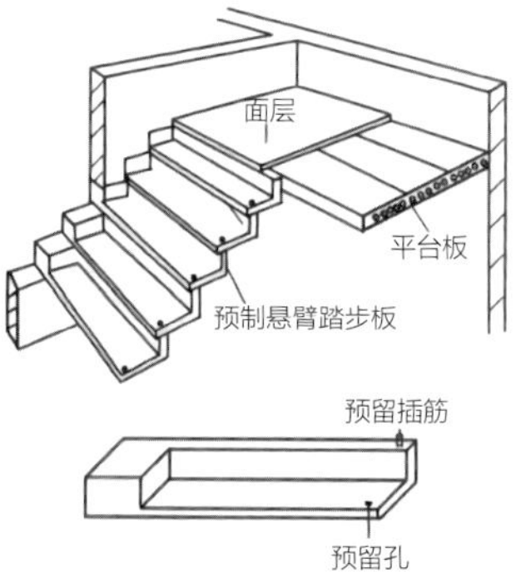

图 10-23 墙悬臂式楼梯

带肋断面形式。

在钢筋混凝土楼梯设计和施工时，需要严格遵守相关的国家标准和规范，确保楼梯的结构安全、耐用、舒适且符合使用功能要求。

第四节 楼梯的细部构造设计

楼梯作为建筑设计中重要的组成部分，其细部构造设计直接关系到使用者的安全。楼梯细部构造设计有以下几部分：

一、踏步面层

楼梯踏步面层（踏面）应便于行走、耐磨、美观、防滑和易清洁，做法与楼地面层装修做法基本相同。装修用材一般有水泥砂浆、水磨石、大理石、花岗石、缸砖等，其面层构造如图 10-24 所示。

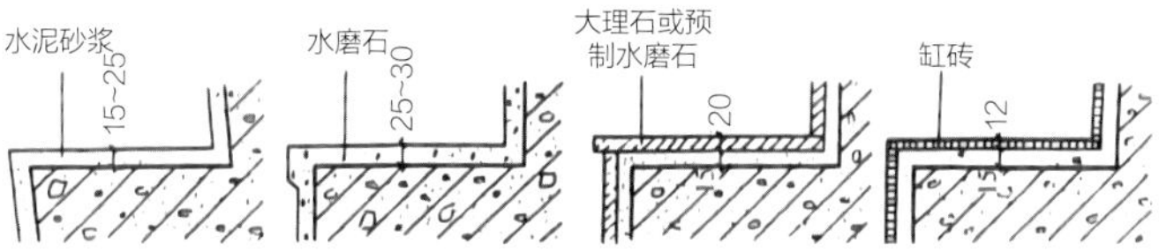

（a）水泥砂浆面层 （b）水磨石面层 （c）天然石或人造石面层 （d）缸砖面层

图 10-24 踏步面层构造

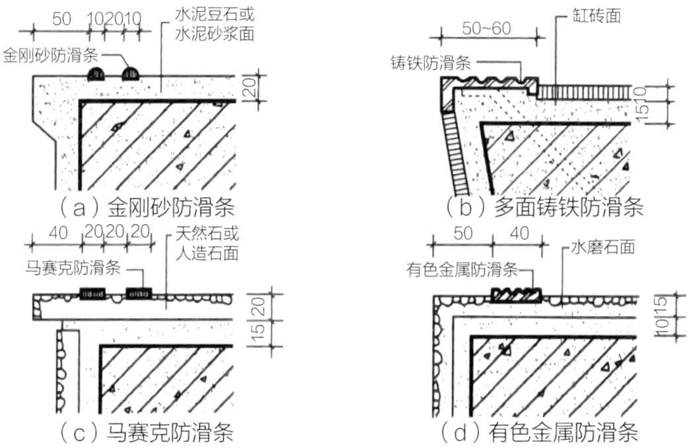

（a）金刚砂防滑条 （b）多面铸铁防滑条 （c）马赛克防滑条 （d）有色金属防滑条

图 10-25 踏步面层防滑构造

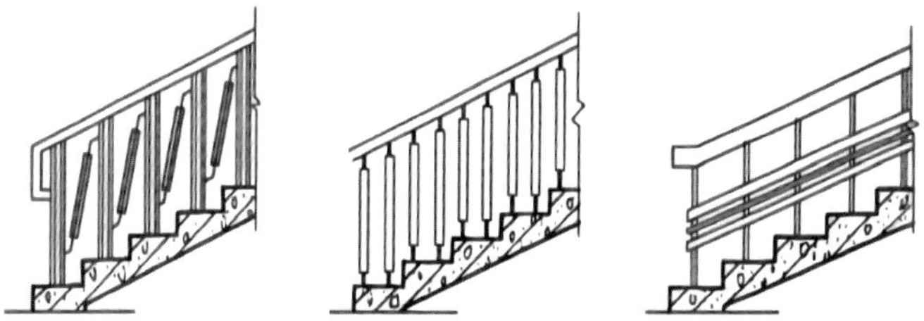

图 10-26 空花栏杆

踏步宽度：一般成人使用的踏步宽度为 280 mm~300 mm，儿童使用的踏步宽度可适当窄一些。

踏步高度：为适应大多数人的步幅，踏步高度在 150 mm~200 mm 之间。同一楼梯踏步高度不应变化，避免突然的变化给使用者带来不适或跌倒危险。

二、防滑措施

为了避免行人滑倒，踏步表面应有防滑措施，特别是人流量较大的公共建筑中的楼梯必须对踏面进行防滑处理。防滑处理的方法通常设置防滑条，一般采用水泥铁屑、金刚砂、金属条（铸铁、铝条、铜条）、马赛克及带防滑条缸砖等材料设置在靠近踏步阳角处，如图 10-25 所示。防滑条凸出踏步面不能太高，一般在 3 mm 以内。踏步面应有适当的粗糙度，以增加与鞋底的摩擦力。

三、栏杆与扶手的构造

1. 栏杆的构造

栏杆形式可分为空花栏杆、栏板式栏杆和组合式栏杆三种。

（1）空花栏杆

空花栏杆一般采用圆钢、方钢、扁钢或钢管等金属材料做成。断面分为实心和空心两种。实心竖杆圆形断面尺寸一般为 16 mm~30 mm，方形断面尺寸为 20 mm × 20 mm~30 mm × 30 mm。在儿童活动场所，如幼儿园、住宅等建筑，为防止儿童穿过栏杆空挡发生危险事故，栏杆垂直杆件间的间距不大于 110 mm，且不采用易于攀登的花饰。扶手高度一般为 900 mm~1100 mm，以适应大多数人的手臂长度。（图 10-26）

（2）栏板式栏杆

栏板式栏杆是以栏板取代空花栏杆。栏

板通常是采用现浇或预制的钢筋混凝土板、钢丝网水泥板或砖砌栏板。

钢丝网水泥栏板是在钢筋骨架的侧面先铺钢丝网，再抹水泥砂浆而成，如图 10-27（a）所示。砖砌栏板通常采用高标号水泥砂浆砌筑 1/2 或 1/4 标准砖，在砌体中应加拉结筋，两侧铺钢丝网，采用高标号水泥砂浆抹面，并在栏板顶部现浇钢筋混凝土通长扶手，以加强其抗侧向冲击的能力，如图 10-27（b）所示。

（3）组合式栏杆

组合式栏杆是将空花栏杆和栏板式栏杆组合而形成的一种栏杆形式。栏板作为防护和美观装饰构件，通常采用木板、塑料贴面板、铝板、有机玻璃板和钢化玻璃板等材料。栏杆竖杆为主要抗侧力构件，常采用钢材或不锈钢等材料，如图 10-28 所示。

2. 扶手的构造

扶手位于栏杆或栏板的顶部，通常用木材、塑料、金属、水泥砂浆等材料做成（图 10-29）。扶手的断面应该考虑人的手掌尺寸，并注意美观。

（1）扶手与栏杆的连接

扶手与栏杆的连接方法视扶手和栏杆的材料而定。硬木扶手与金属栏杆的连接，通常是在金属栏杆的顶端先焊接一根通长扁钢，然后再用木螺钉将扁钢与扶手连接在一起。塑料扶手与金属栏杆的连接与硬木扶手相似。金属扶手与金属栏杆通过焊接连接，确保在静态和动态载荷下都不会发生移位或损坏。

（2）扶手与墙面的连接

在楼梯间的顶层，应设置水平栏杆扶手，扶手端部与墙应固定在一起（图 10-30）。其方法是在墙上预留孔洞，将扶手和栏杆插入洞内，用水泥砂浆或细石砼填实。也可将扁钢用木螺丝固定于墙内预埋的防腐木砖上。若为钢筋砼墙或柱，则可采用预埋铁件焊接。靠墙扶手（图 10-31）通过连接件固定于墙上，连接件通常直接埋入墙上的预留孔内，也可以预埋螺栓连接。

（3）扶手的细部处理

梯段转折处扶手细部的处理（图 10-32）很重要，当上下梯

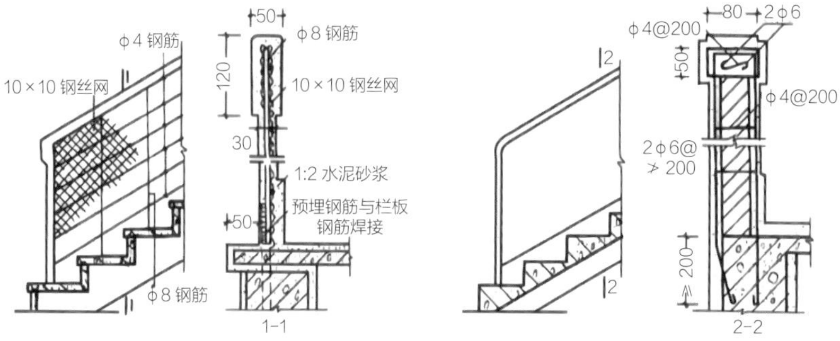

（a）钢丝网水泥栏板　　（b）砖砌栏板

图 10-27 栏板式栏杆

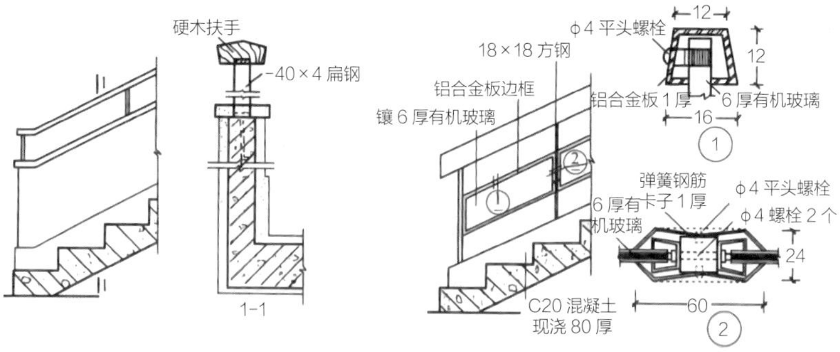

（a）金属栏杆与钢筋混凝土栏板组合　　（b）金属栏杆与有机玻璃板组合

图 10-28 组合式栏杆

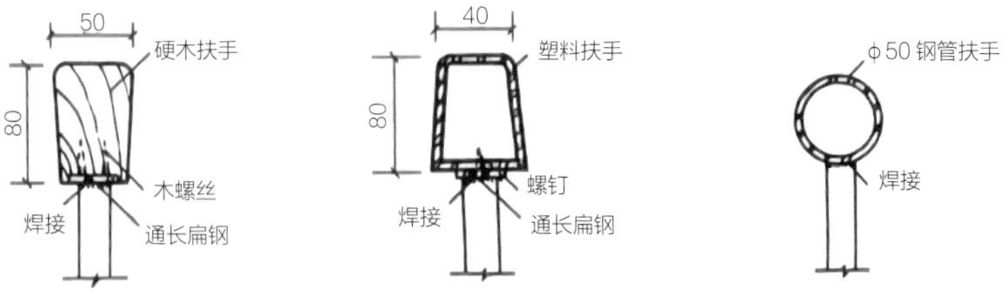

（a）硬木扶手　　（b）塑料扶手　　（c）金属扶手

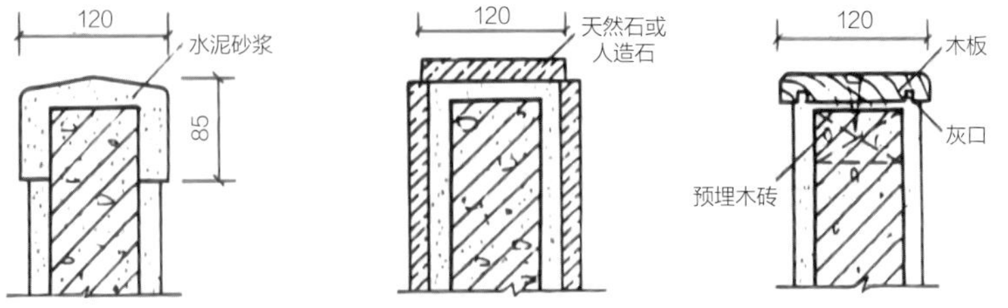

（d）水泥砂浆（水磨石）扶手　　（e）天然石（或人造石）扶手　　（f）木板扶手

图 10-29 扶手的形式

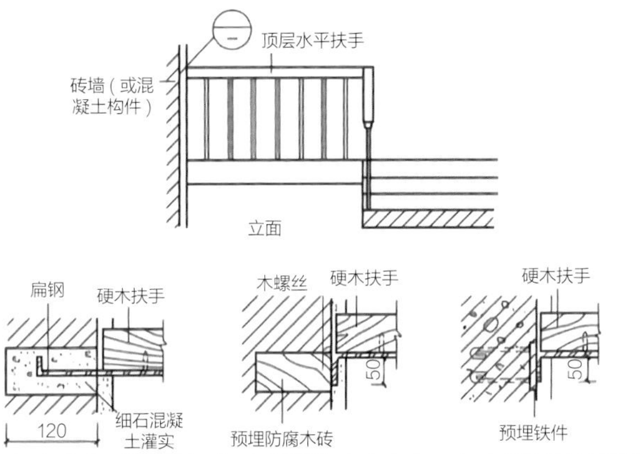

（a）预留孔洞插接（b）预埋防腐木砖木螺丝连接（c）预埋铁件焊接

图 10-30 扶手端部与墙连接

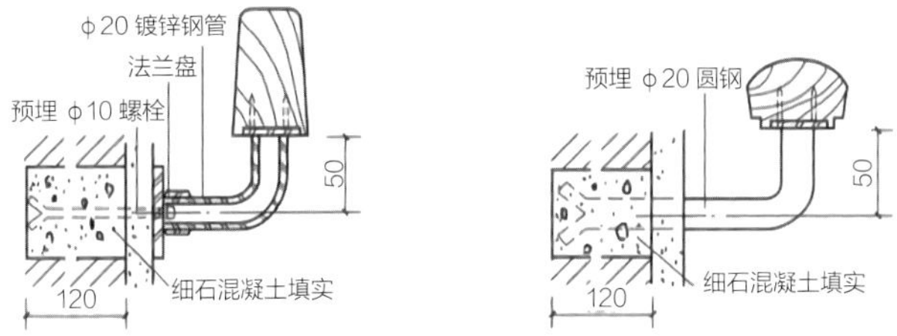

（a）预留螺栓（b）预埋连接件

图 10-31 靠墙扶手

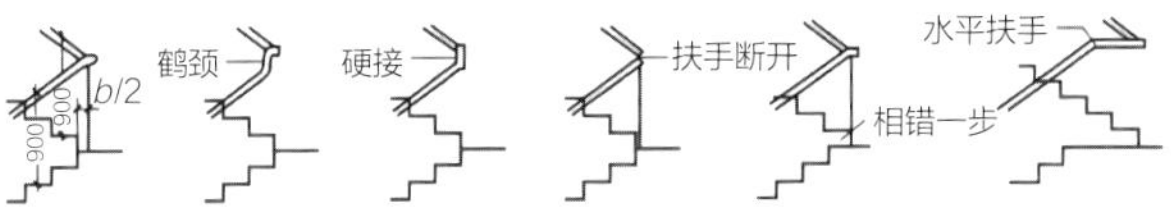

图 10-32 梯段转折处扶手的设计

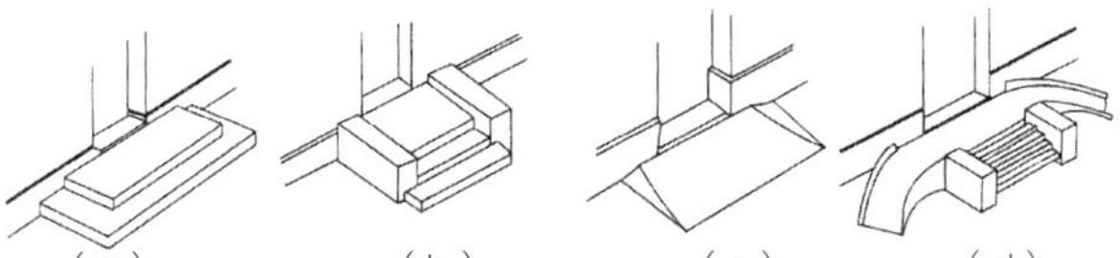

（a）（b）（c）（d）

图 10-33 台阶与坡道形式

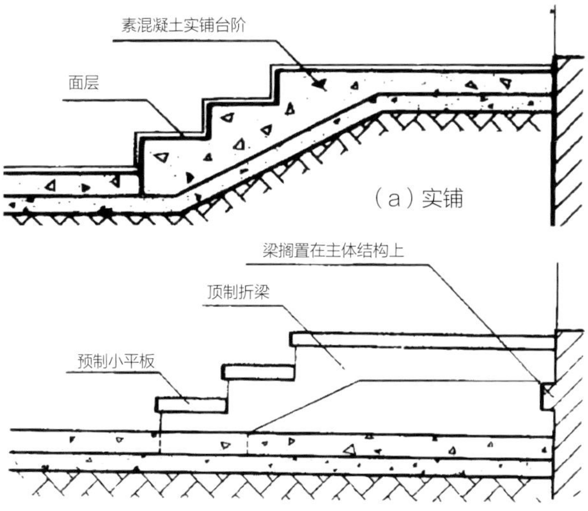

（b）架空

图 10-34 台阶构造示意

段齐步时，上下扶手在转折处同时向平台延伸半步，使两扶手高度相等，连接自然，但这样做可能会缩小平台的有效深度。

如扶手在转折处不伸入平台，下跑梯段扶手在转折处需上弯形成鹤颈扶手，也可采用直线转折的硬接方式。

当上下梯段错一步时，扶手在转折处不须向平台延伸即可自然连接。当长短跑梯段错开几步时，将出现一段水平栏杆。

3. 楼梯照明

楼梯应配备充足的照明，以保证使用者在夜间或光线不足的情况下也能安全使用。

第五节 台阶与坡道构造

台阶和坡道是建筑设计中常用的元素，它们在为建筑物提供入口、连接不同楼层或水平面方面发挥着重要作用。两者在设计和构造上各有特点，以满足不同的功能需求和审美需求。（图 10-33）

一、台阶构造

台阶由踏步和平台组成。其形式有单面踏步式、三面踏步式等。台阶设置应符合下列规定：公共建筑室内外台阶踏步宽度不宜小于 0.30 m，踏步高度不宜大于 0.15 m，并不宜小于 0.10 m，踏步应防滑。室内台阶踏步数不应少于 2 级，当高差不足 2 级时，应按坡道设置；人流密集的场所台阶高度超过 0.70 m 并侧面临空时，应有防护设施。

台阶构造与地坪构造相似，由面层和结构层构成。结构层材料应采用抗冻、抗水性能好且质地坚实的材料，常见的台阶基础有就地砌造、勒脚挑出、桥式等。台阶可由各种材料制成，如石材、木材、混凝土、金属等。台阶表面设防滑图案或使用防滑材料。室外台阶需要考虑排水问题，以防止积水。（图 10-34）

二、坡道构造

坡道主要用于连接不同标高面，如无障碍坡道、地下车库出入口坡道、人行坡道等。坡道多为单面坡形式，坡道设置应符合下列规定：室内坡道坡度不宜大于 1∶8，室外坡道坡度不宜大于 1∶10；室内坡道水平投影长度超过 15 m 时，宜设休息平台，平台宽度应根据使用功能或设备尺寸所需缓冲空间而定；供轮椅使用的无障碍坡道坡度不应大于 1∶12，困难地段不应大于 1∶8；自行车推行坡道每段坡长不宜超过 6 m，坡度不宜大于 1∶5；机动车行坡道应符合国家现行标准《车库建筑设计规范》的规定；坡道应采取防滑措施。坡道通常配备扶手和栏杆，给老年人或行动不便者提供支撑和安全感，坡道表面应尽量平整，以便于轮椅和童车通行。（图 10-35）

第六节 电梯与自动扶梯

电梯和自动扶梯是现代建筑中常见的交通运输设备。

一、电梯

电梯是一种垂直运输工具，按使用性质分为客梯、货梯、消防电梯、病床电梯等。客梯主要用于人们在建筑物中的垂直联系；货梯，主要用于运送货物及设备；消防电梯，用于发生火灾、爆炸等紧急情况下做安全疏散人员和消防人员紧急救援使用；病床电梯，主要用于医疗建筑。（图 10-36）

电梯的组成包括：电梯井道、电梯机房、井道地坑。

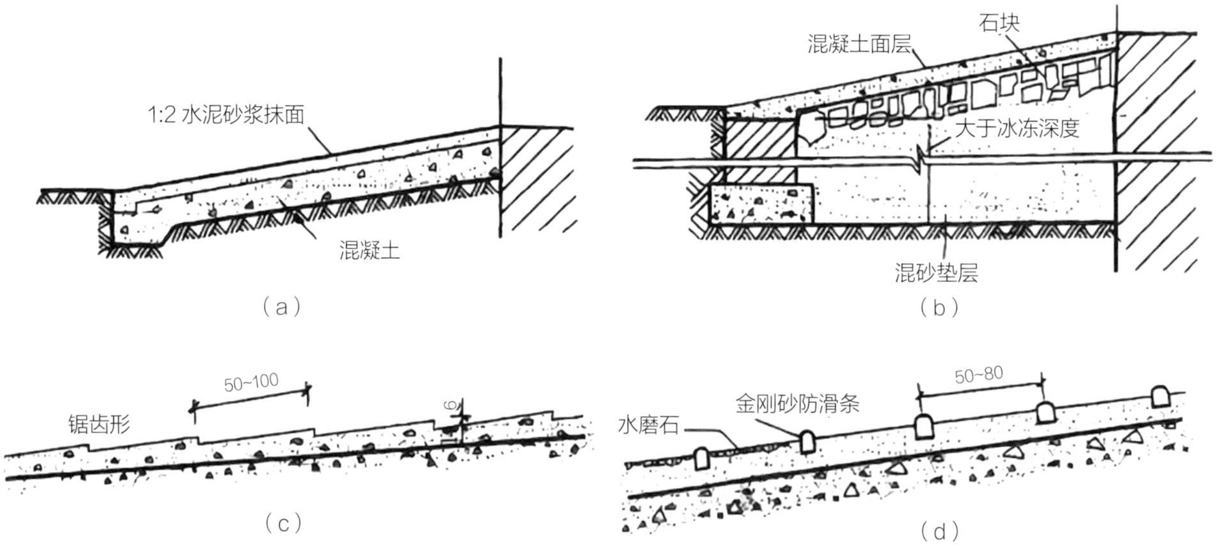

图 10-35 坡道的构造示意

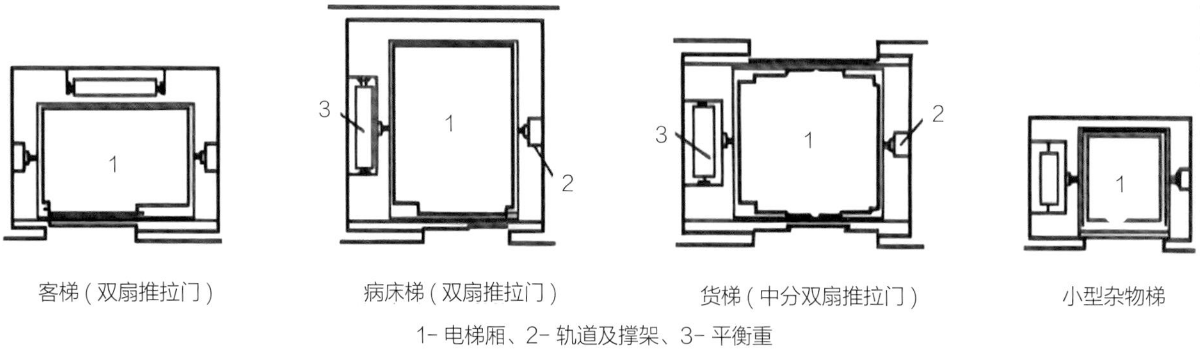

图 10-36 电梯分类与井道平面示意

电梯井道，是电梯运行的通道，井道内包括出入口、电梯轿厢、导轨、导轨撑架、平衡锤及缓冲器等。不同用途的电梯，井道的平面形式不同。电梯井道是高层建筑穿通各层的垂直通道，火灾事故中火焰及烟雾容易从中蔓延。因此井道的围护结构必须满足防火规范的耐火极限，而消防电梯必须设置防烟前室。（图 10-37）

电梯机房，一般设在井道的顶部，机房和井道的平面相对位置允许机房任意向一个或两个相邻方向伸出，机房的平面尺寸须根据机械设备的尺寸、后期管理和维修需要来决定，高度一般为 2.5 m~3.5 m。机房楼板应按机器设备要求的部位预留孔洞。机房机座下必须设置弹性垫层，以达到隔振和隔声的目的。电梯运行的速度超过 1.5 m/s 者，除弹性垫层外，还应在机房与井道间设隔声层，高度为 1.5 m~1.8 m。（图 10-38、图 10-39）

井道地坑，在最底层平面标高下≥ 1.4 m，要考虑电梯停靠时的冲力，作为轿厢下降时所需的缓冲器的安装空间。

二、自动扶梯

自动扶梯适用于有大量人流上下的公共场所，如车站、机场、超市、商场、地铁车站等。自动扶梯可正、逆两个方向运行。单人扶梯净宽 600 mm，双人扶梯净宽 1000 mm。

自动扶梯的主要组成部分包括梯级或踏板、扶手带、驱动装置、控制系统、安全装置等。梯级或踏板通常由坚固的材料制成，以承受日常使用中的人数和重量。扶手带则与梯级或踏板的移动同步，为乘客提供稳定的抓握位置。

在安全性能方面，自动扶梯通常配备有多种

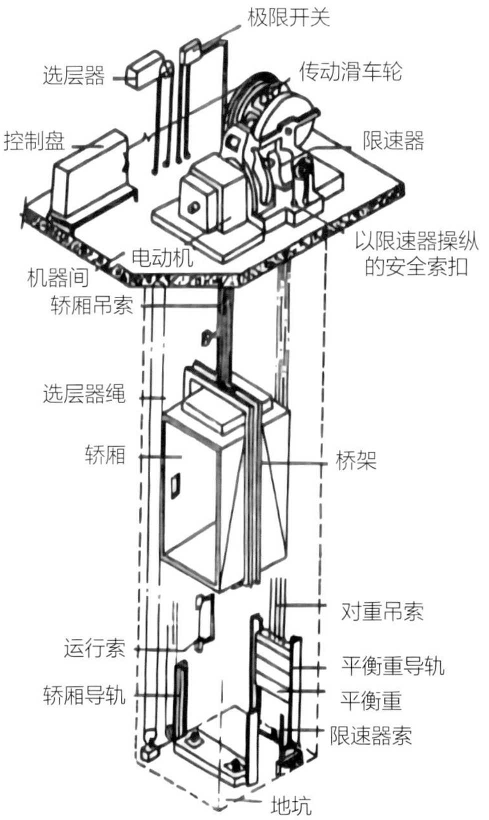

图 10-37 电梯井道内部透视示意

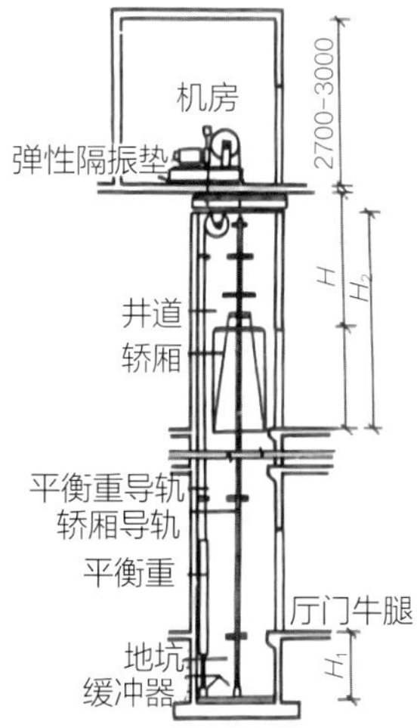

（a）无隔声层（通过电梯门剖面）

（b）有隔声层（平行电梯门剖面）

图 10-38 电梯机房隔振、隔声处理

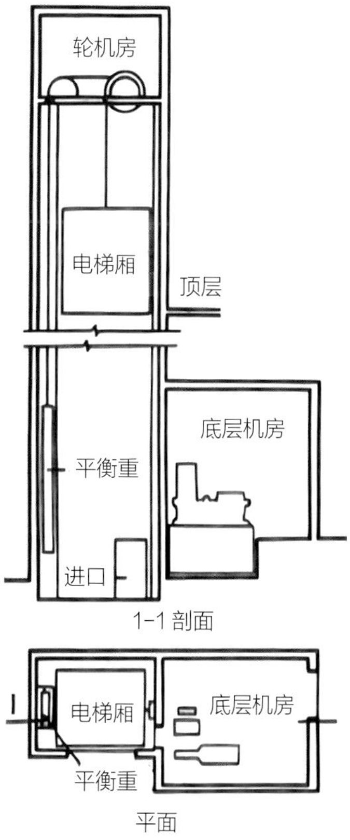

图 10-39 底层机房电梯

安全装置，如急停装置、超速保护装置、梯级缺损保护装置、扶手带速度监控装置等。这些安全装置可以在紧急情况下立即停止自动扶梯的运行，或者在梯级出现缺损等异常情况时自动切断电源，确保乘客的安全。

自动扶梯的机械装置悬在楼板下面，楼层下做装饰处理，底层则做地坑，在其机房上部自动扶梯口处应做活动地板，以利检修。地坑也应做防水处理。（图 10-40）

当建筑中设置自动扶梯时，如上下两层面积总和超过防火分区面积要求，应按防火要求设防火隔断或用复合式防火卷帘封闭自动扶梯井。

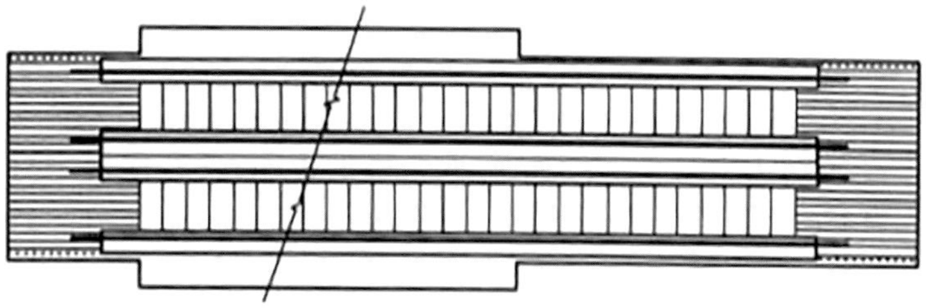

（a）双台并列

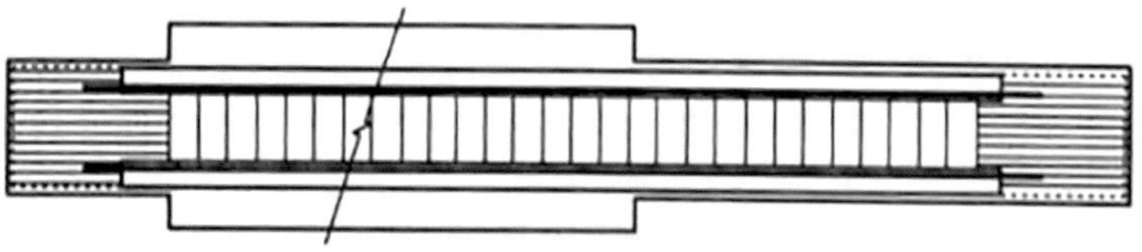

（b）单台设置

图 10-40 自动扶梯平面图

CHAPTER 11

第十一章

建筑主要构造——屋顶

第一节 屋顶的类型与设计要求

屋顶是建筑物的重要组成部分，是建筑最上层的覆盖构件。它主要有两个作用：一是承受作用于屋顶上的风荷载、雪荷载、设备荷载和屋顶自重等，起承重作用；二是防御自然界的风、霜、雨、雪、冷、热等因素的影响，起围护作用。考虑到建筑物的性质、重要程度、使用功能、防水层合理使用年限等因素，再结合工程特点、地区自然条件等，屋顶可以具有不同的类型和相应的设计要求。

一、屋顶的类型

屋顶一般可分为平屋顶、坡屋顶和其他形式的屋顶。

1. 平屋顶

平屋顶通常是指屋顶坡度小于 5% 的屋顶，最常用的坡度是 2%~3%。平屋顶构造简单，是目前应用最为广泛的一种屋顶形式，被大量应用于民用建筑。常见的平屋顶形式有挑檐平屋顶、女儿墙平屋顶、挑檐女儿墙平屋顶、盝（盒）顶平屋顶。（图 11-1）

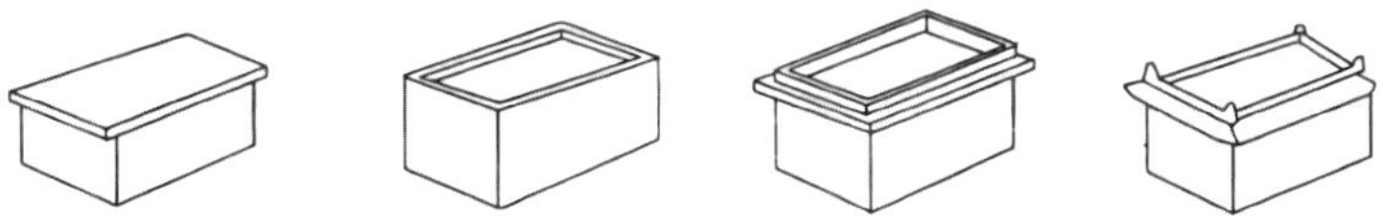

图 11-1 平屋顶形式示意

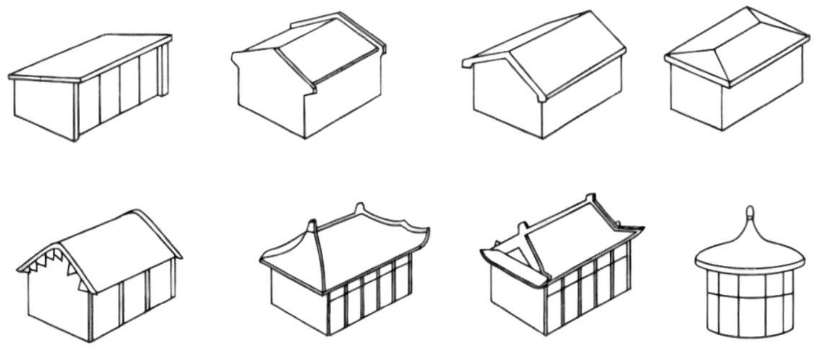

图 11-2 坡屋顶形式示意

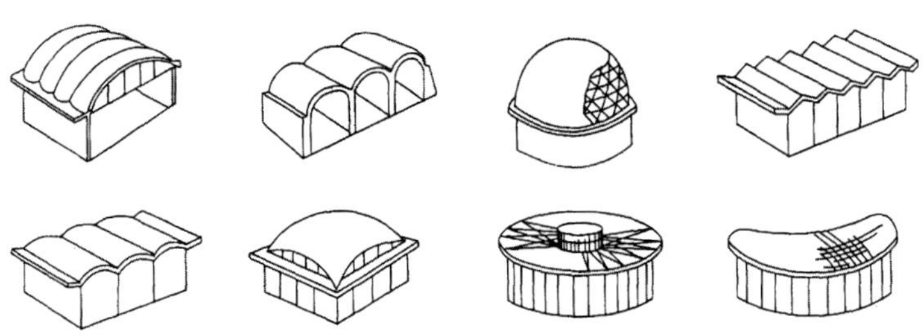

图 11-3 其他形式的屋顶示意

2. 坡屋顶

坡屋顶通常是指屋顶坡度在 10% 以上的屋顶，坡屋顶是我国传统的建筑屋顶形式，有着悠久的历史。根据构造不同，常见形式有单坡、双坡屋顶，硬山及悬山屋顶，歇山及庑殿屋顶，圆形或多角形攒尖屋顶等。一些现代的建筑，在考虑要兼顾景观环境和建筑风格时，也常采用坡屋顶。（图 11-2）

3. 其他形式的屋顶

随着建筑科学技术的进步，许多新型结构的屋顶应运而生，如有拱结构、薄壳结构、折板屋顶、悬索屋顶、网架屋顶、膜结构屋顶等形式的屋顶。（图 11-3）

二、屋顶的设计要求

屋顶的设计要求涉及多个方面，包括结构安全性、屋顶排水、防水隔热、美观经济、可持续性等。

1. 结构安全性

结构安全性是指屋顶必须具有足够的强度和刚度，屋顶结构必须能够承受当地的风、雪、设备、自重等荷载。应确保屋顶与墙体、梁、柱连接牢固，保证建筑结构的整体安全和稳定，能满足抗震的要求。

2. 屋顶排水

屋顶应具有良好的排水，确保屋面雨水能快速排出，不会形成积水。屋面排水宜优先采用外排水形式，高层建筑、多跨建筑、积水面积较大的屋面宜采用内排水。

3. 防水隔热

屋顶应具有良好的围护作用，具有良好的防水、保温和隔热性能。其中防止雨水渗漏是屋顶的基本功能要求，也是屋顶设计的核心。同时，设计中也要重点考虑屋顶的保温隔热性能，维持冬、夏两季室内温度的相对稳定，减少空调使用，从而节约能源。

4. 美观经济

屋顶设计应符合美学要求，与建筑物的整体风格相协调。屋顶是建筑造型的重要组成部分，中国古建筑的重要特征之一就是有变化多样的屋顶形式和精美的构造细部，现代建筑也应注重屋顶形式及其细部设计之美。

5. 可持续性

使用节能环保材料，提高资源的循环利用率；考虑屋顶雨水、太阳能等可再生资源的利用。

第二节 屋顶的防水构造

屋顶的防水构造是确保屋顶不发生渗漏的关键，它涉及材料选择、施工技术和排水系统的设计（图 11-4）。防水构造主要由结构层、找平层、隔气层、找坡（兼保温）层、找平层、结合层、防水层和保护层组成。

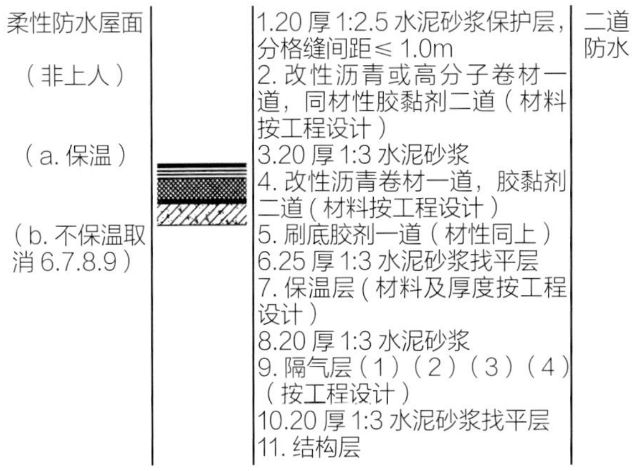

图 11-4 屋顶柔性防水构造示意

1. 结构层（基层）

在施工之前，需要对结构层进行处理，确保表面平整、干净、无油污、无浮尘、无松动和裂缝。

2. 找平层

隔气层要求铺贴在坚固而平整的结构层上，因此必须在结构层上设置找平层，一般用 1∶3~1∶2.5 水泥砂浆 20 mm~25 mm 厚抹平。

3. 隔气层

当水蒸气透过结构层进入保温层后，会使保温层含水率增加，导热系数也随之增大，致使保温层保温能力下降。因此需要在保温层下、找平层上设置一道隔气层，以阻隔室内传来的水蒸气。

4. 找坡（兼保温）层

找坡层主要用于平屋面，通过找坡层增加屋面排水坡度，以确保雨水能够迅速排走，避免积水。另外，通过选择合理的找坡材料和增加找坡层的厚度，可以满足屋面的保温隔热功能要求。

5. 找平层

防水层也需要铺贴在坚固而平整的基层上，因此必须在找坡（兼保温）层上设置找平层。

6. 结合层

结合层的作用是使卷材防水层与找平层黏结牢固，结合层所用材料应根据卷材防水层材料来选择。

7. 防水层

防水层是屋顶防水的核心，常用的防水层是由胶结材料与防水卷材黏合而成，卷材连续搭接，形成屋面防水的主要部分。当屋面坡度较小时，卷材一般平行于屋脊铺设，从檐口到屋脊，层层向上粘贴，上下搭接不小于 70 mm，左右搭接不小于 100 mm。

8. 保护层

在防水层上面，通常还会有一层保护层，用

于保护防水层不受紫外线、气候和其他外界因素的损害。

另外，屋面防水构造还需要重点考虑一些屋面附件的防水处理，包括天沟、檐沟、檐口、水落口、泛水、变形缝和伸出屋面的管道等位置，这些部位可能是屋面防水工程渗漏最严重的部位，需要特别注意防水处理。

第三节 屋顶的排水设计

屋顶的排水设计，目的是确保屋顶在降雨时能够迅速有效地排除屋面雨水，防止积水和渗漏。屋顶的排水设计内容主要包括选择屋顶排水坡度，确定排水方式，进行屋顶排水组织设计。

一、屋顶排水坡度的表示方法

常用的坡度表示方法有角度法、斜率法和百分比法。坡屋顶多采用斜率法，平屋顶多采用百分比法，角度法应用较少。（表 11-1）

表 11-1　屋面的排水坡度

屋面类别	屋面排水坡度（%）
卷材防水、刚性防水的平屋面	2~5
平　瓦	20~50
波形瓦	10~50
油毡瓦	≥ 20
网架、悬索结构金属板	≥ 4
压型钢板	5~35
种植土屋面	1~3

二、影响屋顶坡度的因素

影响屋顶坡度的因素主要是降雨量大小，降雨量大的地区，屋面渗漏的可能性较大，屋顶的排水坡度应适当加大；反之，屋顶排水坡度则宜小一些。需要注意的是，平屋面采用结构找坡不应小于 3%，采用材料找坡宜为 2%；卷材屋面的坡度不宜大于 25%，当坡度大于 25% 时应采取固定和防止滑落的措施；卷材防水屋面天沟、檐沟纵向坡度不应小于 1%，沟底水落差不得超过 200 mm。天沟、檐沟排水不得流经变形缝和防火墙；平瓦必须铺置牢固，抗震设防地区或坡度大于 50% 的屋面，应采取固定加强措施；架空隔热屋面坡度不宜大于 5%，种植屋面坡度不宜大于 3%。

三、屋顶坡度的形成方法（找坡）

1. 材料找坡

材料找坡是指屋顶坡度由轻质材料填充垫高形成，一般用于坡长较小的屋面，找坡层的厚度最薄处不小于 20 mm。平屋顶材料找坡的坡度宜为 2%~3%。

2. 结构找坡

结构找坡是指屋顶结构自身带有排水坡度，结构找坡的坡度宜为 3%。

材料找坡的屋面板可以水平放置，天棚面平整，但材料找坡增加屋面荷载，材料和人工消耗较多；结构找坡无须在屋面上另加找坡材料，构造简单，不增加荷载，但天棚顶倾斜，室内空间不够规整。这两种方法在工程实践中均有广泛地应用。

3. 屋顶排水方式

屋顶排水方式分为有组织排水和无组织排水两种。

①无组织排水，指屋面雨水未经组织或引导，直接从屋檐滴落到地面的一种排水方式，又称自由落水。主要适用于少雨地区或一般低层建筑，不宜用于城市临街建筑和较高的建筑。

②有组织排水，指经过设计，组织雨水经由天沟、雨水管等排水设施引流到地面的排水方式，是城市建筑中普遍使用的排水方式，通常分为外排水和内排水两种排水方案。

外排水方案，是指雨水管装设在室外的一种排水方案，其优点是雨水管不妨碍室内空间使用和美观，构造简单，被广泛采用。外排水可选择

方案有挑檐沟外排水、女儿墙外排水、女儿墙挑檐沟外排水、长天沟外排水等。（图 11-5）

内排水方案，是指雨水管装设在室内的一种排水方案。高层建筑、多跨建筑、积水面积较大的屋面宜采用内排水方案。（图 11-6）

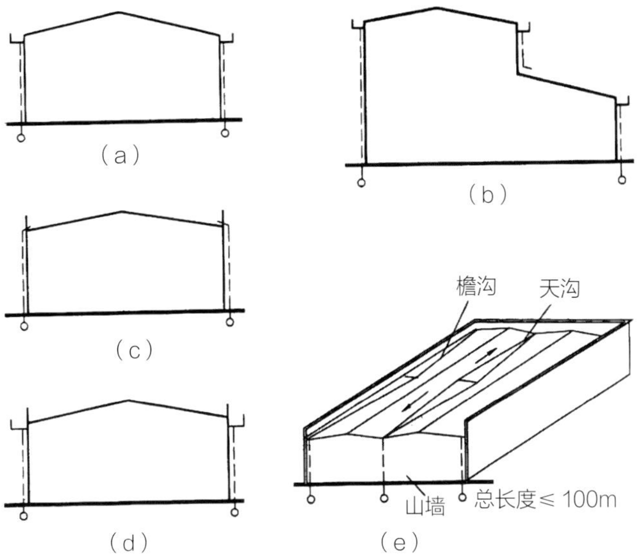

图 11-5 外排水方案示意

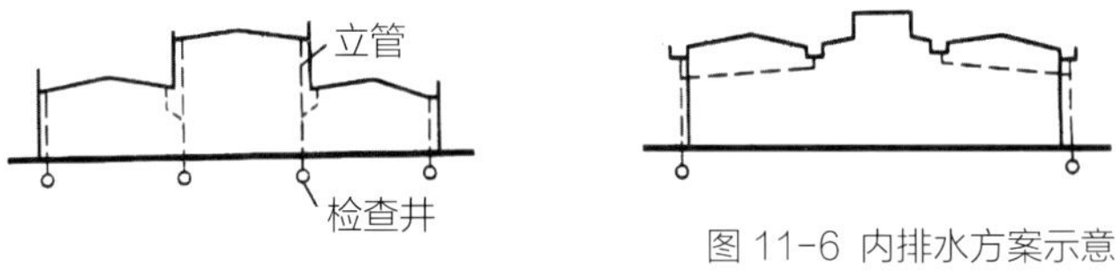

图 11-6 内排水方案示意

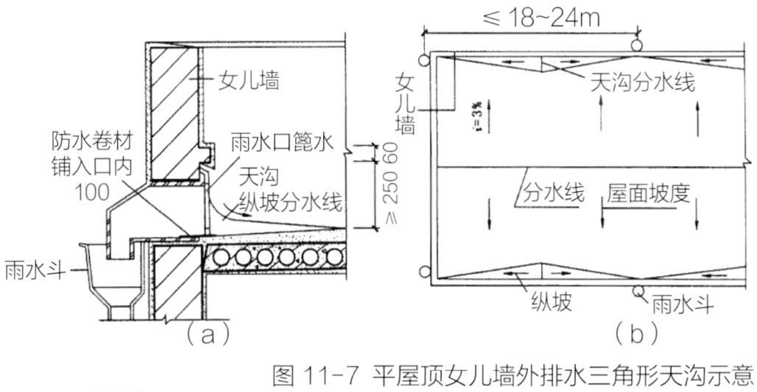

图 11-7 平屋顶女儿墙外排水三角形天沟示意

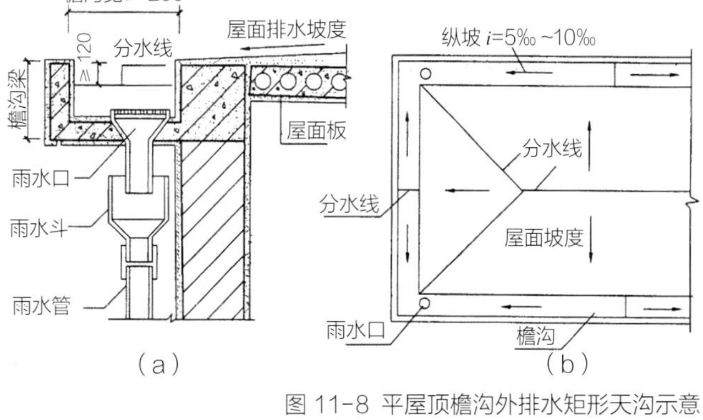

图 11-8 平屋顶檐沟外排水矩形天沟示意

4. 屋顶排水组织设计

屋顶排水组织设计的主要任务是将屋面划分成若干排水区，分别将雨水组织引导至屋面雨水口、雨水管，要求排水顺畅、避免积水、雨水口负荷均匀。设计方法如下：

①确定排水坡面的数目（分坡），一般情况下，临街建筑平屋顶屋面宽度小于 12 m 时，可采用单坡排水；其宽度大于 12 m 时，宜采用双坡排水。坡屋顶应结合建筑造型要求选择单坡、双坡或四坡排水。

②划分排水区，目的在于合理地布置雨水管。排水区的面积是指屋面水平投影的面积，每一根雨水管的屋面最大汇水面积不宜大于 200 m^2，雨水口的间距一般在 15 m~24 m。

③确定天沟所用材料、断面形式及尺寸，天沟即屋面上的排水沟，位于檐口部位时又称檐沟。设置天沟的目的是汇集屋面雨水，并将屋面雨水有组织地迅速排出。

天沟根据屋顶类型的不同有多种做法。坡屋顶中可用钢筋混凝土、镀锌铁皮、石棉水泥等材料做成槽形或三角形天沟。平屋顶的天沟一般用钢筋混凝土制作，当采用女儿墙外排水方案时，可利用倾斜的屋面与垂直的墙面构成三角形天沟；当采用檐沟外排水方案时，通常用专用的槽形板做成矩形天沟。（图 11-7、图 11-8）

④确定雨水管规格及间距。雨水管按材料的不同有铸铁、镀锌铁皮、塑料、石棉水泥和陶土等，目前多采用塑料雨水管，其直径有 50 mm、75 mm、100 mm 等几种规格，民用建筑常用的雨水管直径为 100 mm，面积较小的露台或阳台可采用 50 mm 或 75 mm 的雨水管，雨水管的位置应在实墙面处，其间距一般在 15 m 以内，最大间距宜不超过 24 m。

第四节 卷材防水屋面构造

一、卷材防水屋面

卷材防水屋面，是指以防水卷材和黏结剂分层粘贴而构成防水层的屋面。卷材防水屋面所用卷材有沥青类卷材、高分子类卷材、高聚物改性沥青类卷材等，适用于防水等级为Ⅰ~Ⅳ级的屋面防水。

卷材防水屋面由多层材料叠合而成，其基本构造层次按构造要求由结构层、找坡层、找平层、结合层、防水层和保护层组成，一般构造层次和做法如下：

1. 结构层

结构层通常为预制钢筋混凝土楼板或现浇钢筋混凝土屋面板，要求具有足够的强度和刚度。

2. 找坡层（结构找坡和材料找坡）

材料找坡应选用轻质材料形成所需要的排水坡度，通常用水泥焦砟、水泥膨胀蛭石等。

3. 找平层

在找坡层上用 20 mm 厚 1∶3 水泥砂浆找平抹光，避免防水层被找坡材料损坏，也便于防水层施工。

4. 结合层

结合层的作用是使卷材防水层与基层黏结牢固。结合层所用材料应根据卷材防水层材料的不同来选择，如油毡卷材、聚氯乙烯卷材及自黏型彩色三元乙丙复合卷材。用冷底子油在水泥砂浆找平层上喷涂一至二道；三元乙丙橡胶卷材则采用聚氨酯底胶；氯化聚乙烯橡胶卷材需用氯丁胶乳等。

5. 防水层

防水层是由胶结材料与卷材黏合而成，形成屋面防水层。卷材一般平行于屋脊铺设，从檐口到屋脊层层向上粘贴，上下搭接不小于 70 mm，左右搭接不小于 100 mm。

目前常用的防水卷材，主要有三元乙丙橡胶防水卷材、自黏型彩色三元乙丙复合防水卷材、聚氯乙烯防水卷材、氯化聚乙烯防水卷材、氯丁橡胶防水卷材及改性沥青油毡防水卷材等，这些材料一般为单层卷材防水构造，防水要求较高时可采用双层卷材防水构造。这些防水材料的优点有自重轻、适用温度范围广、耐气候性好、使用寿命长、抗拉强度高、延伸率大、可冷作业施工、操作简便、大大改善劳动条件、减少环境污染。

6. 保护层

不上人屋面保护层的做法：当采用改性沥青油毡防水层时为粒径 3 mm~6 mm 的小石子，称为绿豆砂保护层。绿豆砂要求耐风化、颗粒均匀、色浅；三元乙丙橡胶卷材采用银色着色剂，可直接涂刷在防水层上表面；彩色三元乙丙复合卷材防水层直接用 CX-404 胶黏结，不需另加保护层。

上人屋面的保护层构造做法：通常可采用水泥砂浆或沥青砂浆铺贴地面砖、预制混凝土板等；也可现浇 40 mm 厚 C20 细石混凝土。

二、卷材防水屋面细部构造

卷材防水屋面细部是指屋面上的泛水、天沟、雨水口、檐口、变形缝等部位。

1. 泛水构造

泛水是指在屋顶上，沿所有凸出屋面的垂直面所设的防水构造。例如屋面的女儿墙、烟囱、楼梯间、变形缝、检修孔、通气立管等，它们的壁面与屋顶的交接处是最容易漏水的地方，必须将屋面防水层延伸到这些垂直面上，形成立铺的防水层，称为泛水。（图 11-9）

2. 檐口构造

柔性防水屋面的檐口构造，有无组织排水挑檐、有组织排水挑檐沟及女儿墙檐口等，挑檐和挑檐沟构造都应注意处理好卷材的收头固定、做

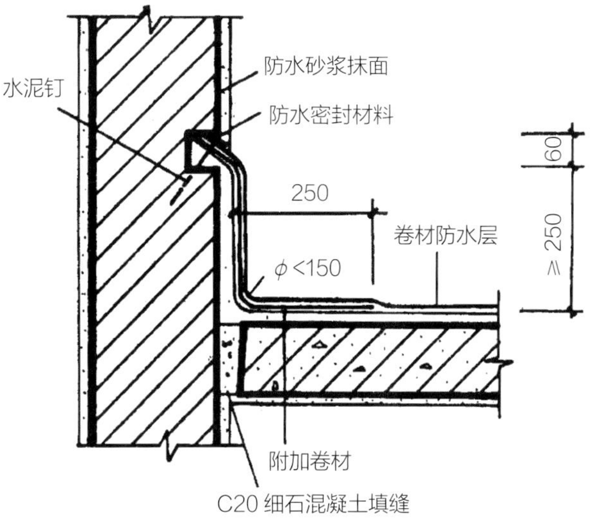

图 11-9 卷材屋面泛水构造示意

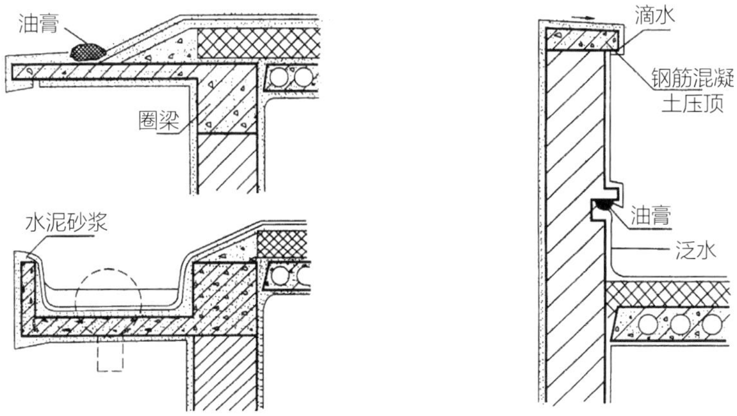

图 11-10 檐口构造示意

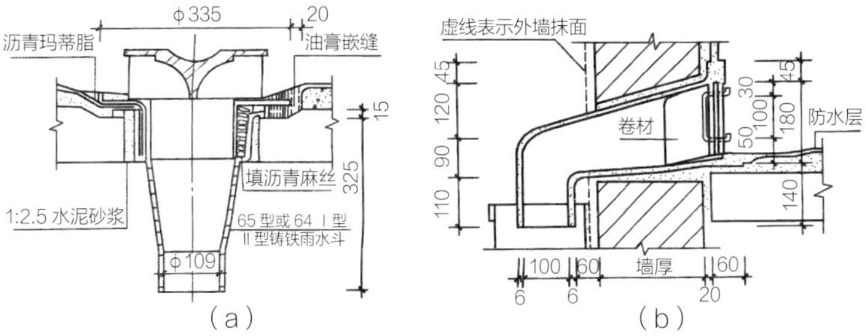

图 11-11 雨水口构造示意

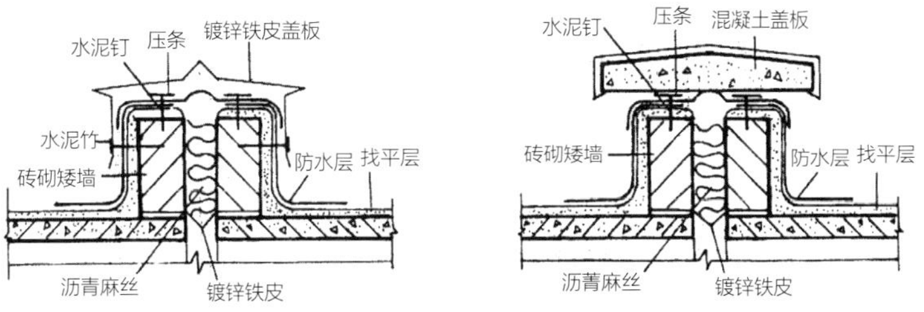

图 11-12 变形缝构造示意

好檐口饰面滴水。女儿墙檐口构造的关键是泛水的构造处理，其顶部通常做混凝土压顶，并设有坡度坡向屋面。（图 11-10）

3. 雨水口构造

雨水口的类型有用于檐沟排水的直管式雨水口和女儿墙外排水的弯管式雨水口两种。在构造上要求雨水口排水通畅、防止渗漏水堵塞。直管式雨水口为防止其周边漏水，应加铺一层卷材并贴入连接管内 100 mm，雨水口上用定型铸铁罩或铅丝球盖住，用油膏嵌缝。弯管式雨水口穿过女儿墙预留孔洞内，屋面防水层应铺入雨水口内壁四周不小于 100 mm，并安装铸铁篦子以防杂物流入造成堵塞。（图 11-11）

4. 屋面变形缝构造

屋面变形缝的构造处理原则是既不能影响屋面的变形，又要防止雨水从变形缝渗入室内。（图 11-12）

第五节 刚性防水屋面构造

刚性防水屋面是指以刚性材料作为防水层的屋面，如防水砂浆、细石混凝土、配筋细石混凝土防水屋面等。刚性防水屋面具有构造简单、施工方便、造价低廉的优点，但对温度变化和结构变形较敏感，容易产生裂缝而渗水。

一、刚性防水屋面的构造层次及做法

刚性防水屋面一般由结构层、找平层、隔离层和防水层组成。

1. 结构层

刚性防水屋面的结构层要求具有足够的强度和刚度，一般应采用现浇或预制装配的钢筋混凝土屋面板，并在结构层现浇或铺板时形成屋面的排水坡度。

2. 找平层

为保证防水层厚薄均匀，通常应在结构层上用 20 mm 厚 1∶3 水泥砂浆找平。若采用现浇钢筋混凝土屋面板也可不设找平层。

3. 隔离层

为减少结构层变形及温度变化对防水层的不利影响，宜在防水层下设置隔离层。隔离层可采用纸筋灰、低强度等级砂浆或在薄砂层上干铺一层油毡等方法。当防水层中加有膨胀剂类材料时，其抗裂性有所改善，也可不做隔离层。

4. 防水层

常用配筋细石混凝土防水屋面的混凝土强度等级应不低于 C20，其厚度宜不小于 40 mm，双向配置 ϕ4~ϕ6.5 钢筋，间距为 100 mm~200 mm 的双向钢筋网片。为提高防水层的抗渗性能，可在细石混凝土内掺入适量外加剂（如膨胀剂、减水剂、防水剂等），以提高其密实性能。

二、刚性防水屋面细部构造

刚性防水屋面的细部构造包括屋面防水层的分格缝、泛水、檐口、雨水口等部位的构造处理。

1. 屋面防水层的分格缝

其本质是在屋面防水层上设置的变形缝，目的是防止因温度变形引起防水层开裂，防止结构变形将防水层拉坏。因此屋面分格缝的位置应设置在温度变形允许的范围以内和结构变形敏感的部位。一般情况下分格缝间距不宜大于 6 m。结构变形敏感的部位主要是指装配式屋面板的支承端、屋面转折处、现浇屋面板与预制屋面板的交接处、泛水与立墙交接处等部位。（图 11-13）

分格缝的构造要点包括：防水层内的钢筋在分格缝处应断开；屋面板缝用浸过沥青的木丝板等密封材料嵌填，缝口用油膏等嵌填；缝口表面用防水卷材铺贴盖缝，卷材的宽度为 200 mm~300 mm。（图 11-14）

2. 泛水构造

刚性防水屋面的泛水构造要点与卷材屋面基本相同。二者不同的地方是刚性防水层与屋面突出物（如女儿墙、烟囱等）间须留分格缝，另铺贴附加卷材盖缝形成泛水。

3. 檐口构造

（1）自由落水挑檐口：根据挑檐挑出的长度，

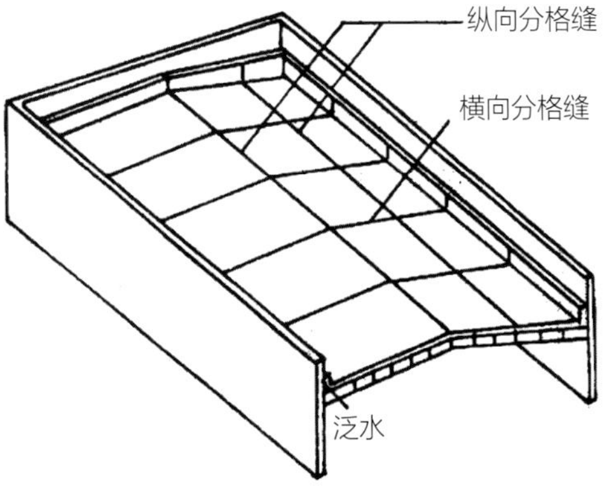

图 11-13 分隔缝示意

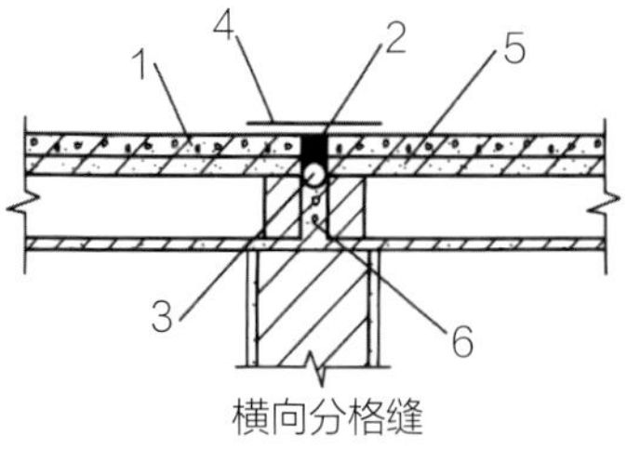

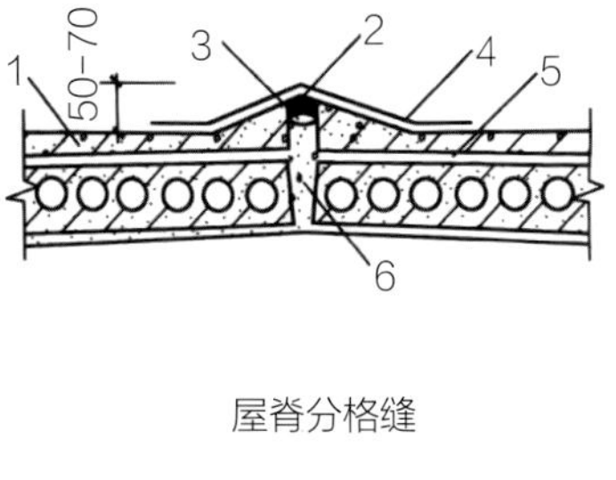

1. 刚性面层；2. 油膏嵌缝；3. 油毡卷；4. 油毡防水层；
5. 钢筋混凝土板；6.C20 细石混凝土填缝

图 11-14 分隔缝构造示意

可直接利用混凝土防水层悬挑，也可在增设的现浇或预制钢筋混凝土挑檐板上做防水层，无论采用哪种做法，都应注意做好滴水。

（2）挑檐沟外排水檐口：檐沟构件一般采用现浇或预制的钢筋混凝土槽形天沟板，在沟底用低强度等级的混凝土或水泥炉渣等材料纵向找出排水坡度，铺好隔离层后再浇筑防水层，防水层应挑出屋面并做好滴水。

4. 雨水口构造

刚性防水屋面的雨水口有直管式和弯管式两种做法。直管式一般用于挑檐沟外排水的雨水口，弯管式用于女儿墙外排水的雨水口。

（1）直管式雨水口

直管式雨水口为防止雨水从雨水口套管与沟底接缝处渗漏，应在雨水口周边加铺柔性防水层并铺至套管内壁，檐口处浇筑的混凝土防水层应覆盖于附加的柔性防水层之上，并于防水层与雨水口之间用油膏嵌实。（图 11-15）

（2）弯管式雨水口

弯管式雨水口一般用铸铁做成弯头。雨水口安装时，在雨水口处的屋面应加铺附加卷材与弯头搭接，其搭接长度不小于 100 mm，然后浇筑混凝土防水层，防水层与弯头交接处需用油膏嵌缝。（图 11-16）

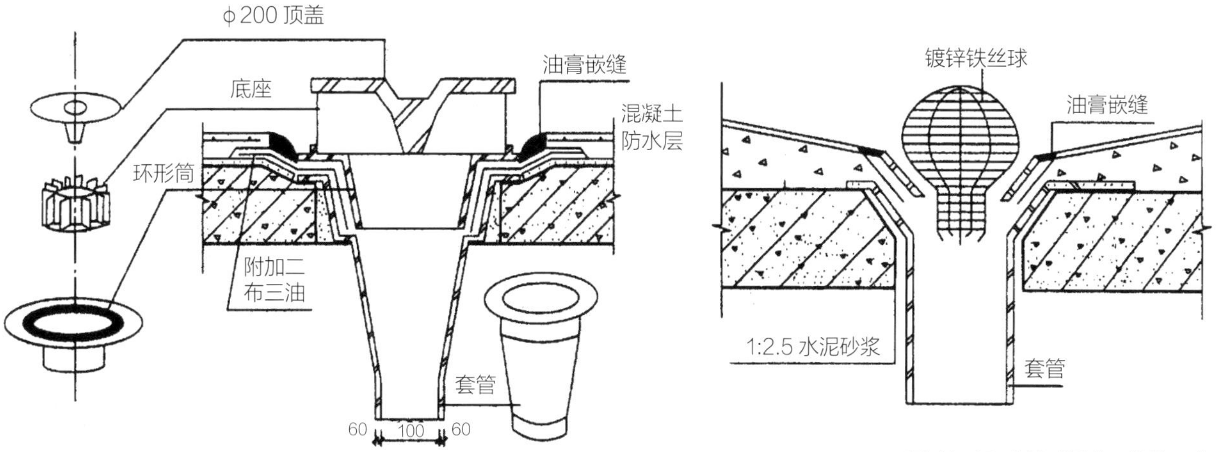

图 11-15 直管式雨水口构造示意

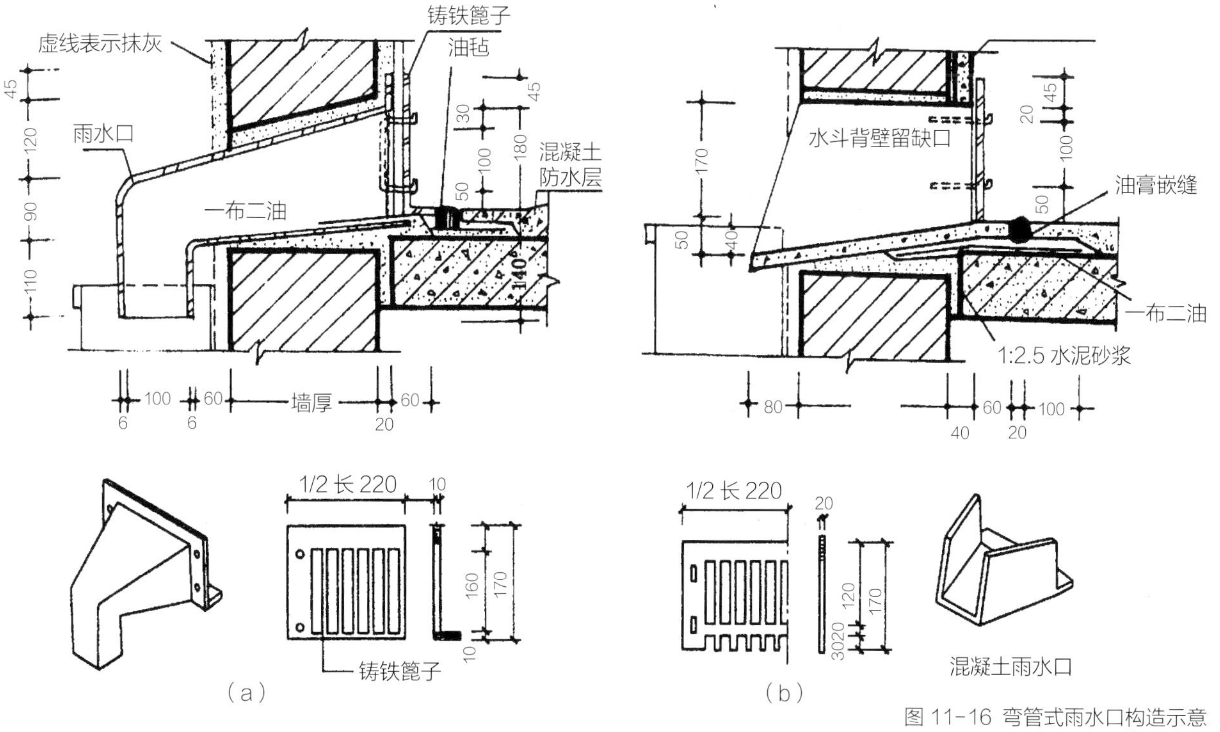

图 11-16 弯管式雨水口构造示意

第六节 平屋顶的保温与隔热

屋顶的保温与隔热处理是保证室内物理舒适性的重要构造措施。

一、平屋顶的保温

1. 保温材料

保温材料多为轻质多孔材料，一般可分为散料类、整体类、板块类。散料类常用炉渣、矿渣、膨胀蛭石、膨胀珍珠岩等。整体类是指以散料作骨料，掺入一定量的胶结材料，现场浇筑而成，如水泥炉渣、水泥膨胀蛭石、水泥膨胀珍珠岩及沥青膨胀蛭石和沥青膨胀珍珠岩等。板块类是指利用骨料和胶结材料，由工厂制作而成的板块状材料，如加气混凝土、泡沫混凝土、膨胀蛭石、膨胀珍珠岩、泡沫塑料等块材或板材等。

2. 保温层的设置

平屋顶因屋面坡度平缓，适合将保温层放在屋面结构层上（刚性防水屋面不适宜设保温层）。保温层通常设在结构层之上、防水层之下。保温卷材防水屋面与非保温卷材防水屋面的区别是增加了保温层，构造需要相应增加找平层、结合层和隔气层。设置隔气层的目的是防止室内水蒸气渗入保温层，使保温层受潮而降低保温效果。隔气层的一般做法是在 20 mm 厚 1∶3 水泥砂浆找平层上刷冷底子油两道作为结合层，结合层上做一布二油或两道热沥青隔气层。

二、平屋顶的隔热

1. 通风隔热屋面

通风隔热屋面是指在屋顶中设置通风间层，使上层表面起着遮挡阳光的作用，利用风压和热压作用把间层中的热空气不断带走，以减少传到室内的热量，从而达到隔热降温的目的。通风隔热屋面一般有架空通风隔热屋面和顶棚通风隔热屋面两种做法。

（1）架空通风隔热屋面：通风层设在防水层之上，其做法很多，其中以架空预制板或大阶砖最为常见。架空通风隔热层设计应满足以下要求：架空层应有适当的净高，一般以 180 mm~240 mm 为宜；距女儿墙 500 mm 范围内不铺架空板；隔热板的支点可做成砖垄墙或砖墩，间距视隔热板的尺寸而定。（图 11-17）

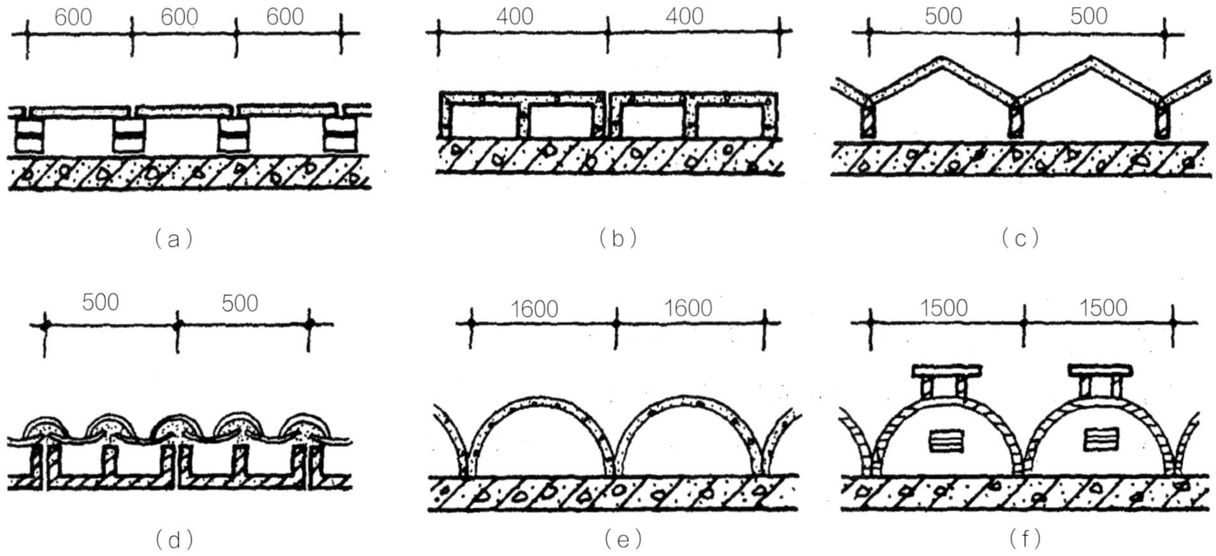

图 11-17 架空通风隔热屋面构造示意

（2）顶棚通风隔热屋面

这种做法是利用顶棚与屋顶之间的空间作隔热层，顶棚通风隔热层设计应满足顶棚通风层应有足够的净空高度，一般为 500 mm 左右；需设置一定数量的通风孔，以利空气对流；通风孔应考虑防飘雨措施。

2. 蓄水隔热屋面

蓄水屋面是指在屋顶蓄水，利用水蒸发时需要大量的汽化热，消耗晒到屋面的太阳辐射热，以减少屋顶吸收的热能，从而达到降温隔热的目的。蓄水屋面构造与刚性防水屋面基本相同，主要区别是增加了一壁三孔，即蓄水分仓壁、溢水孔、泄水孔和过水孔。蓄水隔热屋面构造应注意以下几点：合适的蓄水深度，一般为 150 mm~200 mm；根据屋面面积划分成若干蓄水区，每区的边长一般不大于 10 m；足够的泛水高度，至少高出水面 100 mm；合理设置溢水孔和泄水孔，并应与排水檐沟或水落管连通，以保证多雨季节不超过蓄水深度和检修屋面时能将蓄水排除；注意做好管道的防水处理。

3. 种植隔热屋面

种植屋面是在屋顶上种植植物，利用植被的蒸腾和光合作用，吸收太阳辐射热，从而达到降温隔热的目的。（图 11-18）

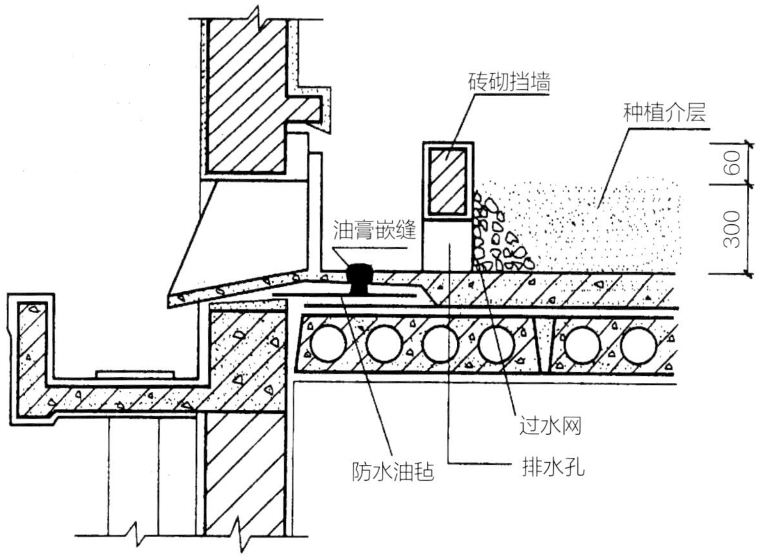

图 11-18 种植隔热屋面构造示意

第七节 坡屋顶构造

坡屋顶是一种常见的建筑屋顶形式，其特点是屋顶具有较大的坡度，能够快速有效地排除雨水，减少屋顶积水和渗漏的风险。

坡屋顶有着悠久的历史，在世界各地的建筑中都能看到它的身影，尤其以中国的古典建筑为代表。中国古典建筑中坡屋顶建筑不仅有其独特的形式和结构，更有它所承载的文化意义和美学价值。中国的坡屋顶建筑之美不仅体现在其外观的精致与典雅，更在于其深厚的文化底蕴和卓越的技术成就。这种建筑形式不仅是中国古代文明的瑰宝，也为中国式现代建筑设计提供了宝贵的资源。

中国古典建筑中的坡屋顶通常采用优美的曲线设计，尤其是屋顶边缘部分的“飞檐”设计轻盈飘逸，这种设计不仅增强了建筑的艺术美感，还具有实用功能，扩大屋檐下的遮蔽面积，保护墙体不受雨水侵蚀。

中国古典建筑的坡屋顶往往采用多层次的设计，通过不同高度的屋檐叠加，形成错落有致的效果，能适应不同的气候条件，提高建筑的通风和采光性能。

中国古典建筑的坡屋顶常常采用鲜艳的颜色和精致的装饰。屋顶的琉璃瓦、彩绘、雕花等元素，不仅增添了建筑的华丽感，同时也富含文化寓意，如龙凤呈祥、福禄寿喜等吉祥图案，体现了人们对美好生活的向往。

中国古代工匠在坡屋顶的结构设计上展现出了极高的智慧。例如，斗拱结构不仅美观，还能有效分散屋顶的重量，增强建筑的整体稳定性。榫卯结构的应用使得建筑各部分紧密相连，无需使用铁钉等金属件，体现了高超的木工技艺。

坡屋顶建筑是中国传统文化的重要载体，许多宫殿、寺庙、园林、民居等建筑都采用了这种形式。这些建筑不仅是物质文化遗产，更是精神文化的象征，传承了中华民族的历史记忆和文化精髓。

中国古典建筑中的坡屋顶设计往往与建筑的空间布局紧密相关，强调与自然环境的和谐共生。四合院中的主房、厢房、倒座房等建筑，通过高低错落的坡屋顶形成了丰富的空间层次感。江南私家园林通过在建筑庭院中筑山理水、植物搭配，形成了丰富的中式美学空间，通过借景、框景等手法，将自然美景和人为景观引入建筑内部，创造出宁静雅致的生活空间。

中国幅员辽阔，各地气候差异较大。在坡屋顶的设计中根据不同地区的气候特点进行了优化，如南方多雨地区常采用较大的屋檐和较陡的坡度，北方干燥寒冷地区则多采用较小的屋檐和较缓的坡度，这体现了中国古典建筑的高度实用性和灵活性。

一、坡屋顶的承重结构

坡屋顶常用的承重结构有横墙承重、屋架承重和梁架承重。（图 11-19）

二、承重结构构件

1. 屋架

屋架形式常为三角形，由上弦、下弦及腹杆组成，所用材料有木材、钢材及钢筋混凝土等。木屋架一般用于跨度不超过 12 m 的建筑；将木屋架中受拉力的下弦及直腹杆件用钢筋或型钢代替，这种屋架称为钢木组合屋架。钢木组合屋架一般用于跨度不超过 18 m 的建筑；当跨度更大时需采用预应力钢筋混凝土屋架或钢屋架。

2. 檩条

檩条所用材料可为木材、钢材及钢筋混凝土，檩条材料的选用一般与屋架所用材料相同，以保证两者的耐久性接近。

三、承重结构布置

坡屋顶承重结构布置主要是指屋架和檩条的布置，其布置方式视屋顶形式而定。（图 11-20）

四、瓦屋面做法

坡屋顶屋面一般采用各种瓦材，如平瓦、筒瓦、波形瓦、小青瓦、金属瓦、彩色压型钢板等作为屋面防水材料。

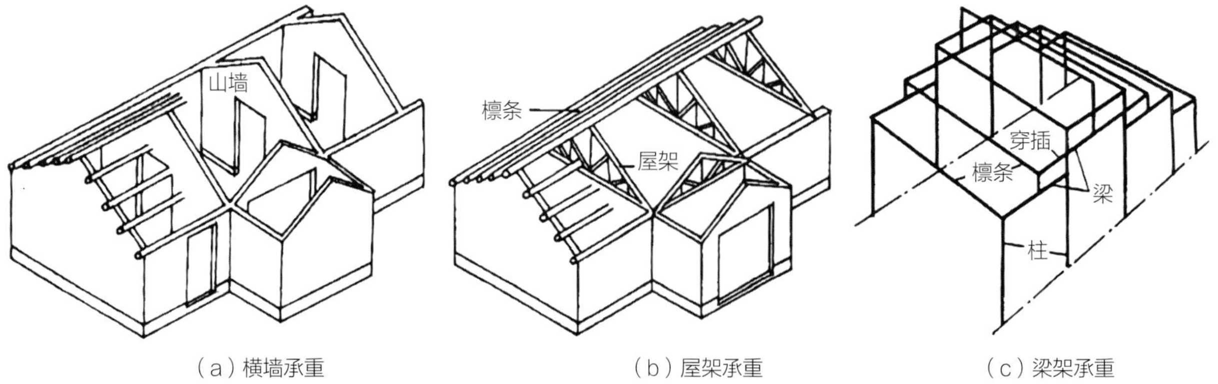

图 11-19 坡屋顶承重构造示意

瓦屋面根据基层的不同有冷摊瓦屋面、木望板瓦屋面和钢筋混凝土板瓦屋面三种做法。（图 11-21、图 11-22）

1. 冷摊瓦屋面

冷摊瓦屋面是在檩条上固定椽条，然后在椽条上钉挂瓦条或直接挂瓦。这种做法构造简单，但容易漏雨，西南地区的少数民族传统民居建筑较多采用。

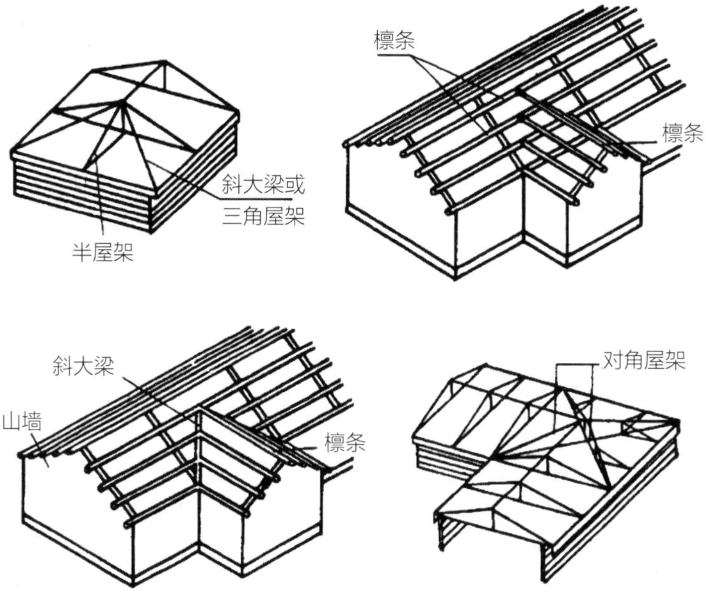

图 11-20 坡屋顶承重结构布置示意

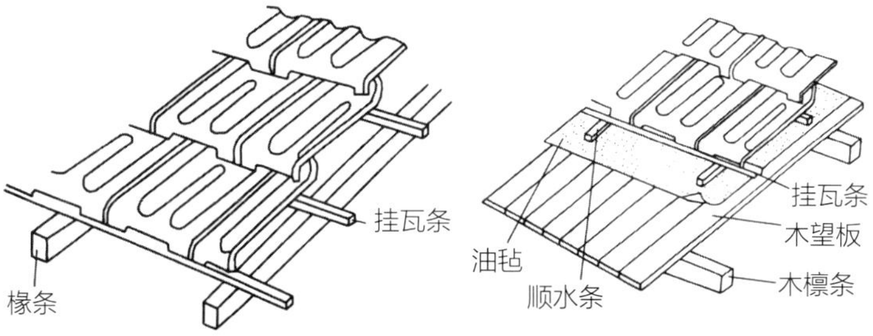

（a）冷摊瓦屋面　（b）木望板瓦屋面

图 11-21 瓦屋面示意

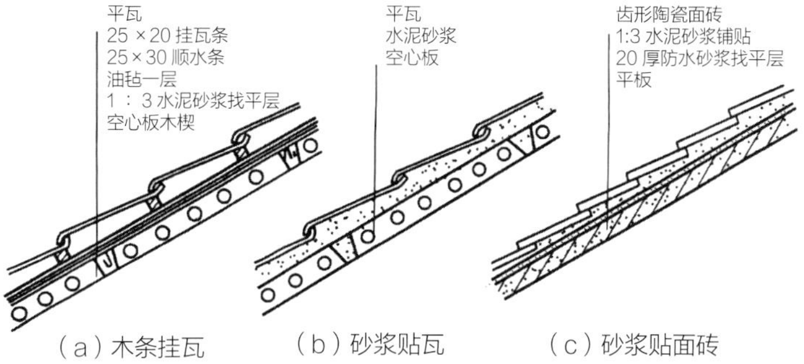

（a）木条挂瓦　（b）砂浆贴瓦　（c）砂浆贴面砖

图 11-22 钢筋混凝土瓦屋面构造示意

2. 木望板瓦屋面

木望板瓦屋面是在檩条上铺钉 15 mm~20 mm 厚的木望板（亦称屋面板），望板可采取密铺法（不留缝）或稀铺法（木望板间留 20 mm 左右宽的缝），在木望板上平行于屋脊方向干铺一层油毡，在油毡上顺着屋面水流方向钉 10 mm×30 mm、中距 500 mm 的顺水条，然后在顺水条上面平行于屋脊方向钉挂瓦条并挂瓦，挂瓦条的断面和间距与冷摊瓦屋面相同。这种做法比冷摊瓦屋面的防水、保温隔热效果要好，但耗用木材多、造价高，多用于提升民居功能或用于对质量要求较高的建筑物中。

3. 钢筋混凝土板瓦屋面

现浇或预制钢筋混凝土板也可以作为瓦屋面的结构基层。盖瓦的方式有两种：一种是在找平层上铺油毡一层，用压毡条钉在板上，再钉挂瓦条挂瓦；另一种是在屋面板上直接粉刷防水水泥砂浆并贴瓦。钢筋混凝土板瓦屋面在现代民居建筑或仿古建筑中也常采用。

五、瓦屋面细部构造

瓦屋面应做好檐口、天沟、屋脊等部位的细部处理。

1. 檐口

檐口分为纵墙檐口和山墙檐口，纵墙檐口根据造型要求做成挑檐或封檐；山墙檐口按屋顶形式分为硬山与悬山两种。硬山檐口将山墙升起包住檐口，女儿墙与屋面交接处应作泛水处理。女儿墙顶应作压顶板，以保护泛水。悬山屋顶的山墙檐口，先将檩条外挑形成悬山，檩条端部钉木封檐板，沿

山墙挑檐的一行瓦，应用 1∶2.5 的水泥砂浆做出披水线，将瓦封固。(图 11-23)

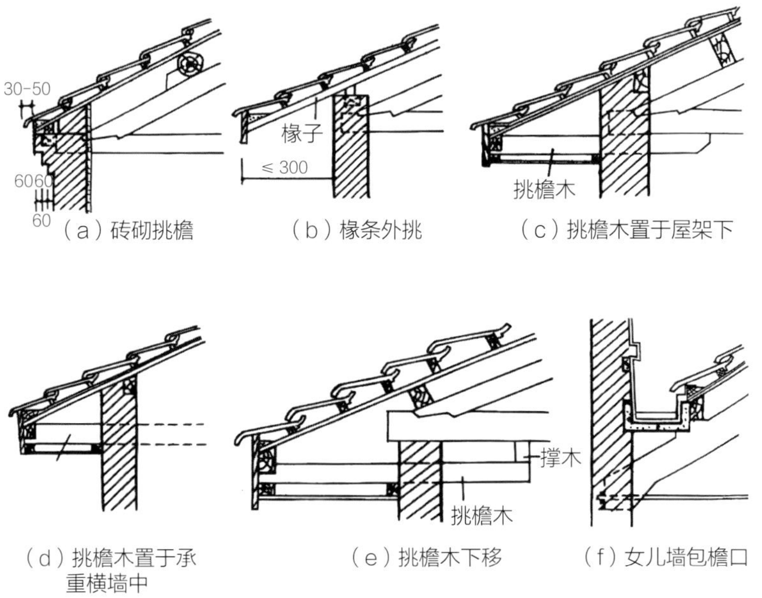

图 11-23 瓦屋面檐口构造示意

2. 天沟和斜天沟构造

在等高跨或高低跨相交处，常常出现天沟，而两个相互垂直的屋面相交处则形成斜天沟。天沟应有足够的断面积，上口宽度不宜小于 300 mm~500 mm，一般用镀锌铁皮铺于基层上，镀锌铁皮伸入瓦片下面至少 150 mm。高低跨和包檐天沟若采用镀锌铁皮防水层时，应从天沟内延伸至立墙（女儿墙）上形成泛水。（图 11-24）

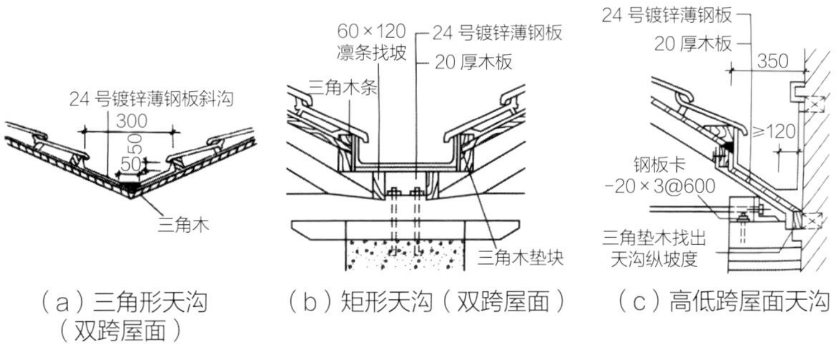

图 11-24 天沟构造示意

六、坡屋顶的保温与隔热

1. 坡屋顶保温构造

坡屋顶的保温层一般布置在瓦材与檩条之间或吊顶上面，保温材料可根据工程具体要求选用。

2. 坡屋顶隔热构造

炎热地区在坡屋顶中设进气口和排气口，利用屋顶内外的热压差和迎风面的压力差，组织空气对流，形成屋顶内的自然通风，以减少由屋顶传入室内的辐射热，从而达到隔热降温的目的。进气口一般设在檐墙上、屋檐部位或室内顶棚上；出气口最好设在屋脊处，以增大高差，利于空气流通。

七、金属瓦屋面

金属瓦屋面是用镀锌铁皮或铝合金瓦做防水层的一种屋面。金属瓦屋面自重轻、防水性能好、使用年限长，主要用于大跨度建筑的屋面。金属瓦的厚度很薄（厚度在 1 mm 以内），铺设这样薄的瓦材必须用钉子将瓦材固定在木望板上，木望板则支撑在檩条上，为防止雨水渗漏，瓦材下应干铺一层油毡。所有的金属瓦必须相互连通导电，并与避雷针或避雷带连接。

八、彩色压型钢板屋面

彩色压型钢板屋面是近年来在大跨度建筑中广泛采用的高效能屋面，它自重轻、强度高，板的连接主要采用螺栓连接，施工安装方便，不受天气影响。彩板色彩绚丽，有助于增强了建筑的艺术效果。彩板还可根据造型与结构的形式需要，在曲面屋顶上使用。

CHAPTER 12

第十二章

建筑主要构造——门窗

第一节 门窗的分类

门窗是建筑物的重要组成部分。门的主要作用是人们进出房间和室内外的通行口，兼有采光和通风作用，门的立面形式是建筑装饰中的一个重要部位。窗的主要作用是采光和通风，也是建筑围护结构的一部分，对建筑立面装饰有重要影响。总之，门窗不仅仅起到分隔空间和保护隐私的作用，还能影响建筑物的采光、通风和美观。

一、门的分类

门按位置分为外门和内门，外门位于建筑物内外连通的外墙上，如酒店大堂门、住宅单元门等。内门位于建筑物的内部，如卧室门、办公室门、酒店客房门等。

按照门的开启方式分，有平开门、推拉门、折叠门、弹簧门、旋转门、卷帘门。平开门最常见，门扇沿水平方向开启和关闭。推拉门的门扇沿轨道水平推拉开启，适用于空间有限的场所。折叠门的门扇可以折叠起来，节省空间，常用于隔断和屏风。弹簧门利用弹簧装置实现自动开关，常用于公共场所如商场、酒店等。旋转门的门扇绕中心轴旋转开启，常用于酒店大堂入口。卷帘门由帘板组成，可电动或手动卷起和放下，适用于车库、仓库等场所。

按照门的材质分类，有木门、金属门、塑钢门、玻璃门等。木门具有自然纹理和较好的装饰性，包括实木门、复合木门等。金属门主要以不锈钢、铝合金为主，具有耐腐蚀、强度高、防盗性能好的特点。塑钢门以塑料和钢材复合而成，具有保温、隔音、耐腐蚀的特点。玻璃门主要由玻璃制成，具有透明度高、美观大方的特点，常用于商业场所和家居装饰。

按门的特殊用途分类，有防火门、保温门、防爆门等。防火门具有防火性能，在发生火灾时能自动关闭，在一定时间内阻止火势和烟雾蔓延，保护人员安全疏散。保温门具有保温性能，能减少室内热量的流失，提高能源利用效率。防爆门主要用于人防地下室入口，防止爆炸冲击波伤害人防工程内的人员。（图 12-1）

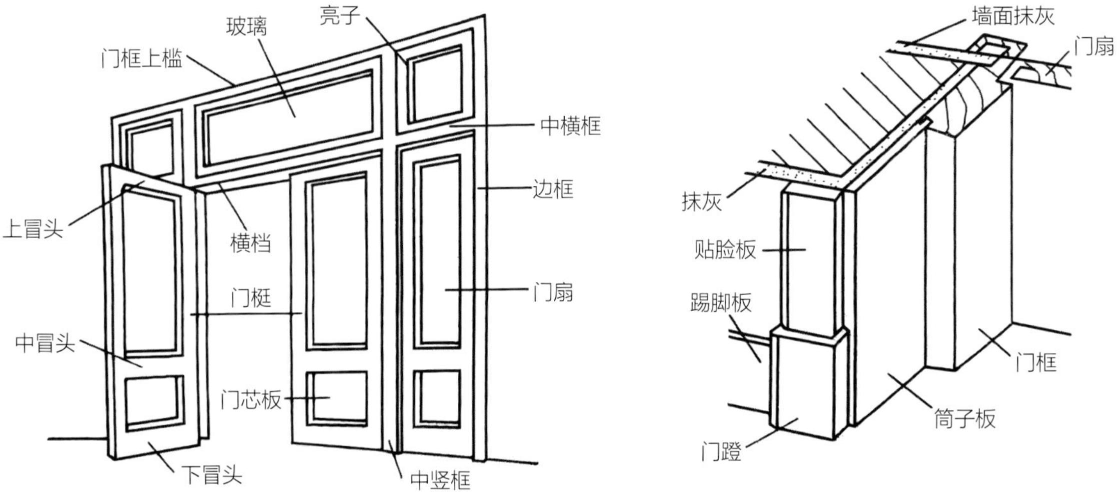

图 12-1 门的组成示意

二、窗的分类

按窗的开启方式分类，有推拉窗、平开窗、折叠窗、提拉窗、固定窗等。推拉窗是使用广泛的一种窗型，优点是开启简便、持久耐用、价格适中，但密封性不如平开窗。平开窗密封性好，便于通风，结构简单，分为内开式和外开式两种，内开会占用内部空间，外开则易受强风雨影响。折叠窗是在相邻两扇窗扇的竖档间安装铰链，使窗扇联动打开，开启方便，开窗面积大，但结构复杂，成本高。提拉窗可上下滑动打开，适用于宽度较小，需要开启但不能内外开的洞口。固定窗不能打开，不设窗扇，只把玻璃嵌在窗框里，用于采光和观景。

按窗的材质分类主要有铝合金窗、木窗、断桥隔热窗等。铝合金窗是目前使用最为广泛的门窗，质轻、坚固、不易变形、易于加工，且金属质感强，易于进行表面处理，可以根据建筑外形及居室内部空间任意搭配色彩。木窗是人类最早使用的窗体，具有自然、和谐、温馨的特点，需用优质木材以及优良工艺制造，因此价格较高。断桥隔热窗是铝合金窗的升级版，用 PVC 隔热条将铝合金窗体型材分隔，以降低铝合金型材的导热系数，从而提高窗体的保温隔热效果，达到节能目的。（图 12-2）

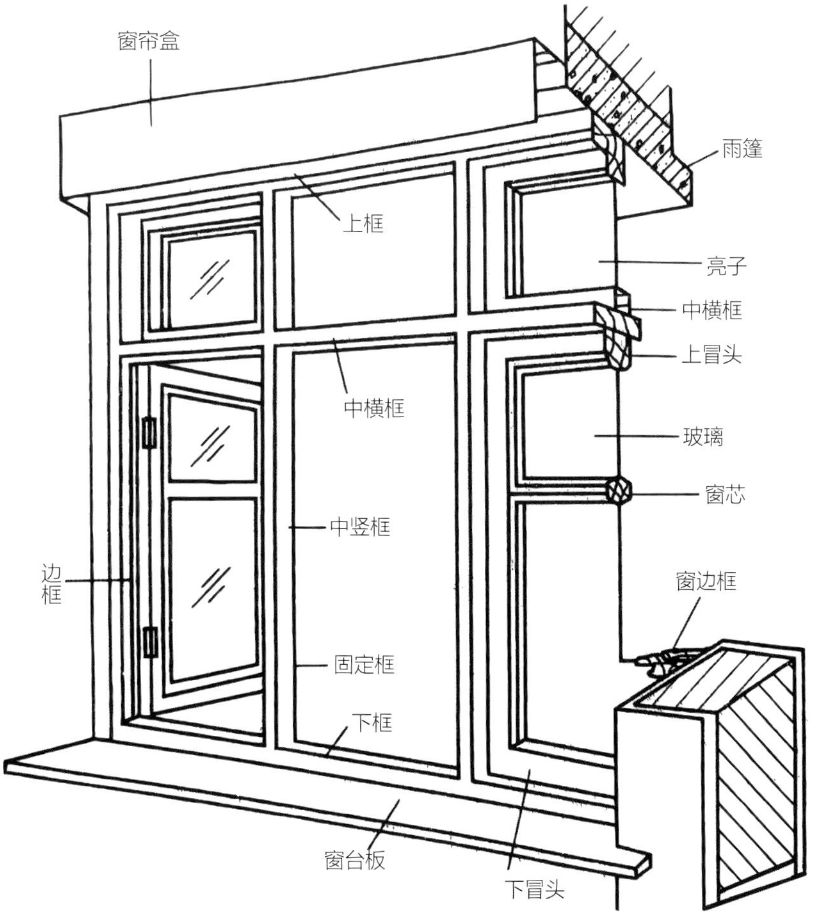

图 12-2 窗的组成示意

第二节 门窗的设计

门窗应满足的性能指标主要是雨水渗透性能、保温性能、隔声性能、抗风压性能和空气渗透性能。（表 12-1 至表 11-5）

表 12-1　雨水渗透性能指标表（单位：Pa）

等级	Ⅰ	Ⅱ	Ⅲ	Ⅳ	Ⅴ	Ⅵ
△P	≥ 600	<600 且≥ 500	<500 且 ≥ 350	<350 且 ≥ 250	<250 且 ≥ 150	<140 且≥ 100

表 12-2　保温性能指标【单位：W/（m^2 · K）】

型式＼等级	Ⅰ	Ⅱ	Ⅲ	Ⅳ
窗	≤ 2.00	>2.00 且≤ 3.00	>3.00 且≤ 4.00	>4.00 且≤ 5.00
平开门	≤ 2.00	>2.00 且≤ 3.00	>3.00 且≤ 4.00	>4.00 且≤ 5.00
推拉门		>2.00 且≤ 3.00	>3.00 且≤ 4.00	>4.00 且≤ 5.00

表 12-3　隔声性能指标（单位：dB）

型式＼等级	Ⅰ	Ⅱ	Ⅲ	型式＼等级	Ⅰ	Ⅱ	Ⅲ
平开门	≥ 35	≥ 30	≥ 25	平开窗	≥ 35	≥ 30	≥ 25
推拉门		≥ 30	≥ 30	推拉窗		≥ 30	≥ 30

表 12-4　抗风压性能指标（单位：Pa）

等级	Ⅰ	Ⅱ	Ⅲ	Ⅳ	Ⅴ	Ⅵ
抗风压性能	≥ 3500	<3 500 且 ≥ 3000	<3000 且 ≥ 2500	<2500 且 ≥ 2000	<2000 且 ≥ 1500	<1500 且 ≥ 1000

表 12-5　空气渗透性能指标（单位：m^3/h · m）

型式＼等级	Ⅰ	Ⅱ	Ⅲ	Ⅳ	Ⅴ
窗		≤ 0.5	>1.0 且≤ 1.5	>1.5 且≤ 2.0	>2.0 且≤ 2.5
平开门	≤ 0.5	>0.5 且≤ 1.0	>1.0 且≤ 1.5	>1.5 且≤ 2.0	
推拉门		>1.0	>1.0 且≤ 1.5	>1.5 且≤ 2.0	>2.0 且≤ 2.5

一、门窗的选用原则

一般建筑不宜采用木材外门窗。木门扇的宽度不宜大于 1.00 m，若宽度大于 1.00 m，高度大于 2.50 m 时，应加大断面；门洞口宽度大于 1.20 m 时，应分成双扇或大小扇。镶板门的门芯板宜采用双层纤维板或胶合板，室外拼板门宜采用企口实心木板。镶板门适用于内门或外门，胶合板门适用于内门，玻璃门适用于入口处的大门或大房间的内门，拼板门适用于外门。

铝门窗具有轻质、高强度、密闭性好、使用中变形小、美观等优点。表面可采用阳极氧化、静电粉末喷涂、氟碳喷涂等工艺进行处理。寒冷地区的建筑应采用断桥等构造措施。铝门窗适用于各种类型和档次的建筑。

塑料门窗隔热、隔声、节能、密闭性好、价格合理，适用于中低档次的民用建筑。

预留安装缝隙各种门窗的洞口与框口之间预留安装缝隙宽度的要求，在宽度方面采用涂料装修时，每侧应预留 20 mm，采用面砖装修时，每侧应预留 25 mm。高度分别留出 15 mm 和 20 mm。贴挂石材时，每侧应预留 50 mm 的缝隙。

防火门的有关问题，防火门按耐火极限分为甲级 1.20 h、乙级 0.90 h、丙级 0.60 h。甲级防火门主要应用于防火墙上；乙级防火门主要应用于疏散走道、前室、楼梯间等处；丙级防火门主要用于竖向井道的检查口，检查口丙级防火门底部应留出 0.10 m 的门槛。防火门应单向开启，且应按疏散方向开启。位于走道的楼梯间等处的防火门应设面积不小于 200 cm^2 的防火玻璃小窗。安装在防火门上的合页（铰链），不得使用双向弹簧。单扇防火门应设闭门器，双扇防火门应设盖缝板。设在变形缝附近的防火门，应设在楼层较多的一侧且门扇开启后不得跨越变形缝。

门窗中必须使用安全玻璃的情况有，7 层和 7 层以上建筑物外窗；面积大于 1.50 m^2 的窗玻璃或玻璃底边离最终装修面小于 500 mm 的落地窗；公共建筑的出入口、门厅等部位；室内隔断、浴室围护和屏风；倾斜装配窗、各类天棚（含天窗、采光顶）、吊顶。

安全玻璃包括夹层玻璃、钢化玻璃、防火玻璃以及由上述玻璃制作的中空玻璃。

二、窗洞口大小的确定

窗洞口大小的确定方法主要是按窗地比（采光系数）计算，窗地比是窗洞口面积与房间净面积之比。主要建筑的窗地比最低值见表 12-6

表 12-6 窗地比最低值

建筑类别	房间或部位名称	窗地比
宿舍	居室、管理室、公共活动室、公用厨房	1/7
住宅	卧室、起居室、厨房 楼梯间	1/7 1/12
托幼	音体活动室、乳儿室 寝室、喂奶室、医务室、保健室、隔离室 其他房间	1/7 1/6 1/8
文化馆	展览、书法、美术 游艺、文艺、音乐、舞蹈、戏曲、排练、教室	1/4 1/5
图书馆	阅览室、装裱间 陈列室、报告厅、会议室、开架书库、视听室 闭架书库、走廊、门厅、楼梯、厕所	1/4 1/6 1/10
办公	办公、研究、接待、打字、陈列、复印 设计绘图、阅览室	1/6 1/3.5

采光系数，是指全云漫射光照射下，室内给定平面上的某一点由天空漫射光所产生的照度与同一时间、同一地点、在室外无遮挡水平面上由天空漫射光所产生的室外照度的比值，用百分数表示，居住建筑的采光系数见表 12-7。

表 12-7 居住建筑的采光系数标准值

采光等级	房间名称	侧面采光	
		采光系数最低值 Cmin（%）	室内天然光临界照度（lx）
Ⅳ	起居室（厅）、卧室、书房、厨房	1	50
Ⅴ	卫生间、过厅、楼梯间、餐厅	0.5	25

第三节 窗的选用、布置与安装

一、窗的选用

7 层和 7 层以上的建筑不应采用平开窗，建议采用推拉窗、内侧内平开窗；开向公共走道的外开窗扇，其底高度不应低于 2.00 m；住宅底层外窗和屋顶的窗，其窗台高度低于 2.00 m 的应采取防护措施；有空调的建筑外窗应设可开启窗扇，其数量为 5%；可开启的高侧窗或天窗应设手动或电动机械开窗机。

二、窗的布置

楼梯间外窗应结合各层休息板布置；楼梯间外窗如作内开扇时，开启后不得在人的高度内凸出墙面；需防止太阳光直射的窗及厕浴等需隐蔽的窗，宜采用悬窗，并用半透明玻璃。

三、窗台

窗台的高度应不低于0.80 m（住宅为0.90 m）；低于规定高度的窗台叫低窗台，低窗台应采用护栏或固定窗作为防护措施，固定窗应采用厚度大于6 mm的夹层玻璃；低窗台防护措施的高度应不低于0.80 m（住宅为0.90 m）。窗台的防护高度，当窗台高度低于0.45 m时，护栏或固定扇的高度从窗台算起；窗台高度高于0.45 m时，护栏或固定扇的高度可自地面算起，但护栏下部不得设置水平栏杆或高度小于0.45 m、宽度大于0.22 m的可踏部位。当室内外高差不大于0.60 m时，首层的低窗台可不加防护措施。凸窗范围内设有宽窗台可供人坐或放置花盆用时，护栏和固定窗的护栏高度一律从窗台算起。

四、窗的安装

窗的安装包括窗框与墙的安装和窗扇与窗框的安装两部分。

窗框与墙的安装分立口与塞口两种。立口是先立窗口，后砌墙体。为使窗框与墙连接牢固，应在窗口的上下槛各伸出120 mm左右的端头，俗称“羊角头”。这种连接的优点是结合紧密，缺点是影响砖墙砌筑速度。塞口是先砌墙，预留窗洞口，同时预埋木砖。木砖的尺寸为120 mm×120 mm×60 mm，木砖表面应进行防腐处理。防腐处理有两种方法，一种方法是刷煤焦油，另一种方法是表面刷氟化钠溶液。氟化钠溶液是无色液体，施工时常增加少量氧化铁红（俗称“红土子”），以辨认木砖是否进行过防腐处理。木砖沿窗高每600 mm预留一块，但不论窗高尺寸大小，每侧均应不少于两块，缝隙应用沥青浸透的麻丝或毛毡塞严。

窗扇与窗框的连接则是通过铰链（俗称“合页”）和木螺丝来连接的。窗的五金零件有铰链、插销、窗钩、拉手、铁三角等。玻璃一般采用2 mm、3 mm、5 mm（与分块大小有关），铁纱采用16目（1 cm内有16个小孔）。

窗的附件有压缝条、贴脸板、披水条、窗台板、窗帘盒等。压缝条是10 mm~15 mm见方的小木条，用于填补窗安装过程中与墙产生的缝隙，以保证室内的正常温度。贴脸板用来遮挡靠墙里皮安装窗框产生的缝隙。披水条是内开玻璃窗为防止雨水流入室内而设置的挡水条。窗台板在窗下槛内侧设窗台板，板厚30 mm~40 mm，挑出墙面30 mm~40 mm。窗台板可以采用木板、水磨石板或大理石板。窗帘盒是悬挂窗帘时，为掩蔽窗帘棍和窗帘上部的拴环而设。

第四节 门的选用、尺寸与布置

一、门的选用

寒冷地区一般公共建筑经常有人出入的西向和北向的外门，应设置双道门、旋转门或门斗，否则应加热风幕。外面一道门应采用外开门，里面一道门宜采用双面弹簧门或电动推拉门。所有内门若无隔声要求或其他特殊要求，不得设门槛。房间湿度大的门不宜选用纤维板或胶合板。手动开启的大门扇应有制动装置，推拉门应有防脱轨措施；双面弹簧门应在可视高度部分装透明玻璃；开向疏散走道及主楼梯间的门扇开启时，不应影响走道及楼梯休息平台的疏散宽度。

二、门洞口大小的确定

一个房间应该开几扇门，每个建筑物门的总宽度应该是多少，一般是根据交通疏散要求和防火规范来确定的，设计时应按照规定来选取。一般规定：公共建筑安全出入口的数目应不少于两个，符合规定的住宅可设一个出入口。住宅单元任一楼层面积大于 650 m 或任一住户的户门至安全出口的距离大于 15 m 时，并应设两个出入口。公共建筑各房间疏散门的数量应由计算确定，且不应少于两个。而位于两个安全出口之间，建筑面积小于或等于 120 m^2，疏散门的净宽度不小于 0.9 m 时，可只设一个疏散门。疏散走道、安全出口、疏散楼梯和房间疏散门的净宽度均采用“百人指标”，如表 12-7，其影响因素是楼层位置和耐火等级。

表 12-8　疏散走道、安全出口、疏散楼梯和房间疏散门每 100 人的净宽度（单位：m）

楼层位置	耐火等级		
	一、二级	三级	四级
地上一、二层	0.65	0.75	1.00
地上三层	0.75	1.00	
地上四层及四层以上各层	1.00	1.25	
与地面出入口地面的高差不超过 10 m 的地下建筑	0.75		
与地面出入口地面的高度超过 10 m 的高层建筑	1.00		

注：①当每层人数不等时，疏散楼梯的总宽度可分层计算。地上建筑中、下层楼梯的总宽度应按其上层最多一层的人数计算；地下建筑中，上层楼梯的总宽度应按其下层人数最多一层的人数计算；

②首层外门的总宽度应按该层或该层以上人数最多的一层人数计算确定，不供楼上人员疏散的外门，可按本层人数计算确定。

宿舍居室及辅助用房的门洞宽度不应小于 0.90 m，阳台门和居室内附设的卫生间，其门洞宽度不应小于 0.70 m，设亮子的门洞口高度不应低于 2.40 m，不设亮子的门洞洞口高度不应低于 2.00 m；住宅户门应向内开启，并宜在构造上采用防卫措施（如设置防盗、防火、隔声的综合门）。

住宅各部分门洞口的最小尺寸为：单元门洞口宽度为 1.20 m，洞口高度为 2.00 m；入户门洞口宽度为 1.00 m，洞口高度为 2.00 m；起居室门洞口宽度为 0.90 m，洞口高度为 2.00 m；卧室门洞口宽度为 0.90 m，洞口高度为 2.00 m；厨房门洞口宽度为 0.80 m，洞口高度为 2.00 m；卫生间门洞口宽度为 0.70 m，洞口高度为 2.00 m；阳台门洞口宽度为 0.70 m，洞口高度为 2.00 m。

托幼建筑的门，门斗及双层门中心距离不应小于 1.60 m；幼儿经常出入的门在距地 0.60 m~1.20 m 高度内，不应装易碎玻璃；幼儿经常出入的门在距地 0.70 m 处，宜加设幼儿专用拉手；幼儿经常出入的门双面宜平滑、无棱角；幼儿经常出入的门不应设置门槛和弹簧门；幼儿经常出入的外门宜设纱门。

中小学校、教学用房的门，教室、实验室靠后墙的门宜设观察孔；教室安全出入口的宽度不应小于 1.00 m，合班教室门洞宽度不应小于 1.50 m；教学用房及其附属用房不宜设置门槛。

办公用房门洞口宽度不应小于 1.00 m，洞口高度不应低于 2.00 m。旅馆客房入口门洞宽度不应小于 0.90 m，高度不应低于 2.10 m，客房内卫生间门洞口宽度不应低于 0.75 m，高度不应低于 2.10 m。商店营业厅出入口、安全门的净宽度不应小于 1.40 m，并不应设置门槛。老年人建筑公用外门净宽度不得小于 1.10 m，老年人住宅户门和内门（含厨房门、卫生间门、阳台门）通行净宽不得小于 0.80 m；起居室、卧室、疗养室、病房等门扇应采用可观察的门。

三、门的布置

两个相邻并经常开启的门，应有防止风吹碰撞的措施；向外开启的平开外门，应有防止风吹碰撞的措施；经常有人出入的外门和玻璃幕墙下的外门宜设雨篷，楼梯间外门雨篷下，若设吸顶灯，应注意不要被门扉碰碎。高层建筑、公共建筑底层入口均应设挑檐或雨篷、门斗，以防上层落物伤人；变形缝处不得利用门框盖缝，门扇开启时不得跨缝，以免变形时卡住。

第五节　窗的遮阳措施

遮阳是为了防止阳光直接射入室内，减少进入室内的太阳辐射热量，特别是避免局部过热和产生眩光，以及保护室内物品而采取的一种建筑措施。北方地区以防止西晒为主。除建筑上采取相应的措施外，还可以通过绿化或简易遮阳措施来实现。在建筑构造中遮阳措施有挑檐、外廊、阳台、花格等做法。

窗户遮阳板的基本形式有水平遮阳、垂直遮阳、综合遮阳、挡板遮阳等几种形式。水平遮阳能够遮挡高度角较大的、从窗口上方射下来的阳光。它适用于南向窗口。垂直遮阳遮挡高度角小的、从窗口侧边斜射进来的阳光，对高度角较大的、从窗口上方照射下来的阳光，或接近日出日落时对窗口正射阳光，它不起遮挡作用，主要适用于偏东、偏西的南向窗口。综合遮阳是以上两种做法的综合，能够遮挡从窗口左右侧及前上方斜射来的阳光，遮阳效果比较均匀。主要适用于南向、东南向的窗口。挡板遮阳能够遮挡高度角较小的、正射窗口的阳光，主要适用于东向、西向的窗口。

CHAPTER 13

第十三章

变形缝

第一节 变形缝的概念

变形缝是为防止建筑物在温度、地基沉降、地震等外界因素作用下变形导致建筑损坏或结构破坏而预先设置的构造缝。变形缝实质上是一条沿建筑物全高垂直断开的缝隙，通常设置在变形敏感部位或其他必要部位，使建筑或结构在受到外部影响时可以进行一定程度的变形，以防止建筑物出现裂缝甚至破坏。

建筑变形缝包括伸缩缝、沉降缝和防震缝，统称变形缝。伸缩缝又称温度缝，用于应对因温度变化而产生的变形；沉降缝用于应对不均匀沉降而产生的变形；防震缝用于应对地震可能引起的变形。变形缝既可以单独设置，也可以在满足条件的基础上合并设置。（图 13-1）

第二节 伸缩缝的设置要求

伸缩缝是为避免建筑物因温度的变化导致建筑构件胀缩变形或开裂，沿建筑物长度或宽度方向设置的垂直缝隙，缝宽 20 mm~30 mm。

建筑物通常受到的温度变化因素主要是日照辐射热和气温，这些因素主要影响建筑物地面以上部分，特别是建筑物的屋顶。建筑物的基础因为埋在地下，温度比较稳定，不容易受到温度变化的影响。伸缩缝在建筑物基础部分不必断开，地上部分沿建筑物全高必须全部断开。

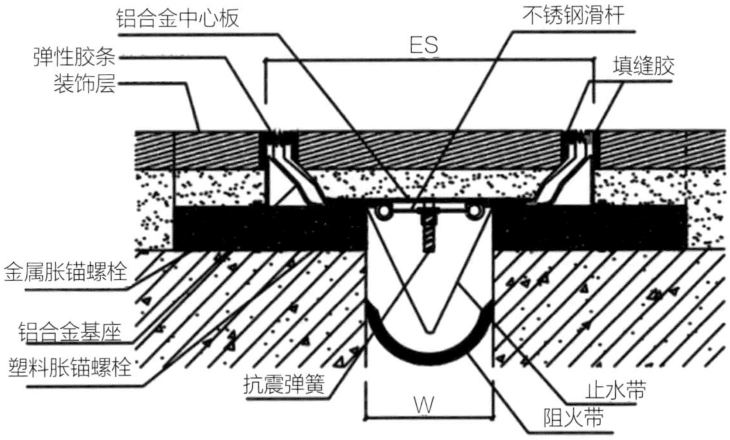

图 13-1 地面变形缝制作工艺

伸缩缝的设置间距需要根据建筑物的结构类型、建筑物的长度、建筑物屋面保温层设置来综合考虑。通常砌体结构房屋、有屋面保温层，其伸缩缝的间距是 50 m~60 m；现浇钢筋混凝土框架结构房屋、有屋面保温层的房屋，其伸缩缝的间距是 55 m。

第三节 沉降缝的设置要求

沉降缝是为避免建筑物各部分因地基承载力不同或荷载差异较大导致不均匀沉降而开裂，在建筑物某些部位设置的垂直缝隙。

沉降缝变形原因主要是建筑物相邻部分高差差距过大，造成建筑荷载差异过大；建筑地基土质不均匀、地基承载力变化较大；基础埋深变化较大；建筑的结构形式变化大等。因此，建筑沉降缝的设置要从基础至屋顶沿建筑全高断开。

沉降缝缝宽在地基条件一定的情况下，因建筑高度不同而不同，10 m 以下的楼房，沉降缝宽度一般为 50 mm~80 mm；10 m~18 m 的楼房，沉降缝宽度一般为 80 mm~120 mm；18 m 以上的楼房，沉降缝宽度一般不小于 120 mm。

解决建筑不均匀沉降问题还可以在施工过程中通过设置后浇带的做法来实现，但这种做法对结构计算和施工过程的控制要求比较高，除了一些有特殊要求的建筑物，一般仍选择预先设置沉降缝来解决建筑不均匀沉降问题。

第四节 防震缝的设置要求

防震缝是为防止地震时建筑物因变形和碰撞而破坏，把建筑物划分成体型简单、结构刚度均匀的独立单元而设置的缝隙。

在地震设防烈度为 7~9 度的地区，当建筑平面复杂，有较大突出部分，建筑物立面高差在 6 m 以上，建筑物有错层且楼板高差较大，建筑相邻部分的结构刚度、质量相差较大时，为避免地震时应力集中而导致的建筑结构破坏，应设置防震缝。防震缝在建筑物基础部位可以断开，也可以不断开，应根据具体情况确定。

防震缝的宽度需根据建筑物的结构类型、高度和设防烈度来确定，具体要求如下：

框架结构房屋，当高度不超过 15 m 时，防震缝宽度不应小于 100 mm；超过 15 m 时，6 度、7 度、8 度、9 度地区高度每增加 5 m、4 m、3 m、2 m，宜对应加宽 20 mm。

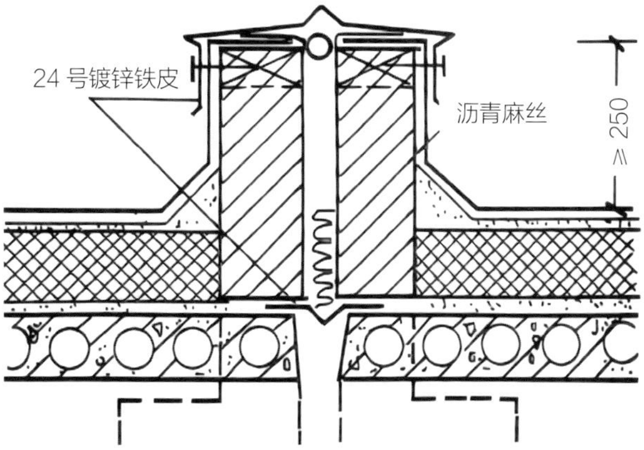

图 13-2 屋面变形缝构造示意

框架—剪力墙结构房屋，防震缝宽度不应小于框架结构房屋防震缝宽度的 70%，且不应小于 100 mm。

剪力墙结构房屋，防震缝宽度不应小于框架结构房屋防震缝宽度的 50%，且不应小于 100 mm。

在特殊情况下，若防震缝两侧的建筑结构类型不同，宜按需要较宽防震缝的结构类型和较低房屋高度来确定缝宽。

第五节 变形缝处的构造处理

变形缝把建筑的主体结构分成若干部分，若不对变形缝加以处理，必然会影响建筑的正常使用和美观。屋面、地面和外墙变形缝处理必须保证不渗水、漏水，室内地面变形缝处理必须保证平整、不影响通行且要考虑装饰效果，室内墙面、顶棚变形缝处理必须保证与装饰效果一致。（图 13-2 至图 13-8）

变形缝是建筑构造设计中的重要元素，其作用类型和设置原则对于确保建筑物的安全和耐久性至关重要。在设置变形缝时，需要根据具体情况选择合适的类型和间距，并注意与防火墙、卫生间等分隔开来。需要注意的是，变形缝的构造做法应根据具体的设计要求和实际情况进行，并要符合相关建筑规范和标准。

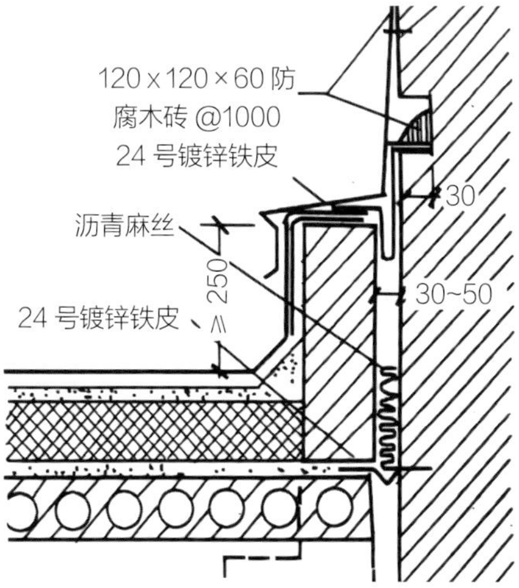

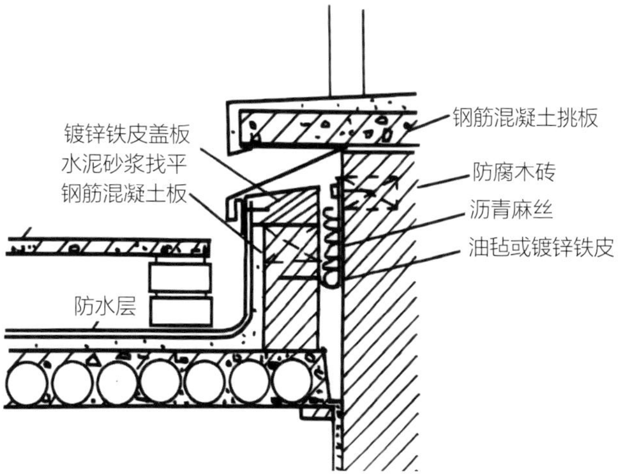

图 13-3 有高差屋面变形缝构造示意

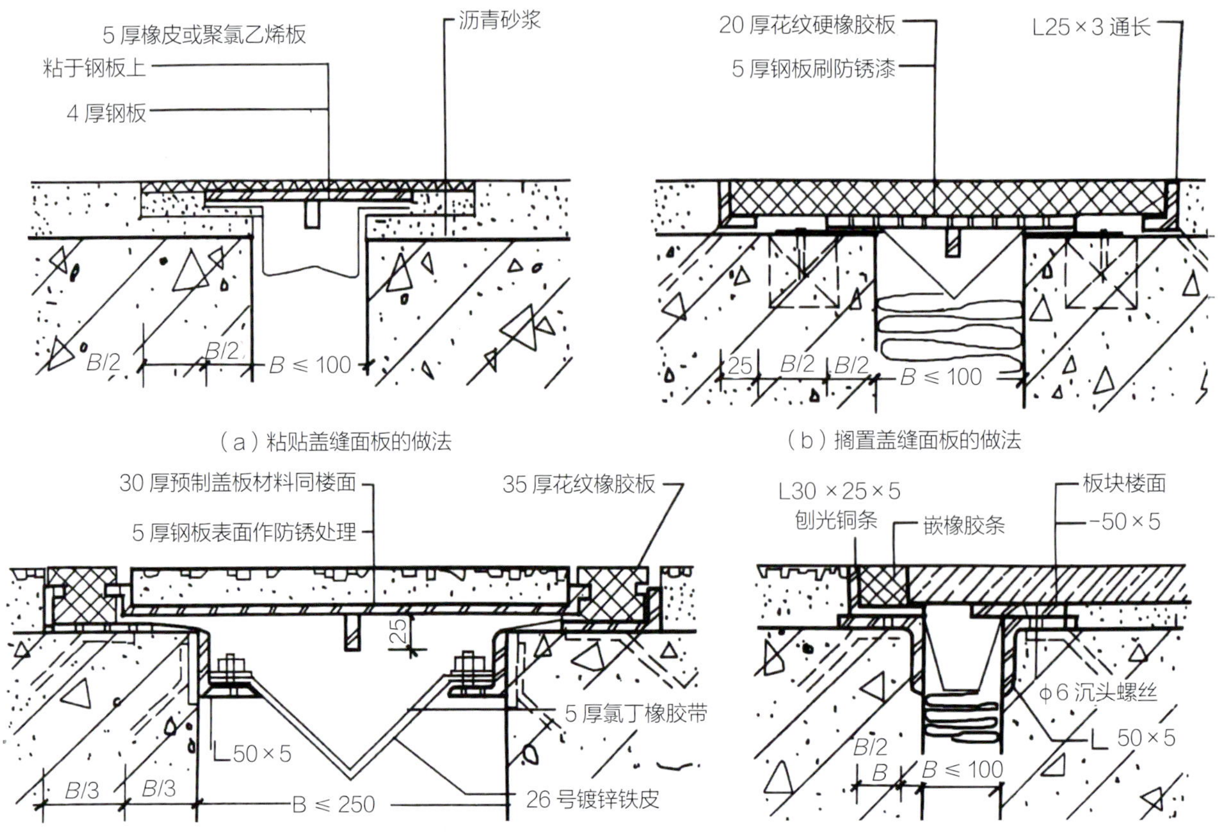

（a）粘贴盖缝面板的做法 （b）搁置盖缝面板的做法

（c）采用与楼板面层同样材料盖缝的做法 （d）单边挑出盖缝板的做法

图 13-4 楼面变形缝构造示意

图 13-5 楼面变形缝

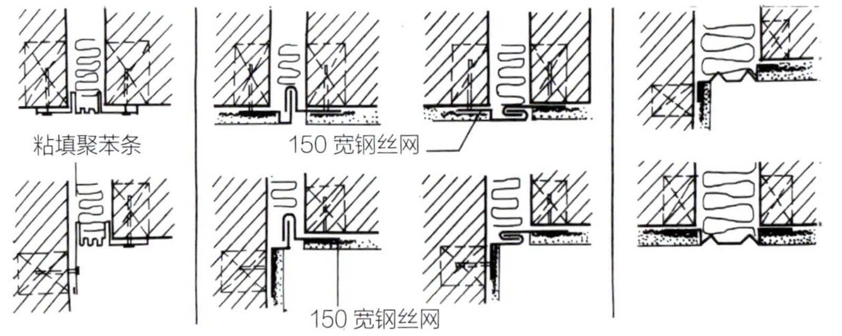

（a）外墙伸缩缝盖缝 （b）外墙沉降缝盖缝 （c）外墙抗震缝盖缝

图 13-6 外墙变形缝构造示意

图 13-7 外墙变形缝

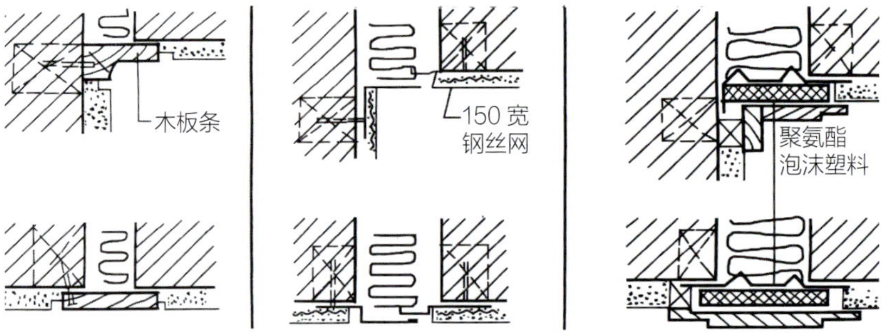

（a）内墙伸缩缝盖缝 （b）内墙沉降缝盖缝 （c）内墙抗震缝盖缝

图 13-8 内墙变形缝构造示意